圖解世界5大宗教全史

The Five Great Religions of The World

中村圭志
Keishi Nakamura
陳心慧——譯

前言

許多人都反應希望能夠多了解宗教。

這是因為包括激進主義的恐怖攻擊在內，如今可以看到許多與宗教相關的新聞；另一方面也有愈來愈多人希望能更了解在職場或當地社會接觸到的外國人所信仰的宗教。

當中似乎也有人是覺得如果被外國人問到有關禪或曼荼羅的話題時卻接不上話會很沒面子。

尤其有不少人就算平常認為「無宗教」也無妨，但要是對於宗教一無所知的話還是會感到不安。畢竟宗教多半探討了死亡和人生的終極意義，而關於這些問題並不是每一個人心目中都有自己可以認同的答案。

當然也有人是出自單純的求知慾。在針對一般民眾開設的宗教學講座上，有一位學生說：「學校幾乎不會教有關宗教的知識，因此講座上的所見所聞都令人感到新穎有趣」。

實際上如果念的不是宗教體系的學校，那麼日本人幾乎沒有機會有系統地接觸宗教的教義或典籍。雖然不少人透過巡訪寺院或教會的觀光旅行、鑑賞佛像或歐洲中世紀文藝復興時期的宗教畫作，以及漫畫或奇幻文學的神話世界接觸宗教，但很少有機會獲得全盤的知識。

也因此，有非常多人希望能夠有一本用簡單易懂的方式解說諸宗教歷史與教義的書籍。本書的主旨就是為了解決這方面知識的「欠缺」。

筆者在執筆的時候特別留意以下幾點：

——以宏觀的角度比較世界諸宗教的歷史、教義、典籍內容、習慣等並展望未來。

——雖然捨棄細節，但聚焦重點，詳細解說。

——利用圖表和插畫輔助介紹以上二點。

雖然市面上有許多宗教的導覽書，但有些用了許多艱深的詞彙，有些則有濃厚的布教色彩，還有的在脈絡上並不合乎邏輯。針對不同的宗教由不同的人執筆共同著成的書籍亦不在少數，但這種作法似乎又讓書缺少了整體的關聯性。

因此，本書與信仰的立場保持距離，從筆者本身的觀點盡量以符合邏輯的方式解說，試圖強調「究竟根本的問題為何」、「思想邏輯為何」、「什麼要素和什麼要素以什麼樣的方式結合」。

本書內容以左右兩頁的跨頁為單位來做介紹，無論翻開哪一頁各個主題都濃縮在一個跨頁裡。右頁是解說文，左頁則是與內容相關的圖解。

不論是從其中任何一頁開始閱讀，或是跳頁閱讀也都無妨。話雖如此，最好還是每一章都從頭開始閱讀，才能更有系統地掌握各宗教的全貌。

各章的構成如下：

第1～5章介紹的是世界的重要宗教，即佛教、印度教、猶太教、基督教、伊斯蘭教這五大宗教。其各自的教義都十分複雜而發達，對世界諸文化有著相當深遠的影響。

對於日本文化來說最重要的便屬佛教，而西洋文化的基礎則是基督教，因此本書也花費較多的篇幅來介紹這兩個宗教。猶太教雖然規模較小，但作為基督教和伊斯蘭教的母體在歷史上極具重要地位。

第6章則介紹了其他宗教。包括瑣羅亞斯德教（拜火教）、耆那教、錫克教、儒教、道教、神道等。這些宗教的影響僅限於地區性，雖然教義完整，但比較沒有那麼發達。除此之外本章也將介紹日本和世界上的新興宗教。

第7章介紹的是宗教學的主要觀點。萬物有靈論、超凡魅力（charisma）、邪教等用語都是從宗教學領域逐漸被世間廣泛使用。所謂宗教學是從客觀的角度俯瞰世界諸宗教並相互比較的學問，若從與信仰表象不同的觀點來做切入時，宗教便會在各個層面都展現出不同於以往的面貌。

當Discover21的藤田浩芳氏提出希望能推出一本有關宗教的新形態解說書的時

候，我立刻就回答不妨以包含圖表的形式來製作。除了筆者本身一直都想要撰寫這種形式的書籍，同時也是因為非常信任該出版社的編輯技巧。看到完成的書籍內容不僅圖表經過巧妙編排，村上 TETSUYA 先生略帶幽默的插畫也相當符合本意。在此表達無盡的感謝之情。

二〇一六年四月　中村圭志

目次

圖解世界5大宗教全史

THE FIVE GREAT RELIGIONS OF THE WORLD

第1章

佛教

第2章

印度教

第3章

猶太教

第4章

基督教

第5章 伊斯蘭教

第6章

其他宗教

第7章
宗教學

第1章

佛教

概論

佛教是什麼樣的宗教？

修行

佛教的基本概念非常簡單易懂：「**透過修行成為更優秀的人**」。一神教相信的是神，但誰也沒有見過這個神，也許很多人會因此不知道到底應該相信什麼。然而，如果是修行，那麼這是人類能做的事，也更容易想像。

無論是體育的世界、將棋的世界、職人的世界或是商人的世界，全都是「修行」和「修業」的世界。日本人非常喜歡修行的概念，像是漫畫、動畫以及遊戲的世界裡都充斥著只要修行就能夠成為達人的要素。

目標

佛教的目標——「成為更優秀的人」，究竟是什麼樣的人呢？

其目標並非在商業、藝術以及學問上成就過人的能力或技術，而是以像是**對人的慈悲之心**，即期望從人的本質上成為具有**深厚洞察力**的人。為此就必須**抑制自己的欲望**，但不是勉強壓抑，而是自然地達到心如止水的境界，也就是以「**悟**」為目標。

完成這個神妙又困難的修行之人即稱為**佛陀**（「覺醒之人」）。這個佛陀就好像是神一般的超人，事實上沒有人實際見過。在這一層意義上，佛教也是尋求神的宗教。

信仰

不僅如此，修行者會以過去屬於他們大前輩的偉大僧侶為皈依，膜拜各個被稱為佛陀或**菩薩**的神話聖者。當中也有宗派深信如神一般的佛陀**阿彌陀**所擁有的救贖之力。抱持這般虔誠敬畏的心可以跳脫以自我為中心的意識，進而獲得**安心**和醒悟。

佛教的概念雖然單純，不過一旦實際修行便會發現其內涵的博大精深。

世俗的修行和修業

修行和修業是日本人非常喜歡的概念

修行 → **成為優秀的人**

不論是體育

職人技術

還是商業

以及漫畫和遊戲

都在追求成為世俗技術和能力的達人

BUT（然而佛教……）

修行 → **成為優秀的人**

鎮定自己的欲望
磨練人格

打坐

奉獻

膜拜佛陀

與禮拜神的基督教和
伊斯蘭教有相似之處

最高境界
佛陀

神話性的目標
無限輪迴的盡頭

歷史

初期佛教和大乘佛教

如森林生態系統一般的宗教

佛教的歷史很長。始祖**釋迦**是兩千五百年前，也就是西元前五世紀左右的人，比起基督（兩千年前）和伊斯蘭教的始祖穆罕默德（一千三百年前）還更久遠。這個古老的宗教融合了印度和東亞的宗教文化，衍生出各式各樣的教義，使得從整體而言佛教的教義非常豐富多元，就好像是無數的植動物彼此共存，創造出複雜生態系統的太古森林一般。

始祖釋迦

西元前五世紀，印度的釋迦認為傳統的神明祭祀無法為老、病、死等苦難提供解答，於是提出為了超越苦難並開悟的冥想修行之道。他受人尊稱為「**佛陀**（覺醒之人）」，其下聚集了眾多脫離世俗社會，也就是出家的弟子，與他一起前往各地遊歷。即便在釋迦死後教團依舊繁盛，隨著數個世代過去，修行的教程也逐漸系統化，編纂出許多堪稱修行手冊的**佛典**（經典、經文）。

東南亞的佛教

流傳於斯里蘭卡和東南亞諸國的**上座部佛教**至今仍傳承初期佛教的作法。這一派佛教嚴守戒律，相當重視出家修行。

東亞的佛教

西曆紀元前後，發展出救渡一般眾生的**大乘佛教**。這屬於多神教類型的宗教體系，在將釋迦的修行方法發揚光大的同時，也融入各種一般民眾容易實踐的信仰型態。大乘佛教具有信仰如佛陀和菩薩等超人般的存在，或是持咒、誦經等實踐之道，廣為傳播至西藏和東亞各地（中國、韓國、日本等）。

佛教的變遷（1）

始祖
（西元前 5 世紀左右）

釋迦
（**佛陀**＝覺醒之人）

開始了超越苦難的冥想修行

↓

初期的教團

初期佛教
（原始佛教）

建立以出家修行為
中心的體系

初期佛典
（原始佛典）

…→ **上座部佛教**
斯里蘭卡
東南亞諸國

↓

新潮流
（西曆紀元前後起）

大乘佛教
將救濟民眾納入視野

發揚釋迦的修行方法，
同時融入各種信仰

大乘佛典

…→ **藏傳佛教、**
東亞的大乘佛教
中國佛教
韓國佛教
日本佛教
越南佛教
etc…

佛 教 在 印 度 本 國 消 失
（被印度教吞噬）

西 元 前

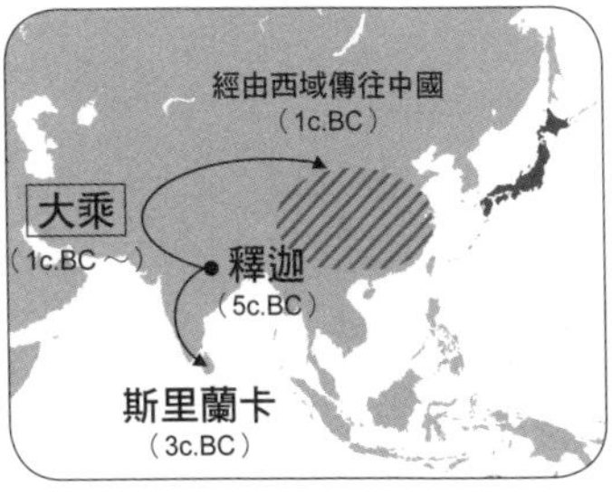

西 元 後

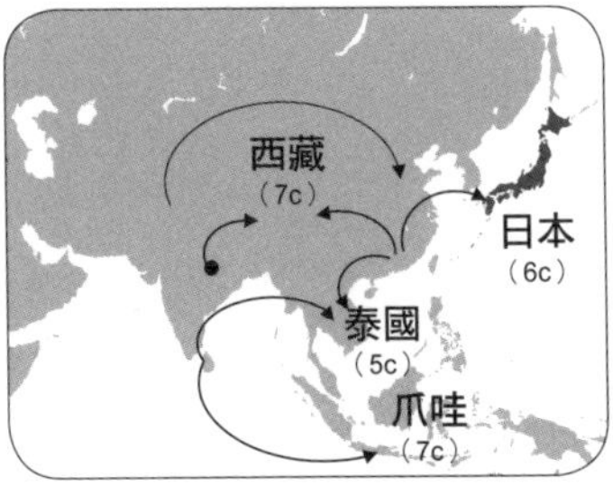

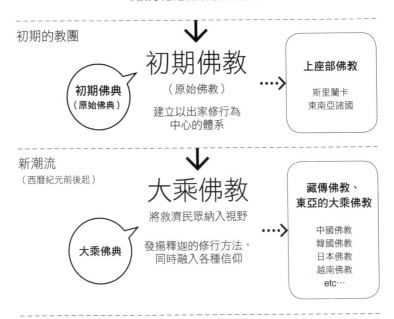

起源

釋迦的生涯

出生

佛教的始祖**釋迦**為西元前四六三～三八三年左右的人（也有一說是要再早一世紀），本名**喬達摩・悉達多**，大乘佛教的梵語發音寫作「Siddhārtha Gautama」，上座部佛教的巴利語發音則寫作「Siddhāttha Gotama」。

他是釋迦（Śākya）族的王子，因此通稱**釋迦牟尼**（Śākyamuni），代表釋迦族的聖者。簡稱釋迦，敬稱則為釋迦牟尼佛或**釋尊**。

修行和開悟

根據傳承，他對王宮生活產生疑問，為了找出跳脫老、病、死等苦難的方法而成為苦行僧。一開始持續苦行，但發現無法僅透過身體的痛苦開悟，於是改在菩提樹下冥想，據說在三十五歲的時候開悟。人們稱他為代表「覺醒之人」的「**Buddha**」。「Buddha」的中文寫作「**佛陀**」，簡稱為「**佛**」，漢語也稱作覺者。

釋迦教導了眾多弟子，往來北印度的兩個修行場所（竹林精舍和祇園精舍）生活。

死

八十歲時覺悟到自己的死期，釋迦最終在遊歷途中死去。直接的死因據說是食物中毒。死後，他的骨頭（佛舍利）被分送至各地祭祀，而擺放佛舍利的建築物則稱為「塔」。

另外，開悟代表「滅盡迷惘之火」，稱為**涅槃**（Nirvāṇa 或 Nibbāna）；另一方面釋迦的死亡亦代表生命和迷惘的完全消失，因此也被稱為涅槃。

釋迦的生涯

釋迦

西元前 463 ～ 383 年前左右（也有其他不同說法）

本名：喬達摩．悉達多，大乘佛教的梵語發音寫作「Siddhārtha Gautama」
上座部佛教的巴利語發音則寫作「Siddhāttha Gotama」

通稱：釋迦牟尼、釋迦、釋尊……「釋迦族的聖者」

稱號：佛陀、佛、覺者……「覺醒之人」

王子的生活
過著由宮女侍奉的無憂生活 → 快樂

疑問
認識並煩惱老、病、死的現實

出家
生孩子，完成世俗的任務後出家

苦行
成為苦行僧和同伴歷經多年苦行生活 → 苦行

冥想
放棄苦行，在菩提樹下冥想

（苦行、冥想）→ 自利
自我的修行

開悟
洞察因果的道理，成為佛陀 ← 快樂和苦行的中道

開悟
＝
迷惘的消失
涅槃

救濟工作
教誨民眾，讓弟子修行 → 利他
教化人們

死去
80 歲在弟子的圍繞下死去（入滅）

死
＝
生命和迷惘的
完全消失
涅槃
（大般涅槃）

自利、利他 → 之後
大乘佛教的
二大目標

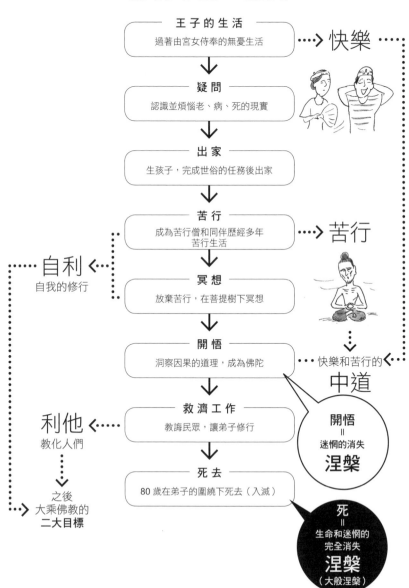

釋迦的弟子們

最初的弟子們

釋迦是在恆河中游平原上的**佛陀伽耶**（Buddha-gayā，現在的Bodh-gayā）開悟，於較靠近上游的印度教聖地瓦拉納西（婆羅痆斯）郊外的**鹿野苑**（mṛgā-dāva，現在的Sārnāth）第一次教授佛法。對象是過去與他一起苦行的五位同伴，也成了釋迦最初的弟子。這就是教團的誕生。

教團的發展

釋迦讓當時擁有眾多弟子的迦葉三兄弟（三迦葉）棄邪歸正，將他們的弟子納為自己門下。另外，著名的懷疑論者刪闍夜和其弟子們也進入釋迦門下，教團因而日益壯大。原為刪闍夜弟子的**舍利弗**（Śāriputra）和**目連**（Maudgalyayana）還成為釋迦的得意門生（二人皆比釋迦先行離世）。

釋迦門下有眾多男女弟子，當中有數十名弟子的才能和特徵被記錄了下來。**羅睺羅**（Rāhula）是釋迦的親生兒子，而釋迦的姨母，同時也是他養母的**摩訶波闍波提**（Mahāprajāpatī）與多位女性一起出家，成立了第一個女性的教團。另外，釋迦的堂兄弟**提婆達多**（Devadatta）則在與釋迦分道揚鑣後開創別的教團。

二個修行地

釋迦的教團遊歷各地，夏季的時候會集合在一個地方修行，這個修行的場所便稱為精舍。當時兩大國之中的摩揭陀國有**竹林精舍**，而拘薩羅國則有**祇園精舍**。順帶一提，釋迦的故國正是被拘薩羅國的軍隊所滅。

在弟子圍繞下死去

釋迦八十歲的時候，在弟子圍繞之下於拘尸那揭羅死去。據說他在臨終前曾告誡傷感的弟子**阿難**（Ānanda）：「無需悲嘆，努力修行」。

釋迦的「十大弟子」

大乘佛典的《維摩經》將下列 10 人列為重要弟子

梵語發音〔巴利語發音〕	對應中文〔〕為別稱或簡稱	特質
Śāriputra〔Sāriputta〕	舍利弗〔舍利子〕	・智慧第一（佛法的鑽研最透徹） ・作為最高弟子頻繁出現於佛典之中
Maudgalyayana〔Moggallāna〕	大目犍連〔目連〕	・神通第一（擁有超能力）
Mahākāśyapa〔Mahakassapa〕	大迦葉〔摩訶迦葉〕	・頭陀第一（貫徹清貧）
Subhūti〔Subhūti〕	須菩提	・解空第一（最能理解「空」）
Purna Maitrayani-putra〔Punna-mantāni-putta〕	富樓那彌多羅尼子〔富樓那〕	・説法第一（最擅長教授佛法）
Kātyāyana〔Kaccāyana〕	摩訶迦旃延〔迦旃延〕	・論議第一（擅長論議）
Aniruddha〔Anuruddha〕	阿那律	・天眼第一（雖眼盲但洞察力強）
Upāli〔Upāli〕	優波離	・持律第一（熟悉戒律）
Rāhula〔Rāhula〕	羅睺羅	・密行第一（對修行很嚴格）
Ānanda〔Ānanda〕	阿難	・多聞第一（背誦釋迦所言） ・在編纂佛典的會議上相當活躍

救贖之道

初期佛教

佛教的「救贖」制度會根據宗派而有所不同。接著就先來看看東南亞的**上座部佛教**，據說這一派保留了最接近釋迦時代的古老制度。

其機制便是「從充滿煩惱的生活開始，藉由修行跳脫煩惱，以遙遠的未來為目標邁進」，也可以說就如同**大富翁遊戲**一般明確。

輪迴的世界觀

教義的大前提是**輪迴**。這對於印度人來說是有如常識一般的世界觀。人類不斷地重複生死，只要行善就可以轉世擁有好的人生，行惡則會迎來不好的人生。整體而言，輪迴世界充滿了苦痛。

始祖釋迦雖開創了超越人生之「苦」的修行方法，但這裡指的人生不僅限於現世，也包括前世和來世。

戒律生活

想要逃離輪迴的人便會遁入佛道，也代表著要服從佛（佛陀＝釋迦）、法（達摩＝釋迦的教誨）、僧（僧伽＝弟子的教團）的三大權威（**三寶**），也就是**三皈依**。其中**出家**人必須遵守兩百條以上的具體**戒律**，過著遠離煩惱（欲望和猶豫）的單純生活。總結了這般基本方針的八項要點即稱為**八正道**。

在家修行的人則要遵守不殺生、不偷盜等五種戒律（**五戒**），並提供（供養）出家人食物等。

目標

無論是出家或是在家修行，只要完成修行就能在來世更上層樓。最終目標是成為名為**阿羅漢**的聖者（相較於釋迦經完全開悟成為佛陀，佛教子弟的最終目標則是在此之前的阿羅漢）。此外，開悟稱作**解脫**，覺悟之智慧稱作**菩提**，達到這個境界則稱為**涅槃**。

初期佛教的制度

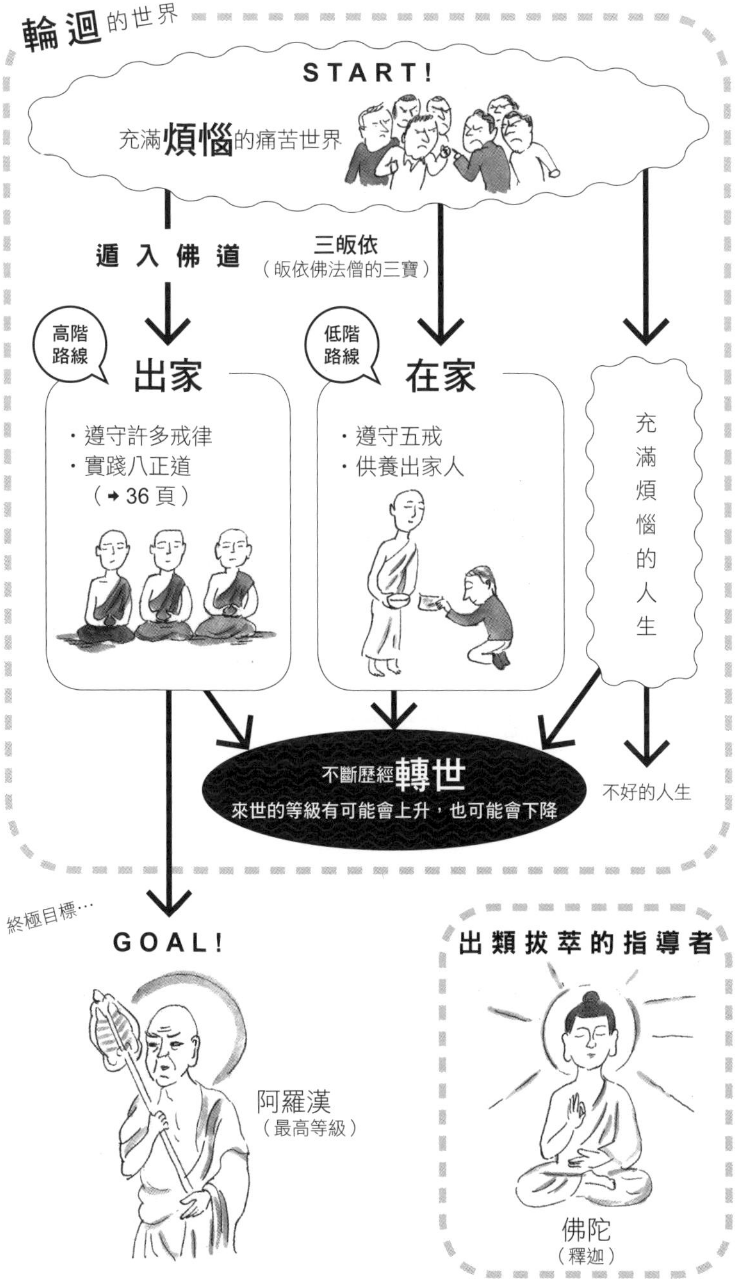

・克服煩惱的修行，有如大富翁遊戲一般！
・不僅限於現世，也將前世和來世納入視野！

救贖之道

大乘佛教

相較於初期佛教與一直往前邁進的**大富翁遊戲**非常類似，大乘佛教則是納入了多次元的救贖秘技，宛如具有立體結構的遊戲。

A 修行之道

與初期佛教相同，根據**三皈依**遁入佛門，不過**修行**的方法和目的比初期佛教更多樣化。大乘佛教除了為了自我救贖的禁欲（**自利**之行）之外，也非常重視向始祖釋迦看齊，救贖他人（**利他**之行）。此外**出家**修行者的地位不見得高於**在家**修行者，比起初期佛教「跳級」、「下剋上」的自由度較高。有自覺地走上大乘之道者則稱為**菩薩**。

修行的最終目的在於拋開煩惱，成為與釋迦相同的**佛陀**，稱作**成佛**。佛陀是人類最高理想的型態，以此為原則在歷經無數次的轉世後達到最終目標。

B 存在於人們心中的佛陀

在哲學方面的思想上也出現轉變，認為所有人都具有佛性（成為佛陀的資質）。也就是說，所有人在迷惘中仍抱持著一顆佛陀的心，涅槃即在輪迴之間。禪學稱之為「即心是佛」，密宗則為「即身成佛」，兩者皆代表現在、此處所體現的佛陀。

C 對佛陀和菩薩的信仰

人們藉由**信仰釋迦**和**阿彌陀**等前輩佛陀，以及**觀音**和**地藏**等前輩菩薩，就能夠借助這些諸佛菩薩的救渡之力。可見大乘佛教當中的某些元素與一神教和多神教的神明信仰類似。

綜上所述，大乘佛教既有**A**這般漫長的修行之道，也有像**B**一樣認為開悟就潛藏於迷惘世界當中，或是如**C**去信仰神話般的佛陀與菩薩，制度非常多元。

大乘佛教的制度

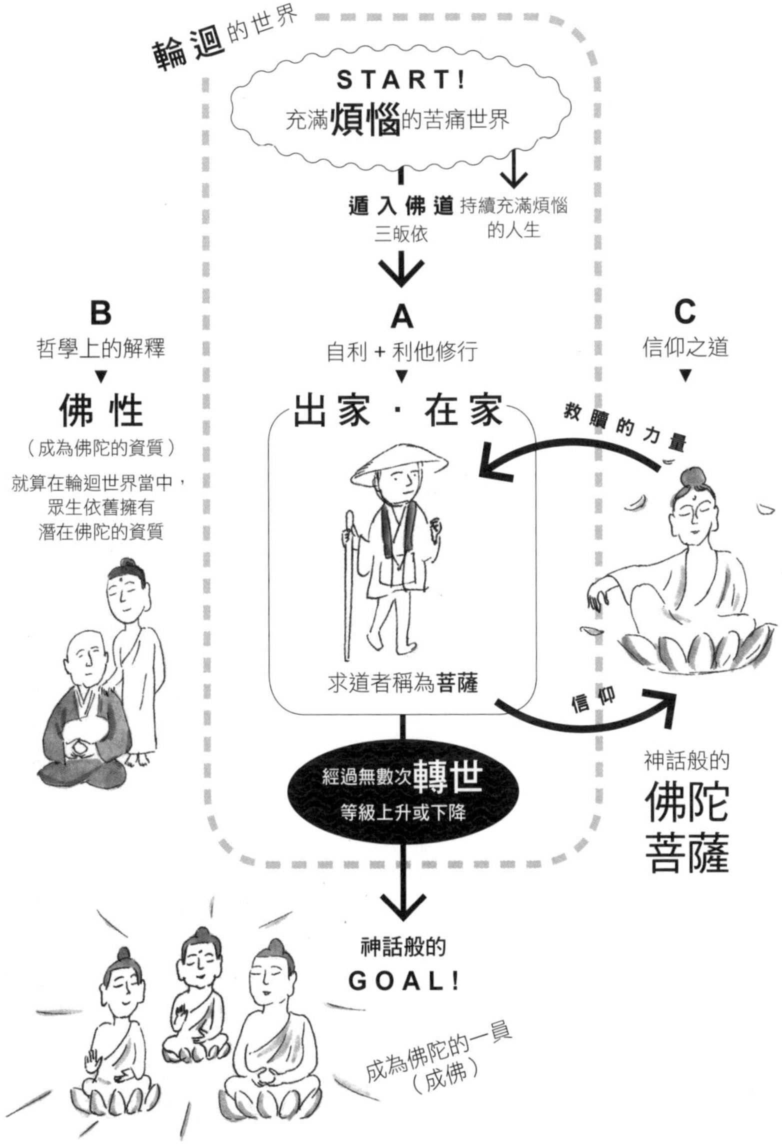

- 比起初期佛教更加多元
  - **A** 基礎是**修行**之道……累積修行，在輪迴的盡頭成為佛陀
  - **B** 小祕技！……你也擁有佛性。只要發現這一點，就形同達成目標！
  - **C** 終極絕招是**信仰**之道……借助神話般的大前輩菩薩和佛陀的力量！
- 將出家和在家、輪迴和開悟的區別相對化！

大乘佛教（法華信仰和淨土信仰）

信仰之宗教

初期佛教完全是「修行」的宗教，但大乘佛教則與基督教和伊斯蘭教相似，帶有濃厚的「信仰宗教」色彩。尤其法華信仰和淨土信仰更是如此。

救贖者是誰？

我們居住的世界稱作**娑婆世界**。出現在娑婆的救贖者佛陀釋迦在很早以前就已經死了。那麼如今沒有了救贖者，又究竟應該仰賴誰？

法華信仰

根據《**法華經**》，釋迦其實並沒有死。即便表面上看來如此，但在神祕的次元裡釋迦依舊作為佛陀於印度的靈鷲山（**靈山淨土**）鼓舞著人們。《法華經》是教導萬人成佛的經典，藉由唱念釋迦教誨精華的法華經名稱（**題目**）「**南無妙法蓮華經**」，人們的靈魂也會逐漸導向開悟。與此同時，朝著將輪迴世界改變為更美好世界的**菩薩行**邁進正是法華信仰之道。**日蓮宗**便是屬於法華信仰的宗派。

淨土信仰

根據**淨土三部經**（阿彌陀經、無量壽經、觀無量壽經），釋迦勸說人們信仰**極樂世界**的佛陀**阿彌陀**。由於阿彌陀答應救渡萬人，因此只要將精神集中在阿彌陀，特別是以「**南無阿彌陀佛**」來**念佛**的話，死後就可以抵達（**往生**）極樂淨土，在那裡安穩地修行以便成佛。

不過在日本的淨土信仰則認為就算不等死後，日常生活中的念佛就已經包含往生和成佛。**融通念佛宗**、**淨土宗**、**淨土真宗**、**時宗**皆為淨土信仰旗下的宗派。

法華信仰和淨土信仰的系統

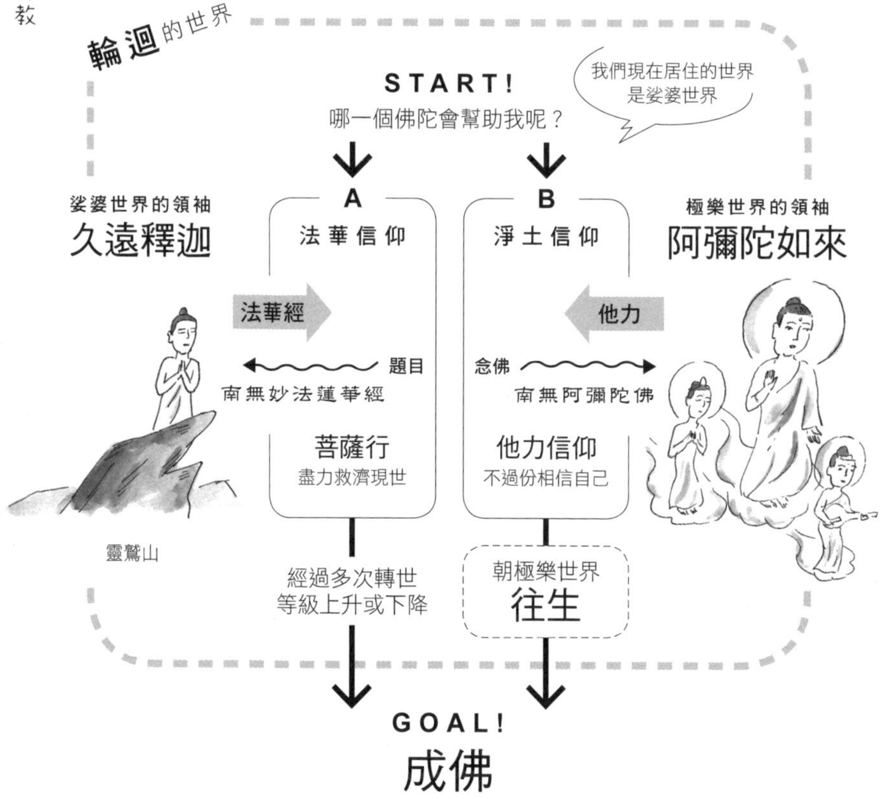

～二個信仰的不同～

法華信仰		淨土信仰
久遠釋迦 （在娑婆世界的靈鷲山）	**救贖者是？**	**阿彌陀** （在極樂世界）
唱念**題目**（南無妙法蓮華經） 讓世界變得更好的**菩薩行**	**如何實踐？**	**念佛**（南無阿彌陀佛） 不恃自力，交給他力
終極目標是 （輪迴盡頭的）**成佛** **but……** 信奉法華經者已經獲得救贖	**救贖是？**	終極目標是 （**極樂往生**後的）**成佛** **but……** 念佛者已經獲得救贖

煩惱、菩提、中道

佛教的起點是**煩惱**，終點是煩惱消失的開悟狀態（稱作**菩提**或**涅槃**），有著好比大富翁遊戲的構造。

三大煩惱

作為起點的煩惱指的是**貪欲**（貪心）、**嗔恚**（憤怒）、**愚痴**（無知）的**三毒**（貪嗔癡）。任誰都知道如果被這些煩惱所牽絆，人生通常不會有什麼好結果，但一般來說卻也不會想要去徹底控管這些情緒。

然而，如果是生性慾望強烈，或是曾因為自己或他人的煩惱而嘗過苦頭的人，也許就會認真思考這個問題。而釋迦正為了這些人準備了貫徹之道；就好像對於那些非淺嘗而是酒精中毒的人而言，能夠抑制飲酒欲望的徹底生活管理是很「值得感謝」的。

生活管理

因此，釋迦修行的原理就是日常生活的管理。如38頁所示，必須遵守許多的**戒**。彙整了其基本原則的是36頁將介紹的**八正道**。打個比方，釋迦的道場就好像是督促酒精或毒品中毒的人重新站起來的戒治中心。而釋迦對於煩惱所開出的診斷書便稱作**四諦**（同樣參照36頁）。

避免兩極端的中道

說起生活管理或戒律聽起來好像很嚴格，但比起印度各式各樣的苦行法，佛教的方法算是相當溫和，絕對稱不上是苦行。實際上，據說釋迦也曾嘗試各種折磨身體的苦行，但最終覺得「這樣不行」而放棄。佛教的原則是避免極端的**快樂**和極端的**苦行**，選擇合理安穩的**中道**。

超越煩惱的生活管理

START!

迷惘（＝苦的原因）

煩惱

瞋
（憤怒）

貪
（貪心）

癡
（愚痴、無知）

輪迴的世界

生死
（出生和死亡）

修行的規程

・四諦、八正道（➔ 36 頁）

重點是
中道！

開悟（覺醒） 菩提

開悟的智慧

佛陀：開悟之人

涅槃的世界

（煩惱之火消失的世界）

GOAL!

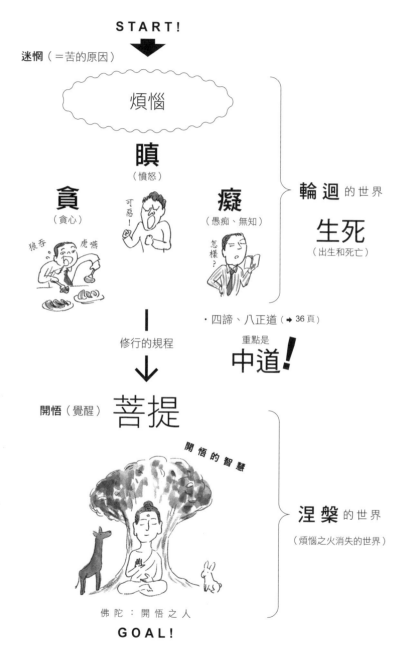

四諦、八正道

四諦

釋迦可說是元祖心理諮詢師，即治療名為「人生苦惱」疾病的醫生。也因此初期佛教教義的大原則與疾病診斷書有著類似的形式，稱為四諦。「諦」在日文雖有「放棄」的意思，但此處則是代表「使事情明朗」之意，以英文來說可以翻譯成「truth」（真理）。

①**苦諦**（疾病宣告）「你的人生充滿苦痛」
②**集諦**（找出病因）「一身的煩惱是苦痛的原因」
③**滅諦**（治療的目標）「目標是消除煩惱」
④**道諦**（處方籤）「治療方法是混合使用八種藥物（**八正道**）」

八正道

道諦所說的八正道，即從八個方面來控制生活的方式。

①**正見**。不忘四諦的根本展望。
②**正思**。斷除會使自身陷入煩惱的思考。
③**正語**。避免說謊或口出妄言。
④**正業**。不殺生、偷盜，不發生性行為。
⑤**正命**。衣食住皆正當且恰如其分。
⑥**正精進**。避惡求善。
⑦**正念**。全心全意提升身心狀態。
⑧**正定**。用適當的方式實踐冥想。

初期佛教和上座部佛教的出家修行者皆會嚴格地實踐八正道；除此之外也還有超過二百條以上教團生活上的戒律來幫助他們付諸實行。

四諦

苦 諦　宣告名為「苦」的疾病

→

集 諦　找出病因是煩惱

↓

滅 諦　治療目標為開悟

←

道 諦　處方籤是八正道

八正道

智慧層面

① **正見**
名為四諦的展望

② **正思**
駕馭思考

生活規範層面

③ **正語**
注意言詞

④ **正業**
戒殺生、盜、性

⑤ **正命**
正當適切的衣食住

修行層面

⑥ **正精進**
努力避惡求善

⑦ **正念**
磨練身心靈

⑧ **正定**
實踐正確的冥想

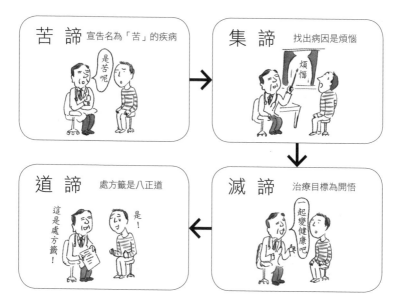

戒律

出家的戒律

初期佛教的基礎便是依照四諦和八正道過著修行的生活，不過僅靠八正道還是過於抽象，因此修行者在生活中會遵守更具體的戒律。戒律的目的是抑制欲望、利於修行，亦是一種團體生活上的規範。

上座部佛教至今依舊延續初期佛教出家修行者的作法，嚴格遵守超過兩百條的**戒**（波羅提木叉）。

以泰國為例，許多男性一生當中都會當一次僧侶。在幾個月內服從戒律、托缽行腳，努力實踐冥想。

（順帶一提，女性出家修行者的僧院在古代就已經中斷。今日東南亞的傳統教團中並沒有尼僧）。

戒律的基本是不從事性行為、不偷盜、不殺生，也不妄言「我已達到開悟的境界」。

接著從這裡才開始衍生出許多細節規定。例如關於性方面，如果與異性、同性或動物有淫欲之舉，就會被趕出僧院；若是被俗人舉發修行者與女性單獨共處一室，則會具體調查不當行為的程度來給予相應的懲罰。

其他還有包括有關所有物以及飲食的規定等眾多細項。例如多餘的僧衣不可放在身邊超過十日、正午至隔日天亮為止不可進食、不可大聲嬉笑、不可對其他修行者搔癢、不可撩起衣物等各式各樣的戒律。

在家的五戒

在家修行者須遵守不可殺生、不可偷盜、不可從事邪淫行為、不可妄語開悟、不可飲酒等**五戒**。

信徒的區別

出家

比丘
男性出家修行者

比丘尼
女性出家修行者

在家

優婆塞
在家修行的男信徒

優婆夷
在家修行的女信徒

五戒

（在家修行者）

不殺生戒
不殺生物

不偷盜戒
不竊盜

不邪淫戒
不從事不當的性行為

不妄語戒
不妄語開悟

不飲酒戒
不喝酒

更嚴格且具體化

↓

出家者的戒律

超過 **200** 條

（自古以來戒律的數量會根據宗派有所不同）

大乘佛教還有教導其他的「戒」

日本佛教逐漸不拘泥於「戒」

東南亞的上座部佛教有 227 戒
（現在僅有男性出家者）

輪迴

世界各地都有流傳著在死後歷經多次新生的**輪迴**思想；以日本的民俗傳統來說，直到近代也仍保有死後會前往位於某處（例如深山）的祖先世界，轉世成為身邊的子孫回歸現世的來世觀。

輪迴轉世和業

在印度，輪迴轉世發展成明確的教義，與倫理觀念相結合。善行（**業**）在死後也會帶來善果，惡行在死後則會帶來惡果。整體而言，輪迴被視為是迷惘的世界，而從中跳脫，也就是**解脫**，正是印度思想的目標。輪迴、業、解脫同時也是**印度教**、**佛教**、**耆那教**的共同觀念。

六道輪迴

佛教認為，輪迴間的惡之境界有**地獄**（苛刻的生）、**餓鬼**（以飢餓為特徵的生）、**畜生**（作為動物的生）；而善之境界則有**人**（一般人類的生）、**天**（作為印度諸神的生）。之後加入**阿修羅**（作為印度教中好鬥的低階神明的生），構成**六道輪迴**。

四十九日

除此之外，死者並不會立刻轉世，有四十九天會處於**中有**（中陰）的過渡狀態。因此在這段期間內為了讓死者能夠轉世至善道，會在「四十九日」內頻繁舉辦法事。

往生極樂

淨土信仰雖然倡導**極樂**，但這並非是與地獄對比的概念。在阿彌陀佛有如烏托邦一般的極樂世界沒有地獄、餓鬼、畜生等惡道，人們皆可以放心在這裡修行，因此才會期望死後能夠**往生**極樂。

跳脫輪迴

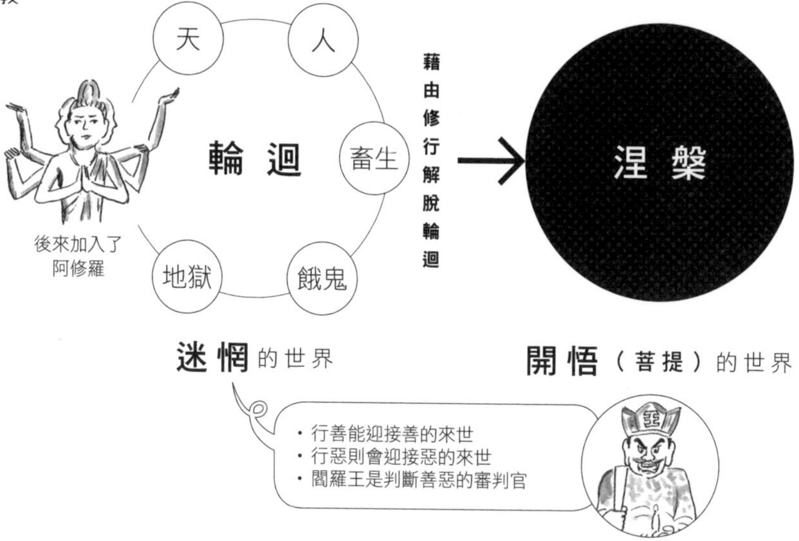
天
人
畜生
餓鬼
地獄
輪 迴
後來加入了
阿修羅
藉由修行解脫輪迴
涅 槃
迷惘的世界
開悟（菩提）的世界
・行善能迎接善的來世
・行惡則會迎接惡的來世
・閻羅王是判斷善惡的審判官

淨土信仰……往生極樂世界

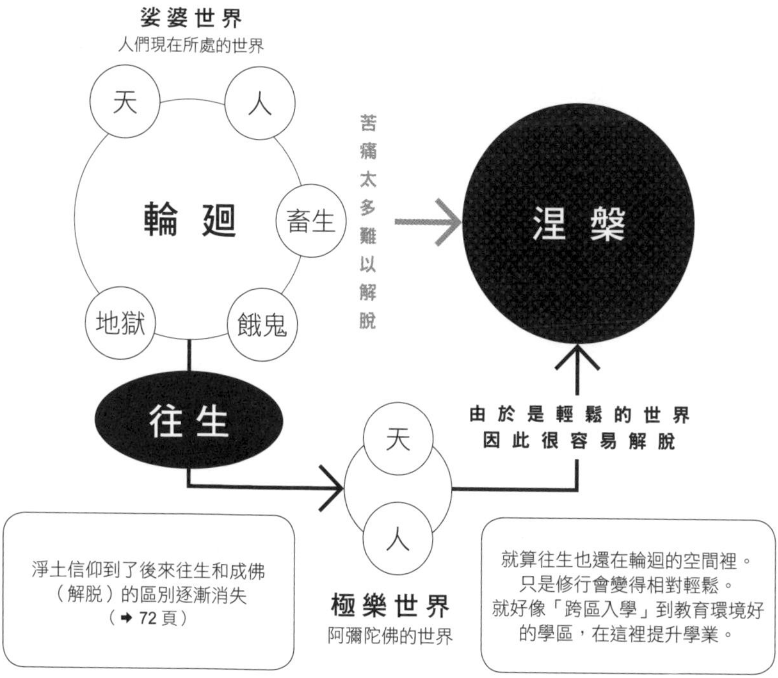
娑婆世界
人們現在所處的世界
天
人
畜生
餓鬼
地獄
輪 迴
苦痛太多難以解脫
涅 槃
往生
天
人
極樂世界
阿彌陀佛的世界
由於是輕鬆的世界
因此很容易解脫
淨土信仰到了後來往生和成佛
（解脫）的區別逐漸消失
（➜ 72 頁）
就算往生也還在輪迴的空間裡。
只是修行會變得相對輕鬆。
就好像「跨區入學」到教育環境好
的學區，在這裡提升學業。

教義

佛教的哲學

釋迦盡量與哲學上的辯論保持距離，專注於培育心靈的修行之道。這在當時的印度宗教界屬於嶄新的創舉。

初期佛教

然而，釋迦死後數世紀之間，教義逐漸被統整，開始發展出複雜的哲學，稱為**阿毘達磨**。某個有力的派別仔細分析關於存在的問題並加以分類，將零散的觀念實體化。

大乘佛教

大乘佛教批評這種實體化的作法，重新強調事物的實體是「**空**」，《**般若心經**》（➡64頁）就是講述空的經典。

於是從「空」又發展出新的哲學。所有事物都是因與緣相互依存共生的關係，稱作「**緣起**」。所謂「空」和「緣起」（＝相互依存的關係）只是從兩個不同的觀點闡述同一件事情。

代表事物因果的緣起是自古以來就有的思想，但大乘佛教又進一步加深了這種思想。

印度大乘佛教的哲學家

明確將緣起論證為相依相存關係的人是**龍樹**（Nāgārjuna）（西元二～三世紀）。他在《中論》當中有條理地分析空的思想。

大乘哲學還發展出**唯識說**，認為外界看到的事物其實是心中的形象，被視為是深層心理學的先驅。著名的唯識哲學家有**無著**（Asanga）和**世親**（Vasubandhu）（皆在五世紀左右，兩人是兄弟）。

阿毘達磨整理出有關存在和認知的類別

<table>
<tr><th>存在和認知的類別</th><th>意義</th><th colspan="3">稱呼</th></tr>
<tr><td>色、受、想、行、識</td><td>存在的類別：
物質現象、印象、表象、意志、意識</td><td colspan="3">五蘊</td></tr>
<tr><td>眼、耳、鼻、舌、身、意</td><td>視覺、聽覺、嗅覺、味覺、觸覺、綜合的知覺</td><td>六根</td><td rowspan="2">十二處</td><td rowspan="3">十八界</td></tr>
<tr><td>色、聲、香、味、觸、法</td><td>上述器官的客觀對象</td><td>六境</td></tr>
<tr><td>眼識、耳識、鼻識、舌識、身識、意識</td><td>上述器官的主觀印象</td><td>六識</td><td></td></tr>
<tr><td>無明、行、識、名色、六入、觸、受、愛、取、有、生、老死</td><td>從無明至老死的因果</td><td colspan="3">十二支緣起</td></tr>
</table>

「六根清淨」指的是感官得到淨化

初期將這個因果思想稱為「緣起」

相互關係和緣起

「有一對相差 5 歲的姊妹。姊姊和妹妹究竟哪一個先出生呢？」*

解答

「姊姊」是在「妹妹」出生的時候才成為「姊姊」。在此之前都是「獨子」。
概念上的「姊姊」和「妹妹」是相互依存的關係！

我們會將所有事物當作是實際存在的實體對待。
然而，所有事物都存在著「相互依存」的關係性（**緣起**）。
換句話說，單獨的事物都是**「空」。**

* 梅原猛、釋徹宗著《佛教入門 親鸞的「迷惘」》➔參照 73 頁

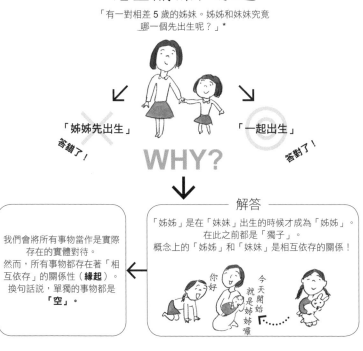

東亞的大乘佛教

傳入中國扎根

印度的大乘佛教是在西元前後經由絲路傳入中國。起初被視為來自西方與眾不同的神明信仰，之後則以為其教誨與中國原有的老莊思想非常類似。

大約千年之間，許多佛典（各種般若經典和淨土經典、華嚴經、法華經等）被翻譯成漢文，才讓人們逐漸理解正確的教義。學問僧們為了哪一本經典的哪一條教誨才是最重要的而爭論不休（被稱為**教相判釋**），有的學派認為《**華嚴經**》最重要，有的學派則認為《**法華經**》才是所有經典之最。

而後佛教在中國扎根，主要以**禪**和**淨土信仰**的形式流傳下來，皆作為符合東亞生活模式的信仰形態持續發展。

傳入日本

中國的學問佛教於六世紀左右傳入日本。建立於奈良盆地的法隆寺、東大寺、藥師寺等寺院就如同現今大學一般的存在，而三論宗、成實宗、法相宗、俱舍宗、華嚴宗、律宗的**南都六宗**，則好比是「哲學」、「邏輯學」、「深層心理學」等學問課程的名稱。

平安時代的新發展

到了九世紀，**最澄**開創了以法華經教義為根幹的日本天台宗，**空海**則開創實踐**密教**的真言宗。順帶一提，晚期在印度逐漸發展起來的密教，除了日本之外，也由西藏繼承。

鎌倉時代的新發展

進入十三世紀，**榮西**和**道元**的禪、**法然**和**親鸞**的淨土信仰，以及**日蓮**的法華信仰開拓了新的時代。

之後，日本的佛教就以①密教、②禪、③淨土信仰、④法華信仰的四種形式為人實踐與發展。

佛教的變遷(2)

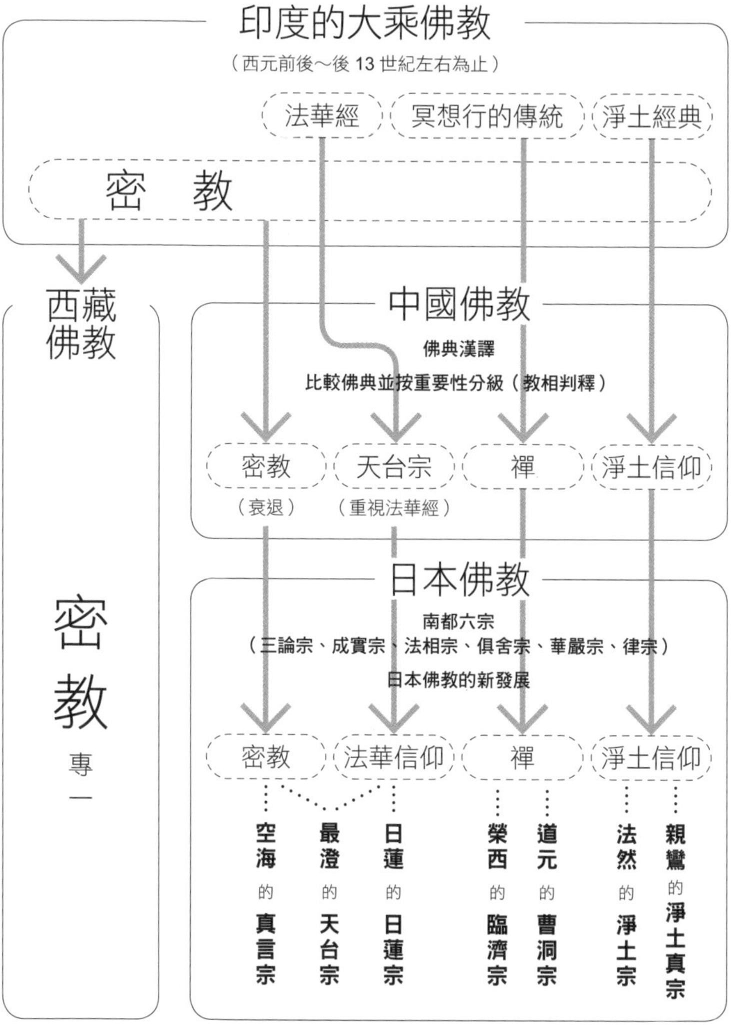

～現在的佛教～

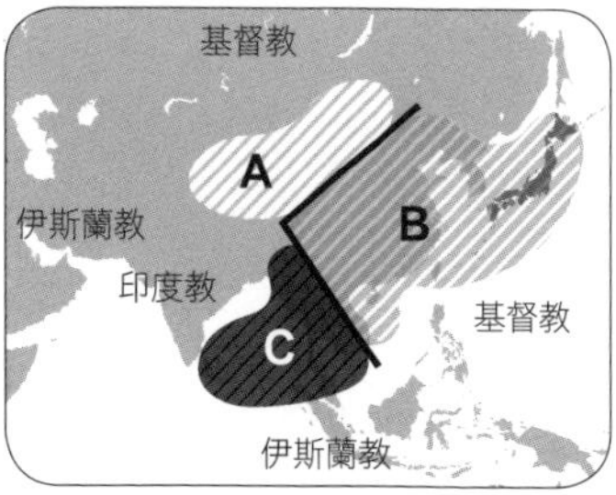

大乘佛教

A 使用西藏文譯本的大乘佛典
(西藏)

B 使用漢文譯本的大乘佛典
(中國、韓國、日本、越南等)

上座部佛教

C 使用巴利文佛典
(斯里蘭卡、緬甸、泰國等)

教義

大乘佛教的特徵

直接繼承西元前五世紀釋迦教義的初期佛教（包含上座部佛教在內），和西元前後誕生的大乘佛教之間有許多不同之處。當然，「開悟」這個大目標是相同的，而消除煩惱、跳脫苦痛的惡性循環等基本概念以及中道的基本方針也具備共通點。

大乘佛教的特徵如下。

①【菩薩之道】同時重視實踐**自利**與**利他**之行。也就是說，不僅是自己開悟，也向始祖釋迦看齊注重於救渡眾生，將自己稱為「**菩薩**」。其由來是因為釋迦雖在開悟後被稱為「佛陀」，開悟前（尤其是前世）為人們盡心盡力的階段則被稱作「菩薩（Bodhisattva，邁向開悟之人）」。

②【空的精神】超越**出家**和**在家**的區別，以「不被拘束的心」，也就是「**空**」的精神持續努力。以此為根基的修行六大要點稱為**六波羅蜜**。

③【輪迴中的涅槃】不見得全然否定**輪迴**的世界或**煩惱**的世界。反倒認為處在輪迴之中、為煩惱所困的情況下更能發揮人類潛藏的佛陀特質。

④【信仰之道】不只是**修行**，也有藉由**信仰**神一般的存在來謀求救贖的道路。換句話說，可以借助超人般存在的佛陀和菩薩（**諸佛**、**諸菩薩**）的救渡之力。

除此之外，還可以借助被稱為**真言**（曼特羅，mantra）和**陀羅尼**（dhāraṇī）的咒語來幫助修行或是獲得**現世利益**。

大乘世界

不僅是**自利**，
也應注重**利他**之行

出家生活雖然重要，
但**在家**生活也很重要

大乘的求道者 → 菩薩

六波羅蜜
空

大乘的根本精神 → 六波羅蜜、空
（➜ 48 頁）

輪迴與煩惱的世界和
涅槃與**開悟**的世界相互依存

努力個人的修行很好，但也可以
借助**信仰**諸佛和諸菩薩的力量

教義

空、六波羅蜜

從初期佛教時代開始，出家修行者便被要求應實踐八正道，但大乘佛教則是將求道者的實踐目標重新統整為可以在現實社會中實行且簡潔有力的六項要點（**六波羅蜜**），並強調其核心價值的「**空**」。

空與般若

將救濟他人視為重要課題的大乘佛教，重視的是在社會上的實踐，要求人們的言行應持以不受拘束的心。這般不被束縛、不拘泥即稱之為「空」。

例如，給予他人物品的時候，如果想著「這是我給的」就會變得執著，對收到的人來說認為「我是被給予的」也會覺得有負擔，使得物品本身受到玷污。然而，如果將給予之人、被給予之人、給予之事物都視為「空」，那麼想必世上的一切都會變得單純明瞭。

這種精神稱作**般若波羅蜜**（**般若波羅蜜多**）。梵語稱作 prajñā（智慧）·pāramitā（完成），也就是代表「智慧的極致」。

六波羅蜜

給予的德目稱為**布施波羅蜜**。布施在物理上和精神上都代表「給予」、「服務」的意思。菩薩在般若波羅蜜「空」的精神之下，除了布施波羅蜜之外，還應實踐**持戒波羅蜜**（遵守戒律）、**忍辱波羅蜜**（忍受苦難）、**精進波羅蜜**（努力不懈）、**禪定波羅蜜**（藉由冥想精神統一）等德目。以上六項即為六波羅蜜。

哲學上的「空」

「空」雖為「不被束縛的心」的指標，哲學上的意義則是「萬物沒有實體，皆因相互關係（緣起）而生」。關於這部分可以參照42頁。

六波羅蜜（六大要點的徹底實踐）

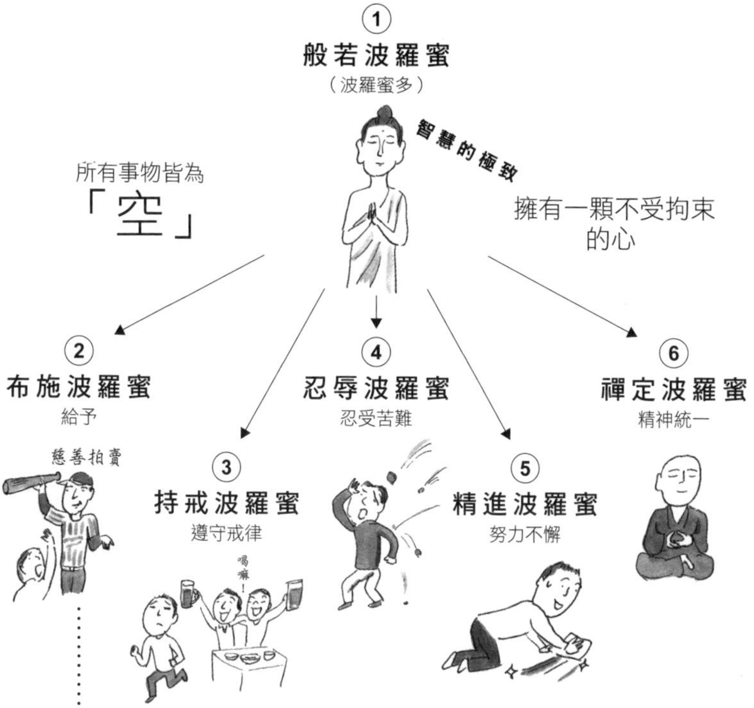

～「**布施**」指的是從某方面「給予」出家人、教團或有困難之人～

財施………衣食等物質面的給予

法施………給予教導

無畏施……消除恐懼，給予安心

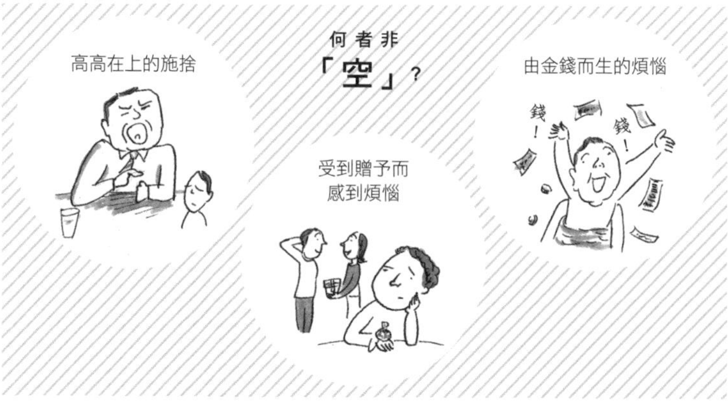

神明

大乘的諸佛

初期佛教

初期佛教說到佛陀，基本上都是指始祖**釋迦**一人。釋迦開悟後成為佛陀（覺醒之人），弟子們以始祖的開悟為目標努力修行。然而，隨著時代演進，佛陀逐漸超人化，成為一般人終究無法到達與其相同境界的存在。今日東南亞的上座部佛教，釋迦＝佛陀就是具有這樣的地位。

大乘佛教

大乘佛教的佛陀觀則不相同。所謂的**佛陀**原本就是理念上的存在，按原理來說宇宙中有無數個神話般的佛陀。出現在現今世界（**娑婆世界**）的佛陀正是釋迦；然而，在遙遠的**極樂世界**還有名為**阿彌陀**的佛陀（阿彌陀佛、阿彌陀如來），除此之外亦有其他許多不同的佛陀。人們則可以在**冥想**的時候借助這些佛陀的力量。

佛教原本是為了開悟而修行的宗教，並沒有依賴

神明的元素。只不過能夠**出家**持續修行的人屬於少數，如果所有人都出家，世上的經濟活動便無法成立了。

那麼，無法修行的一般人該怎麼辦呢？其實**在家**的眾生只要各自在生活中實踐釋迦的教誨不也挺好的嗎？比起驚為天人的開悟，如何讓社會生活變得更好也許更加重要。

為了一般眾生，通往信仰的道路於是敞開。這個信仰就是相信人生大前輩的釋迦和其他眾多佛陀現在也在宇宙的某處支持著人們。藉由膜拜**諸佛**（諸多佛陀）與收納釋迦遺骨**舍利**的**佛塔**、**念誦**記錄釋迦教誨的經典或是**抄寫經文**等，只要做到安心立命，亦可謂為佛教的王道。

大乘佛教的重要佛陀

「如來（Tathāgata）」是「佛（Buddha）」的別稱。
可以視作是相同的意義。

釋迦牟尼如來

始祖釋迦。根據《法華經》，作為永遠的佛陀至今也存在於靈的世界中支持著人們。

藥師如來

釋迦有如人生醫者一般的形象獨立出來，促成了藥之神，也就是藥師的誕生。日本的藥師寺就是信仰藥師的寺院。

阿彌陀如來

淨土信仰中的重要佛陀，西方極樂世界的教主。鎌倉的大佛正是阿彌陀如來。（➜ 72 頁）

毘盧遮那如來

出自《華嚴經》開悟的宇宙佛陀。奈良大佛就是毘盧遮那如來，東大寺為遵奉《華嚴經》的寺院。（➜ 80 頁）

大日如來

密教的曼荼羅正中央所繪之佛陀。與毘盧遮那如來在本質上為同者，象徵的是開悟的宇宙本身。（➜ 82 頁）

密教使用的曼荼羅（左為金剛界曼荼羅，右為胎藏曼荼羅）。兩者中央皆繪有大日如來。所謂曼荼羅是在冥想中引導開悟的工具。

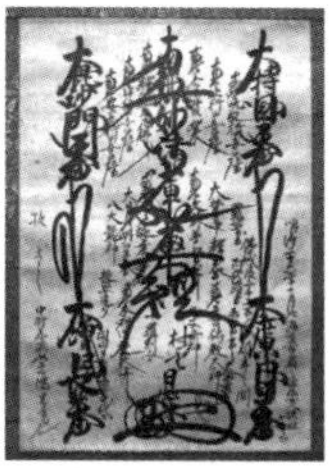

日蓮宗的曼荼羅本尊寫作南無妙法蓮華經，也就是文字的佛陀。記錄永恆釋迦教誨的《法華經》所擁有的力量就蘊含其中。

大乘的諸菩薩

菩薩的意思

菩薩（菩提薩埵，Bodhisattva）原本是釋迦開悟前的稱號。開悟前是菩薩，開悟後是佛陀。

大乘佛教的求道者會以菩薩自稱；無論是誰只要下定決心效法釋迦致力於開悟和救濟他人，都可以稱為菩薩。

超人般的菩薩

在印度人的想像當中，所有生物（眾生）都不斷經歷反覆輪迴，只要提高層次就可以轉世成更良善的存在。高階的層次存在著許多具有超能力的神明；即便是菩薩當中也有超乎常人的存在，例如文殊菩薩、彌勒菩薩、觀音菩薩、地藏菩薩等。

對於一般的凡夫俗子而言，則可以選擇相信這些大前輩菩薩們所擁有的救渡之力。

文殊菩薩如同諺語「集結三人便得文殊之智」（譯註：日本諺語，意同「三個臭皮匠勝過一個諸葛亮」），擁有超人的智慧。

彌勒菩薩身處天上，等待著在五十六億七千萬年後升格為佛陀。

觀音菩薩則立下了誓願要拯救眾生。據說他會化身三十三種法相救濟世人，或是為了拯救眾人而有千手的形象。他也會以女性的法相出現，日後在中國便被視作女性（觀音也是道教的女神）。

地藏菩薩原本是印度教的大地之神。包括地獄在內，出現在輪迴的各種場面拯救眾生。日本有所謂的「六地藏」，即對應地獄、惡鬼、畜生、阿修羅、人、天的六種境遇雕刻六座地藏菩薩並加以安置。自江戶時代還出現供養流產胎兒（水子）的水子地藏信仰。

釋迦的人生

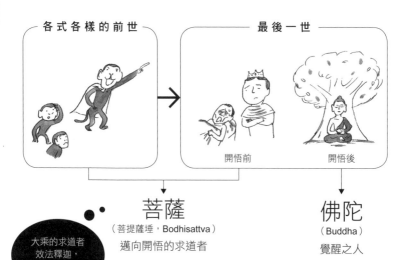

各式各樣的前世

最後一世

開悟前　　開悟後

菩薩
（菩提薩埵，Bodhisattva）
邁向開悟的求道者

佛陀
（Buddha）
覺醒之人

大乘的求道者
效法釋迦，
以菩薩為自我期許

各種神話性的菩薩

文殊菩薩
「文殊之智慧」
非常聰明

彌勒菩薩
在天上等待成為佛陀
的遙遠未來

觀音菩薩
化身各種法相
拯救眾生

地藏菩薩
於輪迴的各個場面
救渡世人

慈母觀音

- 觀音的完整稱呼是觀世音菩薩《般若心經》中譯為觀自在菩薩
- 觀音原則上是男性，但在中國道教被視為女神
- 慈母觀音在日本基督教禁教時代曾作為「瑪麗亞觀音」

聖母瑪利亞

神明

大乘的各種神明

大乘佛教中，尤其是於後期發展的密教開始膜拜各種靈性的存在。不僅是諸佛和諸菩薩，也包括充滿稱作真言（mantra）這般咒語智慧的**明王**，以及印度教眾神的**天**等。另外，「天」的類別亦包含各種富有神話性的存在，名為八部眾。

明王

最為人熟知的明王是**不動明王**（不動尊），代表「不動的尊者」，原本應該是印度教的神明。他是密教中宇宙佛陀大日如來的使者，為了教化以溫和教導也絲毫無法有所頓悟的眾生而以兇惡的形象出現。

愛染明王象徵的是人類強烈的愛欲。會在為了引人前來而舉行的巫術儀式上作為本尊祭拜。

佛教也吸納了印度教自太古以來的英雄神因陀羅（Indra）作為**帝釋天**（Śakra），以及宇宙神**梵天**（Brahmā）。據說釋迦在菩提樹下開悟之際，進而思考「人們是否能夠理解悟道的意義？」此時梵天現身，懇求他一定要向世間宣揚教誨。

此外像是學藝和音樂之神薩拉斯瓦蒂（Sarasvatī）乃**辯才天**（辯天）、如維納斯一般代表美麗和繁榮的女神拉克什米（Lak mī）為**吉祥天**，水神伐樓拿（Varuṇa）則為佛教護法神的**水天**，另外也還有**多聞天**、**毘沙門天**等許多神明。順帶一提，佛教中的理想境地也稱作天。

其他也還有**龍**（棲息在大海和地底、人面蛇身的鬼神）、**夜叉**（森林的鬼神）、**乾闥婆**（天之樂師）、**阿修羅**（好鬥的鬼神）、**迦樓羅**（巨鳥）、**緊那羅**（天之歌者）、**摩睺羅迦**（蛇神）等類似鬼神的存在守護著佛教，與天一同合稱為**八部眾**。

大乘的各種神明

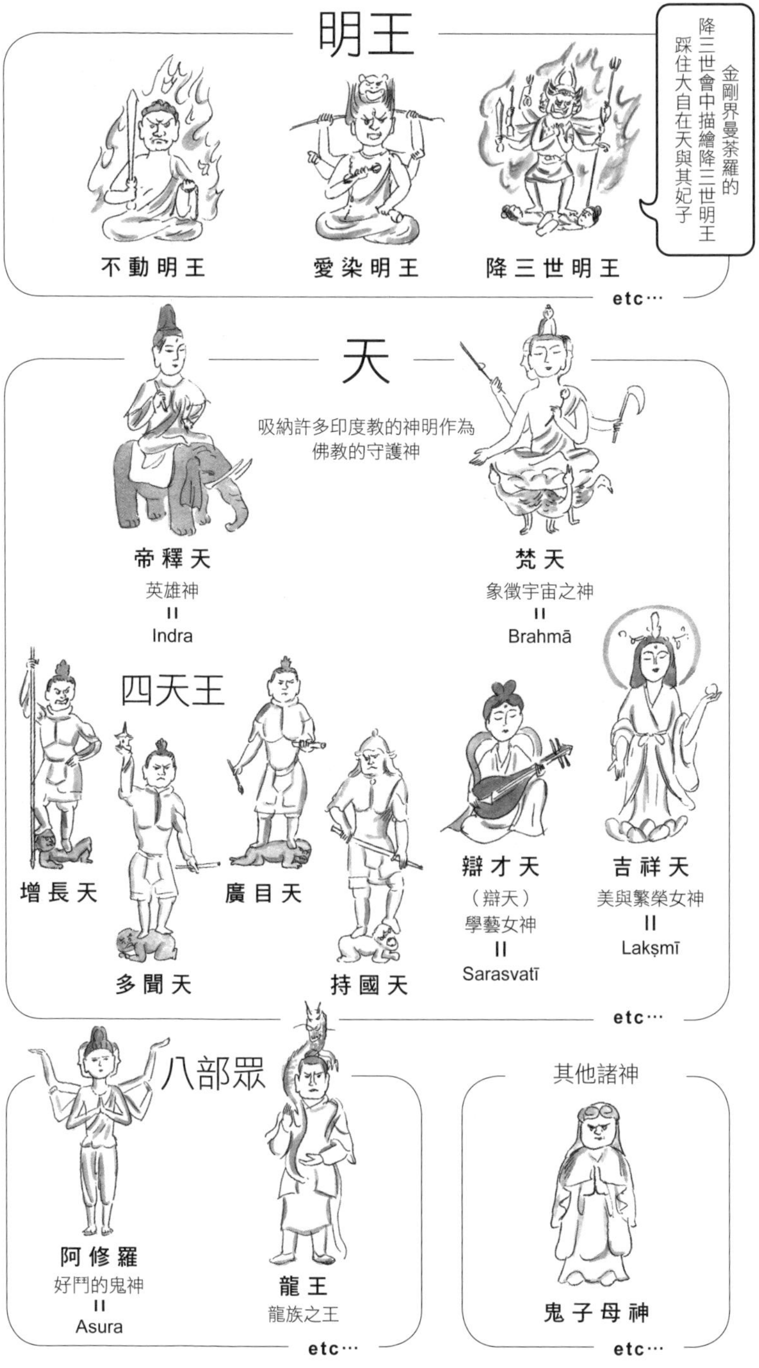
明王
金剛界曼荼羅的降三世會中描繪降三世明王踩住大自在天與其妃子
不動明王
愛染明王
降三世明王
etc…
天
吸納許多印度教的神明作為佛教的守護神
帝釋天
英雄神
॥
Indra
梵天
象徵宇宙之神
॥
Brahmā
四天王
增長天
多聞天
廣目天
持國天
辯才天
（辯天）
學藝女神
॥
Sarasvatī
吉祥天
美與繁榮女神
॥
Lakṣmī
etc…
八部眾
阿修羅
好鬥的鬼神
॥
Asura
龍王
龍族之王
etc…
其他諸神
鬼子母神
etc…

初期佛典

巴利三藏

初期佛教的佛典在數個世紀內不斷增加；相傳起初只是將始祖釋迦的教誨以詩一般的簡單形式記下，但後來為了修行上的方便而加上許多註解或是理論化，且大量使用重複句以利背誦，使得內容變得非常龐大。

巴利佛典

初期佛教也有許多小宗派（被稱作**部派**），其中一支便傳到東南亞，稱作**上座部佛教**。上座部的佛典是用古印度日常用語之一的巴利語記錄，因此也稱為**巴利佛典**。

三藏

佛典一般可分為律藏（關於戒律的文獻）、經藏（關於修行方法和教義的文獻）與論藏（古代印度學者們以哲學方式探討教義的文獻）三種（**三藏**）。所謂「經文（經典）」便是屬於經藏的文獻。

重要經典

巴利佛典當中據說留有最古老教義的是《經集》、《法句經》與《大般涅槃經》，以上岩波文庫都有出版日文翻譯本。最古老的《**經集**》日文譯本名稱為《佛陀的話語》（《ブッダのことば》）；被視為是佛陀福音書、在歐美也廣為流傳的《**法句經**》的日文譯本名為《佛陀真理的話語　感興趣的話語》（《ブッダの真理のことば　感興のことば》），而描述釋迦悟得死期從最後的出遊一直到因食物中毒入滅經過的《**大般涅槃經**》則以《佛陀　最後之旅》（《ブッダ最後の旅》）為日文譯本標題。（順帶一提，大乘佛教也有名為《大般涅槃經》的經典，這又是不同的典籍）。

巴利佛典包含許多文獻，例如有如民間故事一般記錄釋迦前世的《**本生譚**》，還有各式論文以及戒律等。

巴利佛典

以文庫或全集形式出版的主要日文譯本

三藏		南傳大藏經	岩波文庫（推斷為最古老經文的譯本）	全集	講談社版《原始佛典》（抄譯）
律藏		1～5卷			1卷（僅有佛傳）
經藏	**長部** 34經	6～8卷	《佛陀最後之旅》（大涅槃經）	中村元《原始佛典》Ⅰ、Ⅱ〔春秋社〕 片山一良《巴利佛典》〔大藏出版〕	1卷（大般涅槃經） 3卷（抄譯）
經藏	**中部** 152經	9～11卷			4、5卷（抄譯）
經藏	**相部** 2875經	12～16卷	《與眾神的對話》 《與惡魔的對話》		6卷（抄譯）
經藏	**支部** 2198經	17～22卷			6卷（抄譯）
經藏	**小部** 15經	23～44卷	《真理的話語 感興趣的話語》（法句經） 《佛陀的話語》（經集） 《佛弟子的告白》（長老偈經） 《尼僧的告白》（長老尼偈經）	中村元、片山一良《本生經全集》〔春秋社〕（本生經）	2卷（本生經抄譯） 7卷（法句經、經集） 8卷（自說經、如是語經） 9卷（長老偈經、長老尼偈經）
論藏		45～65卷			

以論藏來說，世界名著系列《原始佛典．婆羅門教典》（中央公論社）當中的〈彌蘭王問經〉非常引人入勝。內容是有關北西印度希臘系王朝的彌蘭王和佛僧之間有關哲學方面的問答。

除此之外像是《法句經》等也還有許多其他的日文譯本。

《法句經》

有佛陀福音書之稱的《**法句經**》（Dhammapada）在初期佛典當中算是相當平易近人且充滿優美詩句的經典。詳細可以參見左頁。

A「心是所有法的先導……」，此為《法句經》開頭的首句。也就是不潔的心會衍生出痛苦的現實，清淨的心則會創造出快樂的現實，非常簡單易懂。也許有人會覺得未免太過單純，但人們只有像相信歐幾里得幾何學一樣相信這個單純的原理——即**因果**與**緣起**的法則——並加以實踐；若是無視這個原理，只會讓自己陷入不幸的惡性循環。

將負面的心↓負面的現實這個惡性循環轉變為正面的心↓正面的現實這般良性循環，正是四諦和八正道的目的。並非僅止於光說不練，而是要以修行的形式付諸實行。

B「他辱罵我、毆打我……」也是非常有名的句子。怨恨只會產生怨恨，如果想要消弭怨恨，要做的不是復仇，而是單純地在當下即刻解消怨恨，也就是只有忘卻一途。這才是「永恆不易的真理」。

像這樣一一將煩惱解體之後所能抵達的終極境界就是**涅槃**。始祖**佛陀**（釋迦）正被認為是能夠完全做到這一點的人。

C是簡單介紹佛法僧的**三寶**（➡28頁）、**四諦**和**八正道**（➡36頁）的語句。

D為闡述佛教經常提及的諸行無常（所有事物都會變化）、諸行皆苦（所有一切都是苦）、諸法無我「非我」（一切皆非自己主宰）的**三法印**。

出自《法句經》

A

1

心是所有法的先導，心是所有造作的主導。
若人造作身口意惡業，必定受苦報，
一如牛車緊隨牛的足跡。

2

心是所有法的先導，心是所有造作的主腦，一切都是心所造作的，
人若造作身、口、意善業，一定有樂，
如影不離形。

B

3

人的內心若抱持：「他（她）辱罵我、毆打我、打垮我、劫奪我。」
的想法，
心中的怨恨無法止息。

4

人的內心若沒有：「他（她）辱罵我、毆打我、打垮我、劫奪我。」
的想法，
心中的怨恨就能止息。

5

世間的怨恨無法止息怨恨，唯有慈悲可以止息怨恨，
這是永恆不易的古法。

C

190

皈依佛法與僧伽的人，可以透過智慧明白四聖諦。

191

即苦、苦的起因、苦的止息與導向滅苦的八聖道。

D

277

諸法無常，如果能夠以智慧如此觀照，就能厭離諸苦，這就是清淨道。

278

諸行皆苦，如果能夠以智慧如此觀照， 就能厭離諸苦，這就是清淨道。

279

諸法無我，如果能夠以智慧如此觀照， 就能厭離諸苦，這就是清淨道。

日文譯本：中村元譯《佛陀 真理的話語 感興趣的話語》（岩波文庫）
（譯註：中文譯文參考佛陀教育基金會網站）

巴利版《涅槃經》

初期佛教和大乘佛教都有名為《涅槃經》（**大般涅槃經**）的經典，這裡要介紹的則是初期佛教的《涅槃經》（Mahaparinibbana Sutta）。內容描述了八十歲的釋迦覺悟到自己的衰老，從出發前往最後的遊歷直到死去之前的情況。

A「因此，以自己為島……」是釋迦開示就算自己死後失去指導者，也要以自身和釋迦的教誨（法）為依歸，繼續修行。「以自己為**島**」的「島」據說是指恆河流域的平原就算洪水氾濫的時候也沒有被淹沒的島洲；意味著就算世間為煩惱的洪水淹沒，修行者也要把持住自我和教誨，站穩腳步不隨波逐流。

漢文譯本將這一段寫作「以自己為**明燈**……」。這是因為「島」和「明燈」在巴利語中是同音異義語，同樣都意在說明不要被世間所迷惑。

B是在旅途中稍作歇息的釋迦環顧四周時，稱頌眼前光景的著名詞句。他稱讚著世界之美，讓人感同身受。

C提到的「**鐵匠窮達**」正是招待釋迦享用菇類料理（或是豬肉料理）結果卻引發食物中毒的人。釋迦為了不讓他感到自責，特意以正面態度來看待此事。

D是釋迦臨近死亡的時候，對傷心難過的弟子**阿難**告誡的話語。他一直以來都在教導如何跨越因煩惱而生的痛苦，而對於與珍愛之人的生離死別感到過度悲傷也算是煩惱的一種。雖然這裡諭示著既然身為修行者就應跨越傷悲，但另一方面也可以看出即便是長年追隨釋迦的弟子，在傷感之際還是會表現出悲傷，並沒有因為修行而失去人的情感。

出自巴利版《涅槃經》

A

2:26

因此，阿難，以自己為明燈、為歸依，勿以他人為歸依；
以法為明燈、為歸依，勿以他人為歸依。

B

3:2

於是薄伽梵走向洽巴拉神舍，坐於敷座上。尊者阿難亦就坐其側。坐已，薄伽梵告尊者阿難說：「阿難，毘舍離（地名）是一可喜悅之處。而烏但那神舍、喬達摩卡神舍、七杧菓神舍、多子神舍、沙然達達神舍、洽巴拉神舍等亦是可喜樂的。」

C

4:42

阿難，若有人向鐵匠窮達引起悔憾說：「窮達，此是對你不吉及遭受損失。當如來（佛陀）用過彼之最後一餐飯遂入涅槃。」阿難，此種悔憾於鐵匠窮達應如此糾正說：「窮達，此對你甚善及有利益。當如來（佛陀）用過彼之最後一餐飯遂入涅槃。」

D

5:14

「止止，阿難，不要自苦，也不要哭！是否我於往昔曾告訴你萬物實性如此，其與我們最親近者將要與我們分別隔離？當一物既生而成形，即具分離的必然性，不要其解離，此何可能？且必無此理。

日文譯本：中村元譯《佛陀 最後之旅》（岩波文庫）
（譯註：中文譯文參照巴宙譯《南傳大般涅槃經》 財團法人台北市慧炬出版社）

各種大乘佛典

初期

初期大乘佛典（一～三世紀）的代表是般若的智慧和闡述「空」的**般若經典群**。其中最古老的便屬《道行般若經》（八千頌般若經）、量最大的是《**大般若經**》（相當於數本百科全書的分量）、最短的則是《**般若心經**》（→64頁）。而沒有使用「空」相關用語的《**金剛般若經**》也很著名。

《**維摩經**》擁有像是戲曲一般的經文架構，其中的高潮是在家修行的紳士維摩除了「無」之外不發一語，藉此開示覺悟的真理。

《**法華經**》的架構亦類似戲曲，以戲劇化的方式闡述萬人成佛和久遠釋迦（→66頁）。

淨土三部經（《阿彌陀經》、《觀無量壽經》、《無量壽經》）闡述的是阿彌陀的救贖和往生極樂，為淨土信仰的基本經典（→72頁）。

《**華嚴經**》意在讚美釋迦於開悟的瞬間與名為毘盧遮那的宇宙佛陀合為一體的情形。此外，善財童子的求道經歷故事也是華嚴經的一部分。

中期

中期的經典（成立於三～五世紀）包括名為勝鬘夫人的女性闡述教義的《**勝鬘經**》、描繪釋迦臨終場面並講述「所有生物皆具有佛性（可以成佛的特質）」的《**大般涅槃經**》、被稱為是深層心理學先驅的《**解深密經**》以及禪宗重視的《**楞伽經**》等。

後期、密教經典

後期的經典（五世紀之後）基本上都是**密教經典**。在無數的經典當中以《**大日經**》和《**金剛頂經**》最為重要。胎藏曼荼羅和金剛界曼荼羅就是根據當中的記述繪製而成。在分類上屬於般若經典群的《**理趣經**》也是重要的密教經典，旨在闡述男女愛欲的本質清淨。

各種大乘佛典

般若經典群

闡述「空」和般若的智慧

道行般若經
（八千頌般若經）
最古老

大般若經
般若經典群的
集大成

般若心經
最精簡
（➜ 64 頁）

金剛般若經
沒有使用「空」
這個用語

架構有如戲曲般的經典

當中不乏幽默的成分

維摩經
在家紳士維摩
的活躍

法華經
萬人成佛
久遠的釋迦
（➜ 66 頁）

華嚴經
釋迦開悟的瞬間
（與毘盧遮那
一體化）
善財童子的求道經歷

淨土三部經

阿彌陀和往生極樂淨土的記述（➜ 72～77 頁）

阿彌陀經
描繪極樂淨土的
樣貌

觀無量壽經
在冥想中見到佛陀
後往生

無量壽經
阿彌陀在身為菩薩
時誓願救濟眾生

勝鬘經
名為勝鬘夫人的
女性的教誨

大般涅槃經
釋迦的臨終
闡述所有生物皆具
有佛性

解深密經
深層心理學的先驅

楞伽經
重視不用言語闡述
真理的禪宗

密教經典

大日經
胎藏曼荼羅和其修
行方法的原典

金剛頂經
金剛界曼荼羅和其
修行方法的原典

理趣經
男女愛欲的本質
為清淨
（原本是般若
經典之一）

《般若心經》

般若與空

作為大乘佛教的實踐者，菩薩的基本精神是「**般若波羅蜜（多）**」（Prajñāpāramitā），其重點在於任何事都以「**空**」的精神面對（➡48頁）。另外，「空」的梵語是「śūnya」或「śūnyatā」，同時也有數字「零」的意思。

般若經典

闡述「空」精神的眾多經典統稱**般若經典**。當中最長的《**大般若經**》甚至相當於數本百科全書的分量；而最簡潔的《**般若心經**》僅有二百數十多字，是最簡明地闡述「空」精神的筆記。《般若心經》有許多不同的漢譯本，其中最為人所知的便是西遊記唐三藏原型的玄奘三藏所翻譯之《般若波羅蜜多心經》。

開頭的哲學

《般若心經》開頭寫道：「**觀自在菩薩**，行深**般若波羅蜜多**時，照見**五蘊皆空**，度一切**苦厄**」。觀自在菩薩（＝觀音菩薩）是大乘修行者菩薩的代表，般若波羅蜜多代表空的精神。五蘊則為世界的構成要素，如果能從中看透「空」，就能夠超越人生的苦厄。

這段文字可以說是定義了大乘的修行目標，也就是以不拘泥、不受束縛的心看遍人世間。

末尾的咒語

《般若心經》的末尾寫有「**羯帝 羯帝 波羅羯帝 波羅僧羯帝 菩提僧莎訶**」的咒語（Mantra）。如果能夠集中精神在咒語上將心放空，那麼就是實踐般若教導的「空」的第一步。

玄奘三藏譯　般若心經（般若波羅蜜多心經）

開頭第一句很重要

末尾的咒語也很重要

般若波羅蜜多心經

① **觀自在菩薩　行深波若波羅蜜多時　照見五蘊皆空　度一切苦厄**

② 舍利子　色**不異空　空不異色　色即是空　空即是色**　受想行識亦復如是

③ 舍利子　是諸法空相　不生不滅　不垢不淨　不增不減　是故空中　無色
無受想行識　無眼耳鼻舌身意　無色聲香味觸法　無眼界　乃至無意識界
無無明　亦無無明盡　乃至無老死　亦無老死盡　無苦集滅道　無智亦無得

④ 以無所得得故　菩提薩埵　依般若波羅蜜多故　心無罣礙　無罣礙故　無有恐怖
遠離一切顛倒夢想　究竟涅盤　三世諸佛　依波若波羅蜜多故　得阿耨多羅三
藐三菩提

⑤ 故知　般若波羅蜜多　是大神咒　是大明咒　是無上咒　是無等等咒　能除一
切苦　真實不虛故故　說般若波羅蜜多咒　即說咒曰　羯帝　**羯帝　波羅羯帝**
波羅僧羯帝　菩提僧莎訶　般若波羅蜜多心經

①菩薩要用般若的智慧領悟「空」

②用「色即是空」總結

色即是空……色（物質現象）為空

空即是色……空可以變換成色（物質現象）

③將教團的各種哲學概念以「不」和「無」加以相對化

④菩薩和佛陀皆悟得般若的智慧

⑤將般若的智慧轉換成咒語！

《法華經》① 三大要旨

大乘佛教是將救濟民眾列入視野的宗教，這一點與同時代誕生於地中海地區的基督教有相似之處。基督教強調萬人救贖，信仰掌握著救贖關鍵的人＝如神般存在的救世主耶穌基督。而大乘佛教的佛陀也有類似於救世主的性質。

萬人成佛

《法華經》開顯了萬人成佛的境界，此時初期佛教的出家修行者（**聲聞**）和大乘佛教的求道者（**菩薩**）將沒有區別，兩者終將為菩薩。

不僅如此，同時還闡述即便小孩子玩沙造佛塔也能獲得救贖，在救渡的可能性上可謂萬人平等。

法華經的實踐

篤信《法華經》、實踐**菩薩行**（同時救贖自己和他人的菩薩之道）並向世人宣揚福音，正是《法華經》所追求的目標。

《法華經》的三大要旨可以歸類成①萬人成佛；②菩薩行；③久遠釋迦。如遵奉《法華經》的日蓮一般，培育出能夠忍受各種苦難的宣教者乃是《法華經》的特徵。

久遠的釋迦

《法華經》闡述了作為人們生活的世界（**娑婆世界**）的精神領袖**久遠釋迦**之救贖。

久遠的釋迦乃是西元前五世紀入滅的釋迦本體，為永恆的存在，也就是如神明一般。人們所在的世界背後，存在著一個看不見的釋迦淨土（**靈山淨土**）。

信徒就算當世界陷入如火宅（著火的房子）一般的悲慘狀況，也能夠忍耐。順帶一提，「火宅」一詞正是由來自《法華經》。

《法華經》的三大要旨

萬人成佛 ▶

萬人皆可成佛（沒有人會被遺漏）
無論是出家修行者、大乘的菩薩，或是聚沙成佛塔的小孩……

菩薩行 ▶

每一個人都應作為菩薩，
努力實踐自利和利他之行，
遵奉《法華經》的教誨並加以宣揚

久遠的釋迦 ▶

永恆的佛陀現在依舊在
某處支持著人們。
即便是火宅般的世間，
在信徒眼中仍是樂園

《法華經》② 迹門和本門

《法華經》據傳於一～二世紀左右在現今巴基斯坦附近完成。西域出身的佛僧**鳩摩羅什**（四～五世紀）所翻譯的《**妙法蓮華經**》是最為人所知的版本。後世雖然有發現《法華經》的原文（梵文），但與鳩摩羅什的版本略有不同。

下面將以傳統的用語來介紹《法華經》（妙法蓮華經）的內容。

迹門和本門

整體全部分為二十八品（品指的就是「章」），前半部的十四品稱作**迹門**，後半的十四品稱作**本門**。迹門指的是釋迦以暫時之姿來說法，本門則是釋迦以作為久遠存在的本體開示的諸說。

開三顯一

前半段的重點是**方便品第二**（即第二章「方便」），闡述小乘（初期佛教）修行者**聲聞**（出家修行者）、小乘修行者**緣覺**（獨自修行者）以及大乘修行者**菩薩**的修行之路都同以**成佛**為終極目標。這在傳統上被稱為**開三顯一**（開三乘顯現一佛乘）。

開近顯遠

後半段的重點則在**如來壽量品第十六**，明示釋迦的尊身是超越時間的**久遠釋迦**，稱之為**開近顯遠**（示釋迦應身壽命之近，顯釋迦法身壽量之遠）。

總括而言，前半闡述了「雖然教誨無數，但核心思想只有一個，即萬人成佛」；而後半則是說明了「釋迦作為救世主，永遠存在」。

將這兩點再加上忍受苦難的**菩薩行**，便是《法華經》的三大要旨。

《妙法蓮華經》的架構

前半（迹門）

1 序品
2 方便品
3 譬喻品
4 信解品
5 藥草喻品
6 授記品
7 化城喻品
8 五百弟子受記品
9 授學無學人記品

→ 闡述萬人成佛，聲聞者陸續皈信「開三顯一」

10 法師品
11 見寶塔品
12 堤婆達多品
13 勸持品
14 安樂行品

→ 中間部分

後半（本門）

15 從地涌出品
16 如來壽量品
17 分別功德品
18 隨喜功德品
19 法師功德品
20 常不輕菩薩品
21 如來神力品
22 囑累品

→ 明示久遠釋迦「開近顯遠」

23 藥王菩薩本事品
24 2 妙音菩薩品
25 觀世音菩薩普門品
26 陀羅尼品
27 妙莊嚴王本事品
28 普賢菩薩勸發品

→ 類似於附錄

《法華經》描繪的三種修行者

聲聞
（出家修行者）

舍利弗（舍利子）
歷史上的首席弟子

緣覺
（獨自修行者）

經文並未描繪具體形象

菩薩
（大乘求道者）

文殊菩薩
大乘具代表性的神話菩薩

“小乘”
（小的承載）

“大乘”
（大的承載）

三者的修行方式其實相同
“開三顯一”

歷史上釋迦的真面目其實是超越
時空的久遠佛陀
“開近顯遠”

＝

《法華經》③ 七喻

自古以來《法華經》之所以受到歡迎，主要是因為該經典有著如科幻小說一般的架構，作為戲曲來看非常生動有趣，另一個原因則是當中有許多舉例的故事（稱作**譬喻**）。被認為特別重要的譬喻共有七個（**法華七喻**），下面就來介紹其中最著名的二個譬喻。

三車火宅的譬喻

有錢人家的房子著火了。在這樣危險的情況下，孩子們卻仍忙著玩耍不肯離開家裡。父親於是大喊：「這裡有玩具喔～」把孩子們吸引出來。在孩子們獲救之後父親送給了他們漂亮的牛車。

著火的房子代表著充滿苦難的輪迴世界；忙著玩耍的孩子則比喻為不理解苦難本質的凡夫俗子。父親所說的玩具其實是配合孩子們喜好的三種玩具，分別象徵了聲聞、緣覺、菩薩的三種修行之道。最後贈予的寶物牛車則代表終極的救贖。

也就是說，修行方法雖然會根據修行者的性格和能力而有所不同，不過釋迦教導的主旨只有一個，那就是讓所有人成為完人，加以救贖。

長者窮子的譬喻

有錢人家的兒子離家出走過著潦倒的生活，在流浪各地後最終來到父親的宅邸，但落魄的兒子並未察覺。父親雇用兒子為佣人，在數年之間栽培他，並委任他掌管家中大小事。臨終前這位父親當著所有人的面宣布：「他是我的親生兒子」，兒子因此獲得了意想不到的大筆財富。此處離家出走的兒子代表那些不悟真理的凡夫俗子，父親則是釋迦；佣人的工作象徵小乘的修行，遺產則是《法華經》的福音。

順道一提，聖經的《**路加福音**》當中也有放蕩的兒子（＝不信仰神的人）最終回到父親（＝神）身邊的故事。這裡提到的父親也同樣無條件地歡迎兒子的回歸。

《法華經》的七喻

① 三車火宅	將迷惘的世間比喻為火宅，救贖方法是三種牛車	▶ 譬喻品
② 長者窮子	將迷惘的求道者比喻為離家出走的兒子	▶ 信解品
③ 三草二木	將開悟方法的不同比喻為植物的不同，教誨則比喻為雨	▶ 藥草喻品
④ 化城寶處	將修行比喻為受到幻影幫助而得以前進的商隊	▶ 化城喻品
⑤ 衣裏繫珠	將開悟的秘訣比喻為縫在衣物上的寶物	▶ 五百弟子受記品
⑥ 髻中明珠	以轉輪聖王秘密持有的明珠來比喻最重要的教誨	▶ 安樂行品
⑦ 良醫病子	將入滅的釋迦比喻為隱藏身影的良醫	▶ 如來壽量品

三車火宅的譬喻

身處煩惱之火中的凡夫俗子

為了救濟的方便

萬人救贖的福音

長者窮子的譬喻

迷失自我的凡夫俗子

釋迦傳授的修行課程

「開悟」即未來的財產

淨土三部經①《阿彌陀經》

在釋迦入滅後的現在，是否還有可以依靠的佛陀呢？相較於《法華經》明示久遠釋迦，另外也有佛典記述了釋迦在生前介紹有關極樂世界的**阿彌陀佛**，這些經典分別是**《阿彌陀經》**、**《觀無量壽經》**、**《無量壽經》的淨土三部經**。

各種淨土

淨土指的就是樂園。《法華經》中釋迦的淨土是靈山淨土，東方一位名為阿閦的佛陀則有名為妙喜國的淨土，而歷史上最廣為人知的便屬西方阿彌陀佛的**極樂淨土**。說到淨土信仰，一般指的是希望死後能夠**往生**這片極樂的信仰。

阿彌陀經

接著就先從篇幅較短的**《阿彌陀經》**來做介紹，目前一般流傳的都是鳩摩羅什（四～五世紀）的譯本。

此經內容為釋迦向弟子介紹阿彌陀佛的極樂世界。在該世界裡眾生（所有生物）不需要背負各種痛苦，獲得的只有喜樂。

提起極樂淨土，很多人腦海裡可能會浮現如平等院鳳凰堂的日式庭園般的印象，但古代印度人想像中的極樂反倒是幾何學式的輝煌世界。據說池子的形狀就宛若矩形的泳池，還以金銀等豪華的建材打造；這個世界裡充滿著寶石和許多美麗的鳥類，但鳥類並非活生生的動物，而是幻象。

往生和成佛

往生極樂者會在此以**成佛**為目標修行。在這裡會比起在娑婆世界的修行要來得容易許多，因為極樂世界裡沒有地獄、餓鬼以及畜生之道。雖然終極目標並非往生極樂，而是之後的成佛，但日本的淨土信仰到後來已不再拘泥於兩者之間的區別。

各種淨土

在這個苦難世界持續修行不是一件容易的事。
人們幻想著各種淨土的存在。
表面上雖說在往生淨土之後應繼續修行，
但對於一般人而言，往生淨土本身就是一種「救贖」了。

阿彌陀如來的淨土
極樂世界
歷史上人氣最高的淨土

阿閦如來的淨土
妙喜世界
也有這樣的淨土，但後世很少有人知道

法華經中釋迦的淨土
靈山淨土
如今顯現於信徒的視野中

彌勒菩薩的淨土
兜率天
彌勒身處兜率天，等待成為佛陀的時機

觀音菩薩的淨土
普陀洛伽（Potalaka）
這在歷史上也很有人氣。
西藏的達賴喇嘛是觀音的化身。
因此拉薩的寺院稱為布達拉（普陀洛伽）宮。
中世曾有許多僧侶乘船朝著普陀洛伽前進。

聖地日光的由來！
（日文為補陀落（Fudaraku）→ Futara →
二荒（Futaara）→ Nikou（二荒音讀）→日光）

亦有人指出極樂淨土與具有伊甸園概念的西亞烏托邦信仰以及庭園形象之間有所關聯。

阿彌陀的極樂淨土

充滿寶石

樹木也是寶石做的

有四方型的池子

用金銀等寶石打造

有天鵝、孔雀、鸚鵡、鷺、迦陵頻伽（人頭鳥身，歌聲美妙）、共命鳥（雙頭鳥）等

都是魔法創造出的幻影！

沒有地獄、餓鬼、畜生等苦難之道
所有修行者都要在早晨托缽前往其他佛國土

午前托缽是自初期佛教以來的佛教傳統

淨土三部經②《觀無量壽經》

王家的紛爭

《觀無量壽經》目前僅有一本西域僧侶畺良耶舍於五世紀翻譯的漢譯本，並沒有找到梵文的原典。

根據這本經典的記載，大國摩揭陀的王子**阿闍世**將父親頻婆娑羅關進城裡的監獄。其妃子**意提希**將加了蜂蜜和穀物的優格塗在身上，又在首飾裡灌入葡萄汁帶進監獄給丈夫。

得知這件事的兒子將母后關在宮殿內，而當被幽禁的意提希獻上祈禱，釋迦便帶著弟子們以超能力現身。意提希表示希望能重生在沒有這些苦難的淨土，於是乎釋迦開示阿彌陀的極樂世界，並教導觀想淨土的十六種方法。

冥想的技巧

這些方法就是冥想的技巧。主要如左頁所示，其中也包含想像佛陀的樣子來冥想的方法。具體而言這應當就是在腦海裡浮現佛像的樣貌，由此可以看出對於古代印度的冥想來說佛像的確擔任了很重要的角色。

救贖底層的人

最後三個觀想法則是針對凡夫俗子的冥想技巧。人類分為從**上品上生**至**下品下生**的九類，而阿彌陀也立下誓願要救濟每一種類別的人。就算是下品下生這種犯下殺人重罪者，只要在臨終前念誦「**南無阿彌陀佛**」，依然可以獲得救贖。

以**法然**為始祖的淨土宗非常重視《觀無量壽經》。就連極惡之人都可以獲得救贖的理念對於身處平安時代末期不安定社會的凡夫俗子而言，堪稱福音。

《觀無量壽經》的觀想技巧

統一精神……

看著西沉的太陽

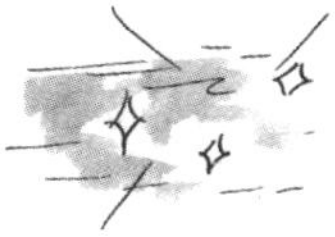

看著水面，想像如寶石
一般閃耀的大地

想像極樂的寶樹

想像極樂的樓閣

想像寶石大地上的蓮花

想像蓮花上的佛陀

想像佛像背後阿彌陀
真正的樣子

想像身處極樂世界
蓮花中的自己

為了凡夫俗子的觀想

下品下生是極惡的惡人。
就算是這樣的人也可以獲
得阿彌陀的救贖

上品上生
上品中生
上品下生

透過佛教領悟道理的
三個階層

中品上生
中品中生
中品下生

遵守在家戒律和道德的
三個階層

下品上生
下品中生
下品下生

惡人的三個階層

想像這些人的形象，
如此一來自己也能獲得救贖。

淨土三部經③《無量壽經》

《**無量壽經**》是一部很長的經典，又稱作《大無量壽經》。一般流傳的譯本為三世紀由康僧鎧所譯。

法藏菩薩的誓言

這部經文記述了阿彌陀在還是**法藏菩薩**時所立下的四十八個誓言（**四十八願**）。法藏菩薩可謂是救贖意志的化身，他成就了誓言，現在則以阿彌陀佛之姿迎接人們往生極樂世界。

最重要的第十八願

四十八願當中最重要的是**第十八願**。根據其內容，無論是一次或十次，只要心有往生極樂的意念就能如願。七世紀的善導作為中國淨土信仰的集大成者，認為四十八願的意旨以第十八願為依歸；撰寫《往生要集》的源信、法然和弟子親鸞也都特別重視此願。

（順道一提，第十八願雖然寫到犯五罪（殺害母、父、聖者，傷害佛陀，破壞教團）、毀謗正確佛法者除外，但親鸞等後世的宗教家將此視為是精神上的訓誡，認為阿彌陀佛仍會毫無例外地救贖所有惡人）。

另外，第十九願則是發願信徒死時阿彌陀會前往迎接。據說中世的貴族會將阿彌陀的畫（來迎圖）和自己以五色線相繫，等著阿彌陀前來救渡並迎接死亡。

三願轉入

根據親鸞的解釋，第十九願是透過自身的諸善修行得以往生、第二十願是依靠自己念佛之功德獲得往生，而第十八願則是完全相信阿彌陀的他力救贖。按此順序逐漸脫離自力救濟的自我意識代表著信仰境界的提升，也因此第十八願的救贖方式才是往生淨土的至上關鍵，稱作**三願轉入**。

宇宙「救贖力量」的化身
阿彌陀佛的神話

很久以前，法藏菩薩發願立下 48 誓

解救眾生！

一定要

法藏菩薩成為阿彌陀佛

阿彌陀在極樂世界等待眾生

阿彌陀為兩個名字的集合

法藏菩薩的四十八願
摘要

· 建構極樂世界！
· 這裡沒有地獄、餓鬼、畜生之道！
· 這裡的人們閃爍著金黃的光輝，皆能成佛！
· 身為佛陀的我光明無限！────────
· 身為佛陀的我壽命亦無限！

Amitābha ＝無量光
（擁有無限光明者）

Amitāyus ＝無量壽
（擁有無限壽命者）

· 心有往生的念頭，就能如願往生
（第十八願）

只要念佛就可以獲得救贖

· 希望往生的修行者，在臨終時阿彌陀會來迎接
（第十九願）

靠著修行獲得救贖

· 希望往生而積功德並盡力助人者，就能如願往生
（第二十願）

積功德獲得救贖

中國的善導、日本的源信（《往生要集》）、法然（淨土宗）、親鸞（淨土真宗）都最重視第十八願。

希望往生的
求道者心態
……

雖然很有心，但拘泥於自力這一點有待改善

不自恃自力，純粹依靠阿彌陀的他力即為一種開悟

親鸞尤其強調借助阿彌陀的他力

日本佛教的特徵

佛教於六世紀傳入日本列島。奈良時代平城京周邊的各寺院有許多的僧侶在此學習與研究佛教；而與這種學問派佛教並行，如行基等致力於民眾教化和謀求福祉的求道者也相當活躍。

平安佛教

九世紀初，**最澄**將以《**法華經**》為中心的天台宗從中國傳入日本。天台宗的延曆寺之後也繼續作為日本的綜合佛教大學蓬勃發展，培育出多位名僧。與最澄同時期的**空海**則正式引入中國當時最新興的佛教**密教**，扎根日本（天台宗也會採用密教儀式）。密教的巫術儀式深深地抓住了日本人的心，使得密教因此大為流行。

鎌倉佛教

從平安末期到鎌倉時期，佛教跳脫過去學問派和貴族的性質，有了新的發展。大致可以整理成**禪宗**（**榮西**、**道元**等）、**淨土信仰**（**法然**、**親鸞**等）、**法華信仰**（**日蓮**）的三大體系。三者皆是從繁雜的佛教教義當中選擇一個視之為「本質」的教義或修行方式，更有利於一般民眾尋求救濟。正如在一神教的世界裡所有教義最終都回歸至「對神的信仰」這個簡單的動機，日本的三種佛教系統可說發揮了類似的作用。

日本佛教的相對主義

日本佛教更進一步地強化了大乘佛教不將迷惘世界和開悟世界的差異絕對化的「相對主義」。其具有重視儀節但不重戒律的傾向，尤其到了近代更是如此。江戶時代，每一個日本人都要歸屬其中一個佛教宗派（**檀家制度**），佛教亦發展成比起教化民眾改以法事為主的「**葬式佛教**」；先不論思想方面，在實踐上也愈來愈不具說服力。

日本佛教年表

時代	世紀	事項	
	6 世紀	佛教傳入（538 或 552 年）	
		佛教推進派的蘇我氏和排佛派的物部氏相爭（蘇我氏勝利）	
	7 世紀	聖德太子制定十七條憲法（604）	
奈良時代		佛教輸入成為國家事業，在各地建立寺院	輸入
		被稱為南都六宗的六派學問佛教蓬勃發展	
		東大寺大佛、開眼供養（752）	
		鑑真負責日本首次的正式授戒（754）	
平安時代	9 世紀	最澄（767-822）從中國引進法華思想，開創**天台宗**	密教
		空海（774-835）從中國引進密教思想，開創**真言宗**	
	10 世紀	空也（903-972）在京都宣揚念佛	
		源信（942-1017）著《往生要集》，宣揚極樂往生、觀想、口唱的念佛	
	12 世紀	良忍（1072-1132）宣揚融通念佛（**融通念佛宗**的開端）	念佛
鎌倉時代		法然（1133-1212）宣揚專修念佛（**淨土宗**的開端）	
		榮西（1141-1215）從中國傳入禪（**臨濟宗**的開端）	禪
	13 世紀	親鸞（1173-1262）站在非僧非俗的立場追求念佛（**淨土真宗**的開端）	
		道元（1200-1253）在永平寺指導禪，宣揚只管打坐（**曹洞宗**的開端）	
		日蓮（1222-1282）主張法華經才是真正的救贖（**日蓮宗**的開端）	
		一遍（1239-1289）遊歷全國勸導念佛（**時宗**的開端）	法華
中世末期、近世	16 世紀	信長、放火討伐比叡山（1571）	
	17 世紀	隱元（1592-1673）從中國歸化，為禪宗帶來新氣象（**黃檗宗**的開端）	
		德川政權之下，人們成為寺院的檀家使佛教普及化，亦出現葬式佛教化	
	18 世紀	臨濟宗的白隱（1685-1768）應用禪語（公案）整理修行方法	
近代	19 世紀	曹洞宗的良寬（1758-1831）遊歷諸國，過著遠離世俗的生活	
		明治政府頒布神佛分離令（1868）。掀起廢佛毀釋運動，寺院荒廢	
		允許僧侶吃肉、結婚（1872）	
	20 世紀	隨著近代文獻學的批判式佛教學發展，日本佛教開始相對化	
		國家主義助長的佛教運動和宣揚救濟民眾的新宗教抬頭	
		「禪」普及至歐美社會	

南都六宗

六世紀末～七世紀初的飛鳥時代，**聖德太子**教導《法華經》，制定篤敬三寶的十七條憲法。以當時的日本人而言如此正式地去理解佛教的教義算是相當稀奇。

國家鎮護和南都六宗

奈良時代，佛教擔任的是**鎮護國家**的角色，這之中多少包含像魔法一般保護國家的思想，而僧侶正是身負此一重任的官員（官僧）。奈良盆地內建造了許多寺院，至今依舊吸引許多觀光客前往，在當時這些寺院也是一種研究機構，僧侶們在此研究六種學問，稱為**南都六宗**。

①**三論宗**探究以空的理論為基礎的龍樹等人的思想，在東大寺進行研究。基本教典包括《中論》等三部，因此被稱為三論宗。

②**成實宗**是後來被三論宗吸收的輔助性學問，主要也是有關於空的議論。研究場所為元興寺、大安寺。

③**法相宗**研究印度的無著和世親等人探討的唯識哲學，於興福寺和藥師寺進行研究。三論宗的空理論和法相宗的唯識並稱為大乘佛教哲學的二大派別。

④**俱舍宗**亦屬於輔助性質的學問。主要研究初期佛教的哲學，以唯識哲學家世親的著書為教典。在東大寺和興福寺進行研究，後來被法相宗吸收。

⑤**華嚴宗**為研究《華嚴經》的學問，在東大寺進行研究。奈良時代重視華麗記述釋迦開悟的《華嚴經》，根據經文描繪的宇宙佛陀毗盧遮那佛打造了東大寺的大佛。

⑥**律宗**是研究戒律的學問，由中國的僧侶鑑真開創，以唐招提寺為中心。當時所有的僧侶都必須在東大寺戒壇院、大宰府觀世音寺或是下野（現今栃木縣）的藥師寺選擇一處受戒。

南都六宗

三論宗

創始者：惠灌
研究場所：東大寺南院
研究主題：空的哲學

相當於現在所說的認知與存在的哲學

龍樹（印度、2 世紀）

法相宗

創始者：道昭
研究場所：興福寺、藥師寺
研究主題：唯識哲學

相當於現在所說的深層心理學

無著、世親（印度、4 世紀）

成實宗

創始者：道藏
研究場所：元興寺、大安寺
研究主題：成實論

被認為是輔助三論的學問

俱舍宗

創始者：道昭
研究場所：東大寺、興福寺
研究主題：阿毘達磨俱舍論

被認為是輔助法相宗的學問

華嚴宗

創始者：良辯
研究場所：東大寺
研究主題：華嚴經

華嚴經闡述的是與宇宙佛陀一體化的釋迦。
在微觀的世界裡，宏觀的宇宙將永劫的時間濃縮於瞬間
（一即一切，一切即一）

律宗

創始者：鑑真
研究場所：唐招提寺
研究主題：鑑真傳授的戒律

如今依舊存在的宗派

密教的宗派

密教是印度佛教最晚期的姿態。位於印度旁邊的**西藏**，直接從印度移植密教，一直到今日都宣揚佛教非常後期的教義和儀節。另一方面，密教也傳入中國，在空海的老師惠果之下整合，由身為遣唐使前來的空海將密教原原本本地帶回日本。中國密教日後逐漸衰退，今日的密教僅殘存於日本和西藏（和其周邊）。

起源

密教的起源如下。比起初期佛教，大乘佛教敞開大門將救濟民眾納入視野，而民眾原本就會信仰神明，藉由儀式和巫術追求現世的最大利益。因此佛教也逐漸開發出被稱為**真言**、**陀羅尼**的神秘咒語，仰賴多位佛陀、菩薩的明王，以及天（印度教諸神）之力量的信仰體系日益成形。印度的大乘佛教最終發展成為了密教。

空海的事蹟

空海（弘法大師）（七七四～八三五）於八〇四年以遣唐使的身分前往中國，僅三個月的時間就被密教第七代祖**惠果**認定為正統後繼者。想必是生性聰穎的空海在日本的時候，就已經靠著私下研究掌握了重要的教義。空海立刻回國，開創**真言宗**，並在**高野山**創建金剛峰寺，又獲得天皇下賜京都**東寺**。空海在密教以外的各方面亦有活躍的發展，例如創辦學校、指揮修建滿濃池（位於四國香川縣）等，而這也與自許為「綜合科學」的密教世界觀有緊密關聯。

日本社會和密教

以《法華經》為中心思想的**最澄**的**天台宗**也非常重視密教，魔術性又壯麗的儀式深深吸引了平安時代人們的心。如同大乘佛教結合了印度的諸神，密教也與日本諸神互有連結，**神佛習合**成了日本宗教的基礎。

密教的儀節、修行

現世利益
巫術般的世界

曼荼羅
修行的工具
象徵世界觀的圖像

金剛界曼荼羅

胎藏曼荼羅

三密行

身密
手結印契

口密
口誦真言

意密
心觀佛陀

與大宇宙的佛陀（大日如來）合為一體
→即身成佛（以現在的肉體成為佛陀）

空海的生涯

774 年出生於讚岐。佐伯氏。乳名真魚。

在京都的大學求學，但因立志佛道而退學，前往各地修行。

24 歲撰寫比較儒教、道教、佛教的《三教指歸》。

拜讀《大日經》而為密教所傾倒，31 歲時以遣唐使的身分赴唐。

在長安的青龍寺向惠果學習半年時間，獲傳密教的祕法。

2 年後歸國，獲得最澄認可傳授密教。

在宗教和世俗兩方面活躍發展，撰寫《十住心論》、《密藏寶鑰》等，著作多數。

指導讚岐滿濃池的修建工程。同時進行社會救濟正符合密教精神

835 年，卒於高野山金剛峰寺，享年 60 歲。

淨土信仰的宗派

平安末期，古代律令制崩壞，由武力支配社會的時代再度降臨，對於下地獄的不安和世界劣化的思想，也就是**末法思想**開始佔據人們心中。天台僧的**源信**在《**往生要集**》中描繪了地獄，宣揚**念佛**為往生極樂的方法之一，也就是念誦「**南無阿彌陀佛**」（我願皈依阿彌陀佛）。

法然

進一步強調念佛的是在比叡山學習天台教義的**法然**。在劣化的時代裡由於能力的衰退，人們無法進行開悟的修行，因此只得依靠救贖者，而其中最容易的方式便是念佛。只要念佛，凡夫俗子也可以獲得救贖（**專修念佛**）。

在此重新思考一下：佛道修行的本質是除去自我的煩惱，跳脫以自我為中心。只要沒有了對自我的執著，心就和往生淨土無異。雖然也可以利用坐禪等修行來跳脫自我本位，但取巧的祕技便是將自己交託給如阿彌陀一般的「神明」。武士也許適合坐禪，但對一般庶民來說念佛反而是最快的捷徑。

親鸞

淨土信仰中，法然的弟子**親鸞**也是重要的理論家。在念佛受到打壓時，親鸞不僅遭到流放，還被剝奪僧籍，於是他娶妻並過著還俗的生活。在這樣的立場下教團的階級架構也變得毫無意義；他認為人們不應想著仰賴自己的地位、能力甚至是善行，而是在完全以阿彌陀的救贖為中心的世界觀中生存。所謂念佛絕非獲取自我救贖的手段。

若是能將念佛視為非個人作為而是阿彌陀的**他力**，達到這般心境的人自然也就不會執著於死後的救贖（極樂往生）和修行的達成（成佛）了。

日本的淨土信仰

《往生要集》：因介紹八大地獄而為人所熟知

源信
（942～1017）

・著有**《往生要集》**，宣揚極樂往生。

良忍
（1072～1132）

・**融通念佛宗**的開山祖
・倡導每日口唸「南無阿彌陀佛」的口稱念佛

法然
（1133～1212）
淨土宗的開祖

・天台宗的僧侶。為中國淨土信仰的集大成者善導（613-668）的著書所啟發。
・1186 年，在討論念佛的會議（大原問答）上闡述阿彌陀誓言的旨趣而出名。
・1198 年撰寫**《選擇本願念佛集》**，闡述由於阿彌陀的慈悲心，只要專心念佛的人就可以往生極樂（**專修念佛**）。法然的人氣讓既有佛教界備感威脅。1207 年，被流放四國（後來獲得赦免）。
・1212 年，將**《一枚起請文》**（教義的要點）交給弟子源智後死去。

親鸞
（1173～1262）
淨土真宗的開祖

「淨土真宗」的稱呼始於明治

・身為法然的弟子而被剝奪僧籍、流放越後國，自稱「愚禿」，娶妻後以**非僧非俗**的立場追求信仰。
・主要的著作**《教行信証》**有系統地考察了阿彌陀的救濟。
・**《歎異抄》**是其弟子唯圓回顧老師所寫的著作，從中可以看出徹底排除了靠自我努力獲得救贖的**絕對他力**思想。

《歎異抄》的名言

●**念佛誠然可為往生淨土之因，亦或可為墮落地獄之業，全然非我所知。使我被騙於法然，因念佛墮落地獄，亦更無悔。**我本行行難及之身，棲處地獄原是一定。……愚身之信心如是，而今而後，取念佛而信之，或捨而別求，各自抉擇。（第 2 章）

●**善人尚得往生，何況惡人**……自力作善之人，缺乏任憑他力之心故，非彌陀本願。然而，若翻轉自力之心，仰憑他力者，必得往生真實報土也。煩惱具足之我等，任何修行皆不能離生死，彌陀哀愍，發願之本意，在於「**惡人成佛故**」，**歸信他力之惡人，最是往生之正因也。**（第 3 章）

●**親鸞未曾為追薦父母，而念佛一遍。**（第 5 章）

●**親鸞者，無一弟子也。**念佛非我之力，而是阿彌陀之力（第 6 章）

一遍
（1239～1289）
時宗的開祖

・被稱作**捨聖**（捨棄一切的聖者），一邊分送寫有「南無阿彌陀佛……」的念佛札，一邊遊歷全國。
・大力宣揚在忘我的境界中一邊跳舞一邊念佛的**踊念佛**。

法華信仰的宗派

統一救贖之道

禪宗強調屬於自力的坐禪，省略了淨土信仰中依靠阿彌陀他力的部分。這個時代的日本為了將印度經過數千年發展變得複雜的佛教教義應用在現實的亂世之中，於是高度傾向「篩選」思想的本質並加以統一。在比叡山學佛的**日蓮**也依循同樣的想法，導出《**法華經**》才是真正救贖之法的結論。

其中由來是對於系譜的信仰；自天台宗始祖**最澄**以來，《法華經》就被認為是釋迦教義的核心，這是因為中國的學僧**智顗**曾論述釋迦教義的本質即歸於《法華經》。而《法華經》也闡述釋迦是這個世界（娑婆世界）永遠的領導者，人們應有自覺地信奉《法華經》，並以菩薩之身努力。

諸法實相和一念三千

《法華經》描繪無數的眾生因各種機緣以成佛為目標努力修行的樣貌，而釋迦則是身處能綜觀這一切的位置。世間所有人在釋迦的願景下，都可以開悟。《法華經》將這般宇宙的實相以**諸法實相**來闡釋，智顗則是用**一念三千**來說明一念之間存在著從地獄通往佛陀世界的門扉。而作為開門的鑰匙，日蓮宣揚實踐唱唸「**南無妙法蓮華經**（我願皈依法華經）」的**唱題**。

活躍的日蓮宗

批判念佛、禪、密教等其他宗派的日蓮曾受到鎌倉幕府的打壓，但他認為《法華經》早已對此有所預言，反倒因此更加深其信念。法華信徒積極地希望參與社會活動，於明治之後和國家主義相結合，不僅創立救濟民眾的新宗教（靈友會、立正佼成會、創價學會等），或是推崇如宮澤賢治所描繪的社會奉獻理想等，發展十分多元。

《法華經》信仰的歷史

印度
（1～2世紀）

- 大乘經典的**《法華經》**在現今巴基斯坦附近完成
- 提倡萬人救贖（成佛）、向菩薩行邁進、久遠的釋迦等，為一部滿懷信仰熱情的經典。

鳩摩羅什
（344～413）

- 西域出身的佛僧鳩摩羅什用優雅流暢的漢文翻譯《法華經》（**《妙法蓮華經》**）。

智顗
（538～597）
中國

- 藉由教相判釋得出《法華經》乃最重要經典的結論
- 闡述個人的一念之間存在著從地獄到佛陀為止的三千世界，稱為**一念三千說**。

聖德太子
（574～622）

- 教授法華經。使得這之後在日本《法華經》一直受到尊崇。

最澄
（767～822）
天台宗的開祖

- 視《法華經》為最重要經典。天台宗的本山**比叡山延曆寺**作為佛教的綜合大學培育出許多優秀的僧侶。

日蓮
（1222～1282）
日蓮宗的開祖

- 在比叡山學習，確信在現今的時代能夠救贖日本之地的只有久遠釋迦交託給人們的《法華經》信仰。
- 向幕府控訴由於佛教界迷失了根本，社會才會出現自然災害和他國侵略等問題（**《立正安國論》**）。

實際上蒙古軍雖然入侵，但因為暴風雨而敗退

- 其他還著有論述正因為有一念三千的法門為基礎，所以《法華經》才是真正救贖的**《開目抄》**、闡述唱唸《南無妙法蓮華經》獲取功德的**《勸心本尊抄》**等多本著作。

題目 南無妙法蓮華經

題目就是標題，即名為《妙法蓮華經》的題名或是「南無妙法蓮華經」（我願皈依法華經）的念誦句。唱唸這一句話就稱為「唱題」（念佛的一種）。

三大秘法 在末法時代拯救人們的三大教義

① 本門的**本尊**
文字的曼荼羅（大曼荼羅本尊）

② 本門的**戒壇**
在某處建立的戒壇

③ 本門的**題目**
「南無妙法蓮華經」

日本的宗派

禪的宗派

在一九五〇年代**鈴木大拙**的大學宣揚之下，「禪」的名稱響亮全世界，對於現代的宗教情勢發揮重大的影響。雖然歐美人以日本為窗口認識了「禪」，但禪宗其實源於中國。

從印度到中國

印度佛教將精神統一稱作「dhyana」，是中文「**禪**」的語源，這個冥想的傳統在徹底中國化之後成為禪宗。相較於印度人傾向闡述複雜的哲理，但中國人喜歡直觀的表現和邏輯。**禪語錄**系列收錄了禪修行者們如詩句般的詠嘆或問答，而禪也有獨自的戒律，稱為**清規**。印度的僧侶不從事農作等世俗的勞動，但對禪僧來說則是勞務的一部份。

榮西

天台僧**榮西**將禪傳入日本，在鎌倉幕府的庇護之下開創**臨濟宗**。京都的建仁寺和鎌倉的壽福寺都是榮西創建的寺院。

道元

道元也是先在比叡山學佛，後來前往中國修行禪的僧侶。他創建永平寺，著有知名的思想書《**正法眼藏**》。道元認為修行本身就是一種開悟（**修証一如**），只要一直打坐（**只管打坐**）終有一天能成為佛陀。

隱元

江戶時代，中國臨濟宗的禪僧**隱元**來到日本，開創**黃檗宗**，藉由實踐嚴格的清規而盛行一世。

禪宗單純地開導超越死亡的心，不僅在隨時可能面對生死關頭的武士之間蔚為流行，同時對於美術、俳句、茶道等各種文藝發展也帶來極大影響，一直以來都是日本高雅文化的支柱。

禪的歷史

釋迦

冥想修行的始祖
當然是釋迦

Dhyana →禪（Chan）→禪（Zen）→ ZEN

菩提達磨

（6 世紀）

據傳從印度前往中國將禪傳入。
也是達磨像的原型

神秀

（7 ～ 8 世紀）

北宗禪的開祖。
屬於分段式開悟的禪宗類型

慧能

（638 ～ 713）

南宗禪的開祖。
屬於透過某一契機突然開悟的禪宗類型

百丈懷海

（749 ～ 814）

創立獨自的禪寺，制定成為修行者規範的**清規**

臨濟義玄

（？～ 866）

最興盛流派的始祖。
語錄**《臨濟錄》**非常出名

中國的禪的系譜雖然分成數個分支，但也會相互影響

中國

榮西

（1141 ～ 1215）

日本臨濟宗的始祖。
在比叡山學習的榮西後來前往中國宋朝，在當地體會到禪宗的全盛時期。
修習臨濟宗的禪，50 歲時回到日本。在鎌倉幕府庇護下開創日本臨濟宗。主要著作為**《興禪護國論》**。另外，闡述茶葉功效的**《喫茶養生記》**也非常有名。

道元

（1200 ～ 1253）

日本曹洞宗的始祖。
同樣在比叡山學習後渡宋，領會禪學。
在現今福井縣興建永平寺並培育弟子。
提倡**修証一如**（修行本身就是開悟）、**只管打坐**（只要一直打坐）。
主要著作為**《正法眼藏》**。

隱元

（1592 ～ 1673）

原本是明朝的住持，受到長崎華僑的邀請來日，開創**黃檗宗**。

一休

（1394 ～ 1481）

以風狂 * 出名的臨濟宗僧侶。
向民眾宣揚禪。

白隱

（1685 ～ 1768）

臨濟宗僧侶。
將**公案**系統化，被視為話語禪的集大成者。

良寬

（1758 ～ 1831）

曹洞宗僧侶。
過著清貧的生活，與孩子玩耍，吟詠和歌。

話語禪（公案禪）和默照禪

話語禪‧‧‧將由優秀禪者的問答構成有關開悟的言論（**公案**）當作修行手段使用。臨濟宗的白隱提出新的公案，將公案的使用方式系統化。

代表性公案集

《碧巖錄》中國禪僧 圜悟克勤（1063 ～ 1135）編

《無門關》中國禪僧 無門慧開（1183 ～ 1260）編

白隱「隻手之聲」的公案相當知名

默照禪‧‧‧不依賴公案，貫徹坐禪。部分曹洞宗傾向於此。

*風狂 ： 脫離佛教常規達到開悟的境界。

《小活佛》、《佛陀》、《釋迦傳》

貝托魯奇導演的《小活佛》（一九九三年）是一部講述現代美國人的小孩被認定為西藏高僧轉世的電影，當中較奇幻的路線便描繪了釋迦從出家至悟道的過程，由基努李維飾演佛陀一角。

由於釋迦的生涯並不像在十字架上死去又復活的耶穌般戲劇化，很難單獨構成一部劇情，因此會需要如手塚治虫的漫畫《佛陀》（一九七二～八三年）加入作者本身想像的故事來豐富內容。改編自手塚治虫《佛陀》的動畫電影目前已出到第二部。

三隅研次導演的作品《釋迦傳》（一九六一年）是足以與《賓漢》等好萊塢的強檔歷史科幻大片抗衡的巨作，以和佛典中的惡人提婆達多之間的對決為故事主軸，卻也因安排了王妃耶輸陀羅遭提婆達多強暴的戲劇化場景受到亞洲佛教諸國的批判。這方面觀感的不同可說是來自世俗化的日本和傳統亞洲的差異，同時也能看出不一定以釋迦為核心的大乘佛教和認為釋迦就是一切的上座部佛教之間的不同點。

《小活佛》

第2章

印度教

概論

印度的宗教

印度誕生了**印度教**、**佛教**、**耆那教**（➡268頁）、**錫克教**（➡270頁）等宗教。印度教是在民族文化的基礎上形成的宗教；佛教雖然在印度歷史上一度擁有極大的勢力，但最後被印度教吞噬而衰退。

所有印度誕生的宗教皆以**輪迴轉世**為前提，許多都保有為了解脫的**冥想修行**傳統。而印度教的**瑜珈**正相當於佛教的坐禪。

婆羅門教時代

古代的印度教經常被稱為**婆羅門教**。婆羅門教是多神教，與日本的八百萬神相同，信奉著各式各種掌管自然、生活各方面的神明。這些神明由被稱為**婆羅門**（brāhmaṇa）的祭司階級以祭儀的方式控管。

佛教和耆那教

西元前五世紀前後的數百年間，中國有孔子等諸子百家爭鳴，中東有伊斯蘭的先知大為活躍，而在印度則是出現了無數的思想家，當中包括**佛教**的始祖**釋迦**和**耆那教**的始祖**筏馱摩那**，他們開創的傳統與婆羅門的權威保持了距離。統一印度的阿育王信仰佛教，到了西曆紀元前後，印度的各個都市頻繁地與西方的羅馬帝國進行貿易，此時佛教尤其在都市民眾之間流行。

印度教的發展

四～六世紀的笈多王朝，以農村為根基的土著信仰再度興起，作為**印度教**復興。**毗濕奴**、**濕婆**，以及各種女神信仰盛行，留下了敘事詩《**摩訶婆羅多**》、《**羅摩衍那**》等經典。

十六世紀以後，伊斯蘭教在印度亦逐漸擴大發展，因而誕生了受到印度教和伊斯蘭教雙方影響的**錫克教**。

印度的宗教史

婆羅門教

（紀元前 1000 年紀～）

・對於印度教最古老階段的通稱
・祭祀各種神明

影響

佛教、耆那教 etc…

自由思想時代（西元前 5 世紀前後起）

・相對於婆羅門教的傳統，創立鼓勵解脱修行的教團
・西曆紀元前後誕生了大乘佛教

影響

印度教

笈多王朝（4 ～ 6 世紀）

・復興婆羅門教的傳統
・毗濕奴、濕婆、女神等信仰
・敘事詩《摩訶婆羅多》、《羅摩衍那》

信仰毗濕奴、濕婆等各種神明

西洋文化和基督教

伊斯蘭教

錫克教

現代印度

諸宗教並存（主流為印度教）

古代的婆羅門教

原住民文化和雅利安文化

從**印度河流域文明**（西元前二五〇〇～五〇〇年左右）的摩亨佐達羅遺跡中出土的印章，上面刻著神明以宛如**瑜珈**的姿勢坐著的圖像。這個遺跡當中也有類似浴場的地方，與現在印度寺院的**沐浴場**相仿。這個原住民文化與從中亞方面入侵、使用印歐語系語言的**雅利安人**的宗教相結合，誕生出的宗教便是婆羅門教／印度教。

雅利安人崇拜英雄神**因陀羅**（Indra，相當於佛教的帝釋天）、火神**阿耆尼**（Agni）、太陽神**蘇利耶**（Sūrya）、水神**伐樓拿**（Varuṇa）、暴風雨神**樓陀羅**（Rudra）等。因陀羅除了是以武人之姿坐在戰車上的戰爭之神外，同時也是用雷擊退惡龍、解放水源滋潤田地的豐饒之神；火神阿耆尼由於是爐灶之主，因此受到家家戶戶的尊崇；伐樓拿為月之神，同時也是天體運動規則性的象徵，因此亦被視為掌管司法的神明。

順帶一提，後世被視為是至尊神明的毗濕奴、濕婆，在當時還尚未受到尊崇。

基本聖典

由對眾神的祈禱文彙整而成的書籍便是聖典《**吠陀經**》。稱作**婆羅門**的祭司階層作為負責向諸神祈禱和供奉的專家於是逐漸擁有極大的權力，也正因此古印度教才會被稱為婆羅門教。

自西元前六世紀左右起，人們開始編纂各種哲學文獻，總稱**奧義書**（這也被納入聖典吠陀經之中），其中也包含了最原始型態的**輪迴說**和**梵我一如**等解脫思想。

梵我一如是闡述梵（宇宙的本質）等於我（個人的本質）的思想，與輪迴說一同皆為印度教思想的根基。

古代的婆羅門教

以原住民文化為基礎

・擁有沐浴和瑜珈式冥想的習慣？

↓

印歐語系的雅利安人入侵

・崇拜英雄神因陀羅等
・編纂聖典《吠陀經》

與歐洲民族同系統，語言上有相似之處。例如印度的 Veda（知識）和英語的 wit（智慧）、印度的 yoga（讓心靜止的東西）和英語的 yoke（套在牛身上的「軛」）等

眾多神明

因陀羅（英雄神）
阿耆尼（火神）
蘇利耶（太陽神）
伐樓拿（水神）
密特拉（契約神）
樓陀羅（暴風雨神）
等

↓

階級制度的發展

・征服者屬於上層階級
・婆羅門（祭司階級）的權威

四姓（➜ 102 頁）

婆羅門（祭司）
剎帝利（王族）
吠舍（庶民）
首陀羅（奴隸）

↓

奧義書哲學

・輪迴和解脫的理論
・梵我一如
等

轉世之道和解脫之道最原始的闡述

印度思想的根幹（➜ 98 頁）

↓

經過自由思想時代（➜ 96 頁）
西曆紀元後，以新生印度教的姿態蓬勃發展

婆羅門教時代非常有人氣的因陀羅神，但後來的印度教並沒有特別重視。佛教則將其視為守護佛法的帝釋天。

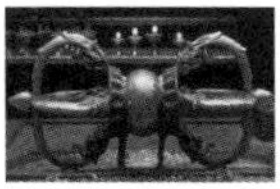

因陀羅的武器金剛杵。在佛教中則是密教法具。

自由思想時代和印度教的發展

自由思想時代

在奧義書的哲學家們開始活躍發展的時候（西元前五～六世紀），同時也出現了**佛教**和**耆那教**等新型態的自由思想，此時正是古印度社會百家爭鳴的時代。佛教將神明的權威相對化，也跳脫出以婆羅門為頂點的身分秩序，在這層意義上可說是「離經叛道」；因此佛教和耆那教一般都被視為與印度教不同的宗教。

根據佛典的紀錄，當時的自由思想當中，道德虛無論、命運決定論、唯物論、懷疑論等特別受到歡迎（不包括佛教，總稱為**六師外道**）。這些思想多半展現了從地、水、火、風等物質元素來構築世界觀的合理精神，與傳統婆羅門＝印度教的神話式世界觀對立。當中也有人氣一度與佛教並駕齊驅的思想，但最終得以流傳下來的只有佛教和耆那教。

西曆紀元後的發展

耆那教是極端禁欲式的宗教，發展不如佛教般多元，因此並未朝印度國外普及，相較之下佛教反而是在印度之外的地方蓬勃發展。**笈多王朝**（四～五世紀）時期，印度教迎來大舉復興，雖然佛教和印度教在各方面互相影響，但佛教最終在十三世紀時沒落。

重新取回活力的印度教改以崇拜**毗濕奴**、**濕婆**等來取代過去非常有人氣的因陀羅等神明，此外也非常流行女神崇拜。敘事詩《**摩訶婆羅多**》、《**羅摩衍那**》的誕生提供了人們有關神明的教誨和社會生活規範的基準。

印度教以民眾追求的神明信仰（**奉愛，bhakti**）為基礎，同時也具備高度的哲學思想和從**輪迴中解脫**的修行目標，成為綜合性的救贖宗教。

古印度的自由思想時代

（佛教將佛教之外的6個教團稱作「六師外道」）

摩訶毗羅（耆那教）	釋迦（佛教）	末伽梨・瞿舍羅（正命論教派）
認為萬物都有靈魂，嚴格遵守不殺生。（➔268頁）	領悟煩惱生出苦痛，教導以快樂和苦行的中道，朝著解脫邁進的方法。（➔20頁）	倡述命運決定論，以裸體苦行。勢力與佛教和耆那教不相上下。

富蘭那・迦葉	阿耆多・翅舍欽婆羅	波拘陀・迦旃延	刪闍夜・毗羅胝子
提出否定善報和惡報的道德虛無論。	闡述只有地水火風四元素實際存在的唯物論。	宣揚地水火風四元素加上苦、樂、生命的七元素說。	主張懷疑論。佛弟子的舍利弗、目連原為此教團的成員。

從婆羅門教到印度教

古代婆羅門教時代		西曆紀元後的印度教
因陀羅 等多數神明	→	・發展成為**毗濕奴**、**濕婆**二大神的信仰 ・**女神**信仰也有多樣化發展
吠陀經（➔94頁）	→	・**《吠陀經》**（最具權威性的教典） ・敘事詩**《摩訶婆羅多》**、**《羅摩衍那》** ・**《往世書》**（新的教典） ・**《摩奴法典》**（社會規範）
奧義書哲學 輪迴與解脫（➔104頁） 梵我一如（➔98頁）	→	六派哲學（➔98頁） 探討自奧義書以來的主題
四姓（➔102頁）	→	各種階級制度的發達

歷史 哲學方面的發展

奧義書哲學

包含在《吠陀經》之內的**奧義書**是與思想相關的書籍，提出**梵我一如**的思想，即認為宇宙的本質（Brahman，梵）和個我的本質（Ātman，我）在深層其實是一致的一元論。

六派哲學

西曆紀元之後，形成了認同《吠陀經》權威的六種哲學。

數論學派（Sāṃkhya）……僅用一元論探討宇宙的本質無法說明紛擾世間各種苦與惡的來源，因此數論學派從精神原理和物質原理的二元論來闡釋宇宙。

瑜珈學派（Yóga）……與數論學派的世界觀相同，定義了代表純粹精神的至尊神明。藉由實踐將心志全神貫注於最高神的瑜珈，朝著解脫的目標邁進。

正理論學派（Nyāya）……基本上來說是理論學派。分析人們如何獲得知識並正確推論。

勝論學派（Vaiśeṣika）……這個學派重視的是自然哲學。從實體、性質、運動、普遍、特殊、內屬的六個原理來說明世界。

彌曼差學派（Mimāṃsā）……立足於《吠陀經》的權威之上，重視《吠陀經》規定的儀節。

吠檀多學派（Védānta）……同樣是以《吠陀經》的權威為基礎，如梵我一如字面上的意義，探究人類回歸宇宙最高原理（梵）的解脫。

八世紀的**商羯羅**是著名的吠檀多學派哲學家，他的哲學被認為吸納了佛教哲學的要素。印度教與佛教的運作概念可說都是將世界相對化，藉由懷疑其實際存在來邁向真正的解脫。

印度思想

前6世紀～

奧義書哲學

輪迴理論的原型

梵我一如

Brahman（梵）
||
Ātman（我）

2～7世紀

認同《吠陀經》權威的印度教哲學體系
六派哲學

數論學派
精神、物質的二元論

瑜珈學派
藉由瑜珈走向解脫

正理論學派
印度固有的理論學

勝論學派
自然哲學

彌曼差學派
研究吠陀經的儀節

吠檀多學派
探究通往梵的解脫

中世以後

有關神明信仰的思想發展

- 毗濕奴派、濕婆派的二大神（➔110頁）
- 夏克提（構成生命原動力的女性原理）信仰（➔114頁）
- 奉愛神明思想的發展（➔104頁）

近現代

與伊斯蘭教的接觸

伊斯蘭教徒於十一世紀入侵印度，十三世紀時誕生了**伊斯蘭王朝**，至此伊斯蘭思想與印度思想開始有了全盤接觸。到了十六世紀以後的蒙兀兒帝國，兩者的文化和思想在相互交流之下展現出融合的傾向。

伊斯蘭教主要透過神秘思想（**蘇菲派**）為印度教帶來影響。另外也有許多人因為厭惡**種姓制度**而改信伊斯蘭教。

而後便出現了如**迦比爾**（一四四〇～一五一八）這般在印度教架構之下批判種姓制度和偶像崇拜的思想家。受到其影響，**那納克**（一四六九～一五三九）於是開創了**錫克教**（➡270頁）。

與西歐思想和基督教的接觸

自十七世紀以來進出印度的英國到了十九世紀開始了對印度的直轄統治，印度教也因此受到來自基督教和近代西歐思想的影響。

這也促成了如批判種姓制度、目標提升女性地位、或是跳脫偶像崇拜的要素以追求神的一元性等的各種運動興起。

在印度教初期的改革運動中，以追求依據奧義書的純粹信仰的**羅姆莫罕・羅易**（一七七二～一八三三）和他創立的梵社最具影響力。

另一方面，主張所有宗教一致的**拉瑪克里斯納**（一八三六～一八八六）等神祕主義者也感化了許多人。

於英國成為律師並領導印度獨立運動的**甘地**（一八六九～一九四八）在以印度教為出發點的立場上固信「真理」，以非暴力（ahiṃsā，**不殺生**）為原則展開各項不合作運動。他的思想不僅啟發了黑人解放運動的馬丁・路德・金恩牧師，對於今日的人權運動仍有廣泛而深遠的影響。

近代的印度教

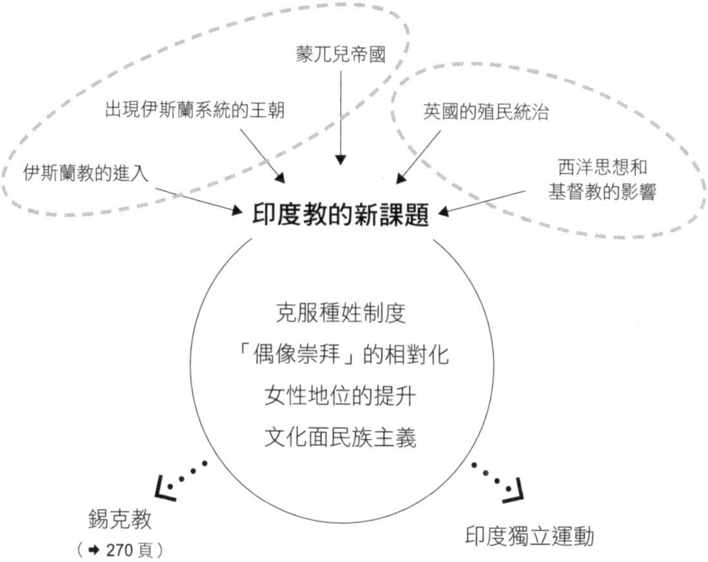

羅姆莫罕・羅易
（1772～1833）

接觸基督教，開始從事宗教和社會改革運動。雖然認同種姓制度，但批判寡婦殉死。

拉瑪克里斯納
（1836～1886）

體驗過與各種神明合一的神祕主義者。主張所有宗教皆為一體。

泰戈爾
（1861～1941）

貢獻於宗教和社會改革的文學家。走訪諸國，批判列強侵略。著有詩集《吉檀迦利》。

甘地
（1869～1948）

留學英國的律師。以非暴力（不殺生）鬥爭帶領印度獨立運動。信奉「真理」的宗教。

阿姆倍伽爾
（1891～1956）

作為「不可接觸者」的賤民階級出生，展開反種姓制度運動，於獨立後成為法務部長。改信佛教。

在歐美發展的上師們

於60年代的反越戰時期，許多宗教家在歐美引領嬉皮。

例如披頭四也曾是其信徒的瑪赫西（超覺靜坐冥想（TM）的始祖）等人便相當出名。

帶領印度獨立運動的甘地

救贖之道

人生的三大目標

世界觀的基礎，即為**輪迴**思想。人生不只有一次，而能夠貫徹現有人生的條件有三個，那就是追求「法」（社會規範）、「利」（實際利益或政治）與「欲」（性愛或優雅）。

規範

「**法**」（**Dharma**）指的就是生活的規範。《**摩奴法論**》將這些規範以宗教法理的形式記下，共由十二個章節組成，內容涉及天地創造、法源、各種儀節、四行期、國王的義務、民法、刑法、階級的義務、贖罪、輪迴、業以及解脫。雖說是法典，但與今日的六法全書不同，比較像是有關宗教的習慣和戒律（這部分與猶太教徒的律法和伊斯蘭世界的伊斯蘭教法類似）。

其中**四行期**指的是學生期（學習《吠陀經》）、家居期（結婚成家）、林棲期（遠離世俗在森林裡生活）與遁世期（獨自遊歷），為印度教徒理想的人生模式。

另外，印度教的傳統規範由婆羅門、王族、庶民、奴隸的「**四姓**」類別，和細分各種社會階層（**種姓**）的制度所支撐。由於種姓制度衍生的社會歧視，被視為是當今必須加以克服的問題。

利益

「**利**」（**Artha**）泛指所有物質上的利益，屬於政治的世界。與具有特殊出家修行體制的佛教不同，印度教並非一心追求脫離世俗理想的宗教。

技藝

從人們多有耳聞的性愛寶典《欲經》（Kāmasūtra）的標題便不難看出，「**欲**」（**Kama**）除了意指性愛，也擴大至提升人生境界的才藝、文藝領域，代表優美而愉悅的理想境界。

人生的三大目標

1
法
（生活規範）
盡階級的本分，勤勉於宗教方面的成果

2
利
（追求實際利益）
在政治的次元追求利益

3
欲
（性愛、優雅）
透過性的享樂和文藝追求典雅

四住期
（理想的人生）

1
學 生 期
學習《吠陀經》

2
家 居 期
結婚成家

3
林 棲 期
遠離世俗生活

4
遁 世 期
獨自遊歷

傳統的階級制度

四姓
自古以來的 4 種階級

- 婆羅門（婆羅門、祭司）
- 剎帝利（王族）
- 吠舍（庶民）
- 首陀羅（奴隸）

種姓（迦提）
現代有 2000 ～ 3000 個社會單位。職業選擇、結婚等都受到制約，擁有各自的「法」。

今日依舊存在階級歧視，為有待克服的課題。

輪迴和解脫

人生的三大目標——法、利、欲（➡102頁）雖然是俗世生活的理想，但這個俗世不過是無限**輪迴**當中的今生而已。每個印度教徒都隨時擁有這樣的輪迴意識。根據《**摩奴法論**》，只要行善就可以有美好的來生，或許還能前往天界。行惡則轉世為劣質的人生，甚至有可能下地獄。

解脫之道

將輪迴轉世視為欲擺脫之物是佛教修行的出發點，相較之下印度教也以從輪迴世界**解脫**（**Mokṣa**）為終極目標。

大乘佛教當中，既有如不斷打坐的坐禪，也有信仰諸佛菩薩的道路，這些都是可以通往終極解脫的方法。印度教則認為可以透過**瑜珈**或是**奉愛**（bhakti）虔信的神明來獲得解脫。

思想的基礎

《**吠陀經**》乃是印度教最古老的聖典，而附屬的**奧義書**屬於哲學文獻，在當中可見諸多哲學家探究著宇宙和人的本質。他們認為宇宙的根本（**梵**）和個人的自我本體（**我**）是一致的，也就是**梵我一如**（➡98頁）。

人們只要解脫開悟，就可以跳脫自我的軀殼，歸於浩瀚宇宙。如此一來便不需要擔心輪迴，而奉愛和瑜珈正是回歸之道。

這種解脫的邏輯是以瑜珈學派和吠檀多學派等主流哲學（➡98頁）為基礎建立起來的。

追求解脫

輪迴的世界

利
（利益）

法
（生活規範）

欲
（性愛）

宗教的追求

Bhakti
奉愛

Yoga
身體和冥想

Mokṣa（解脫）

《吠陀經》聖典

吠陀經
（西元前 1200 年前後～）

《梨俱吠陀經》（讚頌神明）
《娑摩吠陀經》（祭司的歌詠集）
《夜柔吠陀經》（祭詞的集大成）
《阿闥婆吠陀經》（咒語的集大成）

構成吠陀經的 4 大部分

- saṁhitā（本集）
- brāhmaṇa（梵書）
- āraṇyaka（森林書）
- upaniṣad（奧義書）……基礎建立於西元前6～3世紀……

梵我一如

Brahman
（梵，宇宙的根本）

宏觀宇宙

Ātman
（我，個人的本體）

微觀宇宙

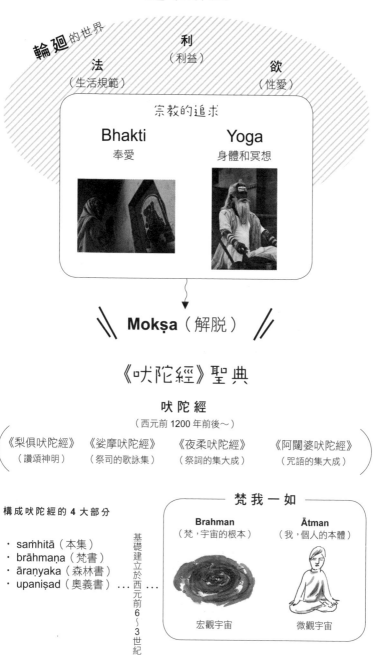

節慶

印度幾乎一整年在各個地區都會舉行各種節慶。祭典是根據獨特的太陰太陽曆（這也根據地區而有所不同）來舉辦，以下便來介紹北印度的三大重要節慶。

除十節（Daśaharā）

九～十月間舉行，共十天。相當於預祝秋季穀物收成的節慶。將濕婆神妃子**杜爾噶**（難近母，durgā）神像安置在街上各處並進行祭拜（稱為Durga Puja），最後讚頌毗濕奴神的化身**羅摩**，朗誦《羅摩衍那》。兩者的由來都與神明打倒惡魔的故事有關。

排燈節（Dīvālī）

於十～十一月間舉行，共五天。相當於秋天的收穫祭。本祭期間會在玄關、窗戶、屋頂等地方點亮許多的燈火（在小器皿內注入燈油點火），藉此紀念**羅摩**的故事，以及祭拜毗濕奴神的妃子**拉克什米**（吉祥天，豐饒與幸運的女神）。另外，本祭前也會為死亡的支配者**閻魔**（Yama）點燈，代表遠離死亡的意思。

侯麗節（Holi）

於二～三月舉行的春天豐收祈願祭。第一天會焚燒魔王之妹**侯麗卡**的人偶，消除一年間的罪惡和壞事。侯麗卡人偶有著與日本大祓儀式的人形或者耶穌基督類似的犧牲者性質。

第二天則會超越種姓和性別，互相潑灑色粉和水，恣意歡樂放縱之後沐浴淨身，可說是相當於日本正月和歳德燒（どんど焼き）的祭典。透過網路檢索很容易就可以找到人們在祭典中全身被五顏六色的色粉所覆蓋的奇妙光景。

以上皆為北印度的節慶；至於以達羅毗荼人為主、且宗教習慣與北方不同的南印度，則又有更多種類豐富的節慶。

三大節慶

除十節

秋天的預祝祭（9～10 月）

祭拜杜爾噶（難近母）

排燈節

秋天的收穫祭（10～11 月）

點燈，祭祀吉祥天女

侯麗節

春天豐收祈願祭（2～3 月）

焚燒侯麗卡的人偶，袚除一整年的罪惡，
隔天互相潑灑色粉

日常儀節和生命禮俗

日常儀節

印度教徒於日常中舉行的儀節，即向神明供奉供品的禮拜供養，稱作**法會**（puja）。雖然婆羅門教時期會用牲口祭拜，但由於印度教不殺生的原則，供品於是從動物改成將水、食物或鮮花等供奉在神像面前。在寺院則會為神像淨身、穿上乾淨的衣物、焚香鳴曲，由神官唱誦神聖的咒語（真言），並供奉點心和食物。

生命禮俗

生命禮俗統稱為**家庭祭**（Saṃskāra），被認為總共有四十多種，但標準來說可以分為十六種，當中尤其重要的是**誕生式**、**入門式**、**結婚式**與**葬禮**。

入門式指的是婆羅門或祭司、王族、庶民階級的男子在八～二十四歲（根據階級而有不同）之間獲得認可成為該階級一分子所舉行的儀式，也就是具宗教性質的成人禮。現今入門式和結婚式基本上會一起舉行。

首先，成為成人的少年要剃去頭髮（只留下頭頂部編髮），向聖火供奉祭品，將絲線編成的聖繩掛在肩上，獲授真言。儀式象徵的是少年為了學習聖典《吠陀經》而遊學；這是因為從概念上來說經過入門式的年輕人接下來就會進入「**學生期**」，學習《吠陀經》。

結婚式為宣告開始履行經營家庭的世俗義務（稱為「**家居期**」）的儀式。與此同時盛大的結婚式也成了誇耀家庭財富和身分的場合。

葬禮

以日本式來打比方，遺體會經過「湯灌（擦淨身體）」後，穿上「經帷子（淨衣）」。堆疊木柴，將遺體的頭部朝向北邊放置，點火燃燒。一般通常都會採取火葬，不過身分地位較低者有時會採行土葬。骨灰會被加以埋葬，或流入神聖的恆河。

日常儀節
(Puja)

向神像供奉水、食物、花等。
有各種祭拜的方式，如焚香、吟唱真言等。

有各式各樣的生命禮俗

大多數的儀節都集中在幼年期

誕生式
↓
誕生約 10 日後的命名式
↓
第一次給嬰兒吃固體食物的儀式
↓
誕生第 1 ～ 3 年為幼兒剃髮的儀式
↓
5 ～ 7 歲開始學寫文字的儀式
↓
學習《吠陀經》的入門儀節 ……「學生期」的開始
↓
結婚式 ……「家居期」的開始
↓
葬禮

神明

毗濕奴和他的化身

現今印度教徒的信仰聚焦在毗濕奴和濕婆二位神明身上。雖然太古的教典《吠陀經》對於這兩位神明沒有太多著墨，但從距今約二千年前開始，人氣便急速上升。

擁有許多化身的神明

毗濕奴（Viṣṇu）是強調了溫和與慈愛的一面的男神，以代表幸運和豐饒的女神**吉祥天女**為妃子，坐騎則是靈鳥**迦樓羅**。

神話中，毗濕奴透過十種**化身**（avatāra）拯救世間。順道一提，「avatāra」正是英語「avatar」的語源，佛教稱之為「權化」。

①**魚**……預言了世界的大洪水。

②**龜**……眾神為了獲得靈藥甘露（amṛta）攪動大海時，作為攪拌棒的底座。

③**野豬**……用牙從大海拱起大地。

④**人獅**……消滅魔王金床。

⑤**侏儒**……向魔王跋利要求三步的土地，經准許後在第二步時跨越天地，第三步則將跋利踩入地底。

⑥**持斧羅摩**……殺光了強奪者的王族。

⑦**羅摩（Rāma）**……與魔王羅波那戰鬥，搶回被奪走的王妃悉多的王子（《羅摩衍那》的主角）。

⑧**黑天（kṛṣṇa）**……從幼兒時期開始就為神祕軼事圍繞的年輕英雄。被描寫為牧羊女們永遠的戀人，在哲學詩《薄伽梵歌》當中則以與宇宙為一體的神明現身。

⑨**佛陀**……即釋迦，但被認為是迷惑魔族阿修羅的虛偽解放者。

⑩**迦爾吉（Kalki）**……在未來世界終結之時會出現的存在。

毗濕奴神

與**濕婆**並列的重要神明。《吠陀經》中雖有提及，但屬於小眾。

毗濕奴

乘於龍王之上，用 4 隻手拿著
善見神輪（圓盤形的武器）、金剛杵、法螺與蓮花。
配偶神為拉克什米（吉祥天女）。

融入各地許多神明的神話

每一個化身都有精采的神話故事

10 大化身

魚	龜	野豬	人獅	侏儒
持斧羅摩	羅摩	黑天	佛陀	迦爾吉

羅摩：《羅摩衍那》的主角王子

佛陀：雖然是指釋迦，但向魔族傳遞錯誤的教理削弱其勢力，屬於負面的形象

黑天：從幼兒期開始就創造各項奇蹟，作為笛藝超群的牧童受到牧羊女們的喜愛。打敗因陀羅，以《薄伽梵歌》講述哲學。作為神明廣受歡迎

神明

濕婆一族

擁有雙面性格的神

人氣與毗濕奴不相上下的神明**濕婆**（Śiva）擁有雙面性格，這也是其最大的特徵。

濕婆一方面是代表**破壞**和**死亡**的神，為相當極端的苦行者，脖子上戴著骷髏的念珠，擁有魔性的姿態。另一方面卻也是代表**生殖**和**豐饒**之神，從以男性性器官像（稱作**林伽**）作為其象徵這點便可略見一二。濕婆與妻子**雪山神女**（Pārvatī，音譯**帕爾瓦蒂**）的官能式戀愛也非常出名。

濕婆的兩面性格可說是對應了大自然的雙重性，如暴風雨在破壞的同時也帶來充沛的水資源。這般破壞與創造的節奏也孕育出抬起雙腳、舞動四隻手臂，擁有**舞蹈之神**（**Naṭarāja**）形象的濕婆像。

神話中的濕婆為了眾神而做出諸多奉獻；當眾神想要將天上的恆河流到人間的時候，就是濕婆的頭髮抵擋了恆河的衝擊力。

此外，濕婆的配偶除了溫和的帕爾瓦蒂（喜馬拉雅的女神）之外，還有**杜爾噶**（難近母）和**迦梨**兩位魔性的女神。而擁有象頭的財富、成功、學藝之神**葛內舍**（gaṇeśa）則是濕婆的兒子。

三神一體

印度教徒多分為**毗濕奴派**和**濕婆派**，各自認為自己信奉的神才是「最高神」。

另外，亦存在著除了二神再加上將宇宙原理**梵**（brahman）神格化的**梵天**（Brahmā）構成**三神一體**（trimūrti）的神學概念，認為世界是由梵天創造、毗濕奴維持，再由濕婆破壞。

濕婆神

濕婆

擁有雙面性的神

生殖和豐饒之神 | **破壞和死亡之神**

被描繪為額頭上有豎立的第三隻眼。
有著行者的外貌，腰上裹著虎皮，脖子上掛有骷髏的念珠和眼鏡蛇。
將長髮束起，手上拿著三叉戟和太鼓。
配偶神包括雪山神女、
杜爾噶（難近母）、迦梨等。

同時也是舞蹈之神
（宇宙之舞）

林伽（象徵性、抽象的
男性性器官）的形象

財富和學問之神

其子象頭之神
葛內舍也非常有人氣

三神一體（trimūrti）

出處：MYTHOLOGY WIKI

梵天神
創造

毗濕奴
維持

濕婆
破壞

女神們

女性能量

印度教的神明信仰當中，女神崇拜佔有很重要的位置。雖然也有崇拜象徵宇宙能量的女神「**夏克提**」，但這般對女性能量的信仰被毗濕奴派和濕婆派以男神配偶的形式融入。夏克提一般代表著力量、能力的意思。

女神信仰與毗濕奴信仰和濕婆信仰並列，屬於第三大勢力。接著就來介紹幾位有名的女神。

魔性力量

作為「令人畏懼」的女神可以濕婆的妃子為例。

杜爾噶（難近母）……濕婆神狂暴的妃子。十隻手臂都拿著武器，騎在虎或獅子身上。斬殺水牛姿態的惡魔。

迦梨……被視為難近母化身的魔性女神。外觀擁有黑色的皮膚、手上拿著人頭，把切斷的手腳綁在腰上，並且手上拿著刀、吐出舌頭。經常可以看到的造型是迦梨踩著丈夫濕婆，大跳戰勝之舞的樣子。

溫和的配偶神

另外也有「溫和」系的女神。

雪山神女（帕爾瓦蒂）……濕婆和藹溫和的妃子。又被稱為烏摩天妃的喜馬拉雅女神。

拉克什米（吉祥天女）……毗濕奴的妃子，是豐饒和幸運之神。相當於佛教的吉祥天。另外，據說在毗濕奴化身羅摩的時候，吉祥天女也化身為羅摩之妃悉多。

薩拉斯瓦蒂（辯才天女）……從梵天神誕生，成為他的妃子。為學藝的女神，相當於佛教的辯才天。二隻手臂拿著念珠和《吠陀經》，另外二隻手臂則拿著名為維納琴的樂器。她原是河川的女神，因此日本七福神中的辯天也是象徵水的女神（雖然也因為被寫成「辯財天」而成了蓄財的女神）。

傳入日本的薩拉斯瓦蒂（辯才天）

薩拉斯瓦蒂

學問和文藝的女神。
原本是河川之神。
被視為是梵天的妃子。

二隻手臂拿著念珠和吠陀經聖典，
另外二隻手臂抱著名為維納琴的樂器。

→

辯才天

基本的性格與印度教相同，
但寫作「辯財天」，成為財福神。

樂器維納琴變成了琵琶。
為會乘於寶船上的七福神之一。

佛教將印度教的神明（「天」）當作佛法的守護神

因陀羅 雷神、英雄神	→	帝釋天 世界的中心，位在須彌山頂
婆羅賀摩 將「梵」神格化	→	梵天 眾神的代表
伊邪那天 濕婆的別稱	→	大自在天 會出現於曼荼羅中
俱毗羅 財神	→	多聞天＝毘沙門天 佛法的守護者
拉克什米 豐饒與幸運的女神	→	吉祥天 天下太平、五穀豐饒的女神

勸請開悟後的釋迦向世人說法

敘事詩

《摩訶婆羅多》和《薄伽梵歌》

印度的二大敘事詩《**摩訶婆羅多**》（Mahābhāratam）和《**羅摩衍那**》（Rāmāyaṇam）講述了以戰爭為主題有關俗世的故事，但由於故事當中也出現許多神明開示各種教誨和訓誡，因此亦具有相當於教典的地位。

《摩訶婆羅多》

長度大約是荷馬兩大敘事詩加起來的將近八倍之多。以印地語將印度國稱作婆羅多，其語源是印度部族的婆羅多族。《摩訶婆羅多》是將西元前十世紀左右婆羅多族親族之間的鬥爭擴大撰寫而成的，據說最終完成於西元五世紀左右。

主要的故事內容是五個王子被一百位的堂兄弟設計陷害而遭到流放後，在今日德里北方的平原（古魯格舍德拉）展開壯烈的戰爭，最終由五位王子獲勝。五位王子的長兄堅戰雖然登上了王位，但卻幾乎失去了全部親族，以這般戰爭的慘烈作為故事的終章帶給人諸行無常的氛圍。

以此為主線的故事當中還附帶了許多插曲，因此也讓《摩訶婆羅多》超越一般的戰爭故事，成為提供各種印度流生存之道的人生百科圖鑑。

《薄伽梵歌》

包含在《摩訶婆羅多》第六卷當中，王子阿周那和負責駕駛戰車的**黑天**（毗濕奴的化身）之間的哲學性談話被稱作《**薄伽梵歌**》（Bhagavad-gītā）。內容是黑天開導喪失鬥志的阿周那，闡述唯有盡本分（武士階級就應該戰鬥）才是解脫之道，並展現自己與宇宙合一的神身加以說服。

這並非是在讚美戰爭，而是教導行正確之事的時候應有的心態。提倡非暴力抗爭的甘地據說也有受到《薄伽梵歌》的鼓舞。

《摩訶婆羅多》

婆羅多族發生王位繼承之爭。善方為**5 王子**（父王死後由擔任現任國王的伯父收養）。惡方是**100 王子**（伯父的兒子們）。100 王子對 5 王子使出各種奸計，導致兩派人馬兵戎相見。

↓

兩軍集結古魯格舍德拉。5 王子之一的**阿周那**喪失戰意，駕馭戰車的**黑天**給予開導（這個部分屬於**《薄伽梵歌》**）。

↓

戰爭持續進行，結果 100 王子全數喪生。失去兒子的國王雖然感嘆，但也接受了 5 王子。5 王子的長兄堅戰即位。舉行除罪的祭典。

↓

承受圍繞這場戰爭的詛咒的黑天死去。堅戰通過喜馬拉雅山前往天界，得到淨化。

《薄伽梵歌》

王子**阿周那**失去鬥志。
謀殺親族有何意義？

為不殺生的理想與王族階級義務之間的**矛盾**感到困惑

↓

車夫**黑天**
（毗濕奴的化身）的教誨

- **真我**（Ātman）不滅
- 履行自己的義務才是**解脫**之道

↓

黑天向阿周那展示與宇宙為一體的神身，說服阿周那

展現比現實苦難更高的次元來超越現世的矛盾

這並不是在鼓勵殺戮。
例如在貫徹名為非暴力抗爭的「戰鬥」時也能作為基本方針。

《羅摩衍那》

這一部總長約只有《摩訶婆羅多》四分之一的敘事詩，在西元三世紀左右成為現在所見的形式。相傳由**跋彌**（Valmiki）所撰，整體而言為了搶回妻子而戰的故事概念與為了爭奪美女海倫而引發的特洛伊戰爭（特洛伊的王子因為搶奪了希臘美女海倫而引發戰爭）相似。

羅摩王子的冒險

完美的王子**羅摩**（**毗濕奴**的化身）因繼母的計謀遭到流放，住在森林裡。他擊退魔族，魔王**羅波那**一怒之下奪走他的妻子**悉多**，幽禁在蘭卡島。羅摩王子在神猴將軍**哈努曼**的幫助之下前往蘭卡島與魔族一戰，最終打倒魔王，救回悉多。

至於為什麼毗濕奴會化身羅摩王子，主要的目的就是為了打倒魔王。魔王羅波那在苦行後接獲神的恩寵，無論是神或魔族都殺不了他，因此需要一個可以打倒魔王的人類英雄。

另外，據說神猴將軍哈努曼正是《西遊記》孫悟空的靈感來源。

貞潔的證明

戰爭結束後羅摩即位，悉多為了證明自身的貞潔而投身火堆。由於火神阿耆尼保護了悉多，使其貞潔得到了證明。部分人士認為這個橋段是受到古代神明審判的影響。

羅摩和悉多總算團圓，主線故事就此劃下句點。但在後記部分，悉多再度離開羅摩，前往聖仙跋彌的所在之處，生下羅摩的二個兒子，並且由跋彌創作了《羅摩衍那》讓二人記誦，以此形式來描述這部敘事詩誕生的經過。

悉多最終在大地母神的懷抱下回歸大地，而羅摩則升天重返毗濕奴之姿。

《羅摩衍那》

王子**羅摩**（毗濕奴的化身）由於繼母的奸計，與妻子**悉多**和弟弟一起被流放森林。

↓

羅摩擊退森林的魔族。魔王**羅波那**一怒之下誘拐悉多，幽禁在蘭卡島。

今天的斯里蘭卡？

↓

哈努曼擁有神通力，可以飛天

羅摩與神猴將軍**哈努曼**並肩作戰，打倒羅波那。
悉多證明自身的貞潔。

↓

悉多來到聖仙**跋彌**面前。跋彌寫下**《羅摩衍那》**。悉多隨大地母神離去，羅摩則升天。

神猴將軍哈努曼非常有人氣。
據說也成為《西遊記》
孫悟空的靈感來源。

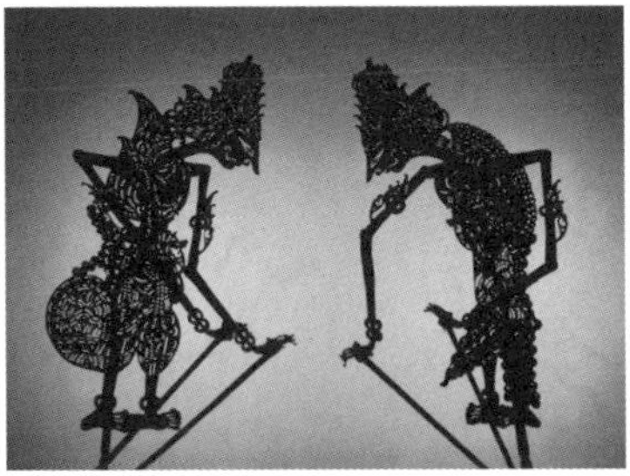

爪哇的皮影戲。
《羅摩衍那》和《摩訶婆羅多》
在東南亞各地都廣受歡迎。

《Arunachalam》

若想要欣賞有關印度風俗和信仰的影片，那麼選擇有「寶萊塢」之稱的印度電影的DVD就是最快的捷徑。例如在日本以「舞蹈大王」聞名的印度巨星Rajinikanth所主演的《Arunachalam》（一九九七年）雖然一如往例地是載歌載舞的溫馨喜劇，不過當中亦出現許多宗教儀式和象徵，相當耐人尋味。

故事的舞台位於印度南部的泰米爾納德邦。在背後主導整個故事的神明是在南印度擁有高人氣的童子神穆如干（Murugan），整體的主軸便是由這位神明帶領虔誠又樂觀的主角Arunachalam走向幸福人生。

電影中除了有在印度教寺院進行集體舞蹈（可以看到象徵濕婆神的林伽），也有在如護摩（火供）一般的火堆前由婆羅門主持的結婚儀式。《羅摩衍那》中家喻戶曉的神猴也在電影裡出現，扮演了帶點神秘氣息的角色；與音樂結合以「喔～母～」開頭的真言則與日本的誦經非常類似。

電影內容如同《水戶黃門》一般勸善懲惡，也有和瘋癲的阿寅（電影《男人真命苦》）相通的男子氣概，容易引起日本人的共鳴。基礎的宗教觀和倫理觀亦與過去的日本庶民相差不遠。

《Arunachalam》

第3章

猶太教

概論

何謂猶太人、猶太教徒？

宗教、民族團體

猶太人幾乎可以和**猶太教徒**劃上等號。兩者的英文皆是Jews或Jewish People。由於**猶太教**（Judaism）很少有布教行為，都是以父母傳給子女的方式延續（只要母親是猶太教徒，則小孩也是猶太教徒），因此猶太教徒也就這樣形成了被稱作猶太人的民族團體。

雖然名目上是猶太教徒，但不見得每一個人都對信仰充滿熱誠，身為無神論者的猶太人亦不在少數。然而就算是對宗教不感興趣的猶太人，還是會和家族一起參加猶太教的慶典儀式。

各種稱呼

遠在西元前一千年，就已經存在猶太人祖先的民族，一般稱之為**以色列人**（Israelites）或**希伯來人**（Hebrews）。西元前六世紀左右，猶太人失去獨立的國家，四散各地生活；至此以後經過中世紀到現代，便都以猶太人稱之。

雖然在用詞上有些複雜，但大致來說想成「猶太教徒＝猶太人＝以色列人＝希伯來人」也無妨。另外，現代的以色列國人民也稱為**以色列人**（英文寫作Israelis），但這不過是國籍的名稱，住在美國和法國的猶太人想當然就不屬於這個意義之下的以色列人。

語言

四散世界各地的猶太人使用自己居住地的語言，例如住在美國的猶太人說的就是英語。**意第緒語**（Yiddish）則是東歐猶太人使用的德語系語言。遙遠古代的以色列人民所使用的語言為**希伯來語**（Hebrew），然而其實從很早以前，日常生活就已經不使用希伯來語，直到二十世紀以色列國誕生的時候才隨之復活，成為以色列的官方語言。

猶太人的稱呼和歷史

古代
舊約聖經的時代

以色列人 ≒ 希伯來人
Israelite(s)　Hebrew(s)

形成名為「以色列」的集團，
創建獨立國家
（西元前 10 世紀左右）

作為「希伯來語」
的名稱沿用至今

基本上都是相同的！

↓

古代、中世、近代

猶太人 ≒ 猶太教徒
Jew(s)

失去獨立國家的西元前 6 世紀以後
一般稱為猶太人

古代

已經四散中東各地生活
（主要根據地為巴勒斯坦的耶路撒冷周邊）

中世～近代

從中東擴散到歐洲各地

阿什肯納茲
東歐系猶太人

塞法迪
西班牙、葡萄牙系猶太人

東方系
中東各地的猶太人

現代

多數居住在以色列國和美國

總人口約 **1400** 萬人

以色列國
500 萬人左右

美國
500 萬人左右

法國
50 萬人左右

英國
30 萬人左右

「以色列人」也代表
「以色列國民
（Israeli(s)）」的意思

三個一神教的關係

三個一神教

世界上有許多不同的宗教，其中信徒眾多且具有強大影響力的兩大宗教**基督教**和**伊斯蘭教**皆屬於**一神教**，而且兩者其實都是從名為**猶太教**的小規模宗教所派生出來的。也就是說，猶太教、基督教、伊斯蘭教屬於親戚關係；三者都是以猶太人祖先**亞伯拉罕**為信仰系譜上的「祖先」，因此也被稱為「亞伯拉罕宗教」。

如字面上的意義，一神教是只相信並崇拜一位神的宗教。祂創造天地，隨時以慈愛和裁示的眼光關注著世人。有時亦會將先知送往人間，傳達訊息。

派生的關係

從西元前十三世紀左右就在歷史上留有足跡的以色列民族，是最早對神擁有如此明確概念的民族。西元一世紀從猶太教分支出來的基督教，同樣也是信仰造物主的宗教。而七世紀誕生的伊斯蘭教則自認是純化了先行猶太教和基督教的一神教信仰。

不過就算同樣是一神教，三個宗教的信仰內容卻大相逕庭。信仰猶太教的猶太教徒在歷史上一直都僅限於特定民族之內，但基督教和伊斯蘭教早已大幅超越了民族的界線。

猶太教期待的是救世主（彌賽亞）的降臨，相較之下基督教認為救世主基督已經降臨過世間。另一方面伊斯蘭教並沒有特別將基督視為救世主。

三者的教典也有所不同。猶太教信奉所謂的《**舊約聖經**》，基督教是《**新約聖經**》（但同時也重視舊約），伊斯蘭教則是《**古蘭經**》（但將舊新約聖經視為「天啟經典」予以尊重）。

三個一神教的關係

猶太教
（紀元前～）

〈唯一的神（天地創造之神）〉

猶太經典（舊約聖經）

〈期待救世主（彌賽亞）降臨〉

遵守神的**律法**，在**猶太會堂**（集會場所）學習聖經和儀節，有問題就向**拉比**（猶太教學者）請教。

根本的教義

尊重

新發展

基督教
（西元後 1 世紀～）

〈救世主（基督）的信仰〉

新約聖經（也尊重舊約聖經）

在**教會**舉行紀念基督的**聖餐禮（彌撒）**，跟隨神父和牧師過著以聖經和信仰為根據的生活。

尊重
其先知地位

尊重

伊斯蘭教
（後 7 世紀～）

〈信仰**先知穆罕默德**受到神（**阿拉**）的啟示〉

古蘭經（將舊新約聖經視為「天啟」予以尊重）

理想是根據以古蘭經為基礎的伊斯蘭教法生活。

這三個宗教屬於親戚關係，
皆擁有追求創造天地唯一神之正義的概念。

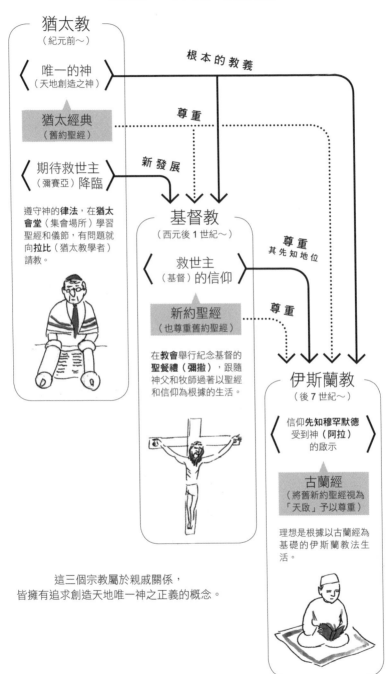

歷史

古代東方

與今日猶太民族在系譜上有所關連的民族於西元前十三世紀左右現身於歷史舞台，地點為今日以色列所在的巴勒斯坦。由當地部族集結而成的以色列群眾在古代的中近東地區屬於相對弱小的民族；會這麼說是因為當時附近盡是亞述、巴比倫、埃及等強大民族所建立的大國。

以色列人建立了以被稱作耶和華的神明為中心的部族聯盟，不過周圍的諸民族都各自信奉不同的神明。耶和華也不過是眾多神明中的其中一個而已。

埃及

以金字塔聞名的埃及，信仰的是**拉**（Ra）等太陽神。西元前十四世紀，法老王阿肯那頓推動信仰太陽神**阿頓**（Aten）為唯一真神，有人認為這也間接地影響了以色列人的一神教信仰。

受到埃及民間歡迎的神則是**歐西里斯**（Osiris）。他在遭到殺害後復活，成為審判死者的神。這當中亦有些許讓人聯想到後世基督神話的要素。

美索不達米亞

今日的伊拉克附近被稱作美索不達米亞，過去曾有蘇美、亞述、巴比倫等在此繁榮，信仰的神也都大致相同。較有名的例如天神**安努**（Anu）、風神**恩利爾**（Enlil）、大地和水之神**恩基**（Enki）、太陽神**沙瑪什**（Shamash）、月神**欣**（Sin）、金星兼大地女神**伊絲塔**（Ishtar）以及巴比倫的主神**馬爾杜克**（Marduk）等。

迦南

迦南相當於現今巴勒斯坦地區，虔誠地信奉豐饒之神**巴力**（ba'alu），似乎以色列民也曾經傾向崇拜之。而正是藉由排除這一類的「異教」，信仰唯一真神耶和華的體制才得以維持。

以色列周遭的大國

［埃及］　［迦南］　［美索不達米亞］

埃及王國
西元前 30 世紀左右
建造金字塔

西元前 13 世紀左右
一部分從埃及而來？

埃及雖然是多神教，但也有唯一神的太陽神（阿頓）信仰。

巴比倫王國
西元前 17 世紀左右
漢摩拉比法典

巴比倫的主神
馬爾杜克

以色列王國
大衛王
（西元前 10 世紀）

亞述帝國

南王國
（猶大）
西元前 6 世紀滅亡

北王國
（以色列）
西元前 8 世紀滅亡

巴力

以色列的耶和華信仰和迦南土著的巴力信仰曾處於互相對立的緊張關係。

新巴比倫帝國
西元前 7 世紀建國

巴比倫囚虜

阿契美尼德王朝（波斯帝國）
西元前 6 世紀統一東方

重返耶路撒冷
重建聖殿

希臘化時代
亞歷山大大帝
西元前 4 世紀

羅馬帝國

猶太教的完成

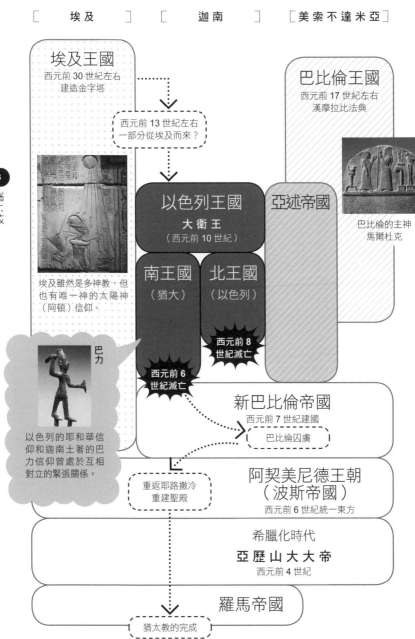

古代以色列

起源

西元前十二世紀左右，在巴勒斯坦出現信奉同樣神明的部族聯盟，這就是以色列民族的起源。信仰的神明被稱為**埃洛希姆**（翻譯為「神」）或**耶和華**（翻譯為「主」）。根據名為**出埃及記**的傳承故事，過去在埃及受到奴役的以色列人民為接受耶和華啟示的英雄**摩西**所拯救，並頒布了「十誡」等神的律法。

王國與亡國

西元前十一世紀，以色列部族聯盟擁戴了共同的王。其中**大衛王**以耶路撒冷為首都，建立中央集權的國家；他留下了理想統治者的形象，後來也催生出人們等待救世主（**彌賽亞**）降臨的期望。**所羅門王**則是促成經濟蓬勃發展，在耶路撒冷打造聖殿。之後王國分裂為南北兩個王朝（北是以色列，南是猶大），北邊的王朝於西元前八世紀後半被亞述帝國消滅，南邊的王朝則在西元前六世紀被巴比倫帝國消滅。巴比倫人將以色列人的上層階級**囚禁**在首都巴比倫，而猶太教**聖經**的主要部分都是編纂於該時期。

預言與流散

先知（➡152頁）們將亡國的苦難解釋成是對自己不道德（也就是違背與神的約定）的懲罰。由於耶和華動用其他民族來懲罰自己，因此更加確信耶和華是整個世界與全宇宙唯一的至高神。

猶太人雖然**流散**（diaspora），但仍作為同一信仰的共同體生活。從這個時期之後一般都會將他們稱作猶太人或猶太教徒。

西元前六世紀後半，巴比倫被波斯帝國征服，猶太人重回耶路撒冷，再次打造聖殿，隨後又面臨希臘化時代的襲來。西元前二世紀，猶太人遭塞琉古帝國迫害，於馬加比起義之後建立了哈斯蒙尼王朝。

古代以色列的歷史

西元前 13 世紀左右
埃及奴隸逃亡事件
（催生**出埃及記**的傳承故事）

迦南
（在今日以色列、巴勒斯坦地區）
的半遊牧民

會合

西元前 12 世紀左右

以色列部族聯盟誕生
人民在**耶和華**的信仰之下整合

人民被認為與神明耶和華訂立**契約**。之後耶和華被解釋為**天地創造之神**。

西元前 11 ～ 10 世紀

導入王制

大衛王 ………… 以耶路撒冷為首都
所羅門王 ……… 繁榮經濟並建造聖殿

從王的形象演化出期待救世主（**彌賽亞**）降臨的信仰。

西元前 10 ～ 6 世紀

王國南北**分裂**

這個時代之後多半稱作**猶太人**。失去國家，建立起在神的**律法**之下生活的模式。

西元前 8 世紀 ‥‥‥ 北王國被亞述帝國消滅
西元前 6 世紀 ‥‥‥ 南王國被巴比倫帝國消滅
（部分）人民被囚禁在首都巴比倫

西元前 6 世紀～

記載許多傳承故事的教典（**舊約聖經**）成形，開始具有權威性。

阿契美尼德王朝（波斯帝國）建立
猶太人重返耶路撒冷

這個時代有許多**先知**相當活躍。認為是人民之**罪**導致亡國，進而探索正義和救贖。

之後也經過多次的王朝交替。
在羅馬帝國的統治之下，派生出基督教。
聖殿遭羅馬破壞的猶太人以**拉比**為中心整合團結，邁向中世紀。

《塔木德》於古代末期完成

中世紀

基督教的派生

西曆紀元前後，開始由**羅馬**統治中近東地區。在以羅馬為後盾之下，半個猶太人的希律王統治了巴勒斯坦。到了西元前四年左右，**耶穌**誕生，從將他視為救世主的信仰於是派生出**基督教**。

聖殿的破壞

西元一世紀後半，羅馬軍佔領耶路撒冷，將**聖殿破壞殆盡**。當時的猶太教有分成**撒都該派**（聖殿祭司階級）和**法利賽派**（中產階級，重視律法的實踐）二派，在聖殿遭到破壞之後便由法利賽派成為猶太教的中心勢力。

拉比體制

法利賽派確立了以熟知**律法**和**《塔木德》**的知識分子「**拉比**」為中心，在**猶太會堂**（集會場所）學習聖經、舉行年間儀節的生活模式。隨著基督教和伊斯蘭教的勢力不斷擴張，猶太教徒開始作為少數集團生活，不時受到基督教徒的迫害，甚至在東歐等地還會被趕到名為**猶太人區**（Ghetto）的封閉區域生活。在這樣的情況之下，守住猶太人自我認同的便是拉比和《塔木德》。

卡巴拉

中世紀哲學的發達也進而發展出被稱為**卡巴拉**的神祕主義信仰形態。古代以色列人的信仰生活主要在於遵守共同的規範，對於死後世界和靈魂的觀念反而模糊。然而，透過卡巴拉，才讓有關靈魂和死後世界的觀念逐漸滲透。

此外，在農業、商業等各個領域都受到限制的猶太人，很多都成為基督教會所禁止的金融業者，招致了民眾的怨憤。而從小就學習聖經和《塔木德》的猶太人識字率也相對較高。

猶太教的成形和基督教的派生

西元前 2 世紀誕生的
二大派

撒都該派

主要由偏貴族的祭司組成。
只承認聖殿禮拜。

↓

於西元 70 年聖殿遭羅馬毀壞殆盡
撒都該派沒落

法利賽派

猶太教的主流派別，
承認在猶太會堂的禮拜。
重視學者的律法解釋。

影響 →
← 批判

耶穌
（西元前 4 ～後 30 年左右）

↓

相信耶穌是救世主
（彌賽亞、基督）
的派別

↓

基督教
的獨立

↓

猶太教的完成

拉比 …………… 習得律法和律法解釋的宗教指導者
猶太會堂 ‥‥ 聽取教誨和禮拜的集會場所
塔木德 ‥‥ 彙整口耳相傳的教誨與解釋而成的宗教百科全書

↓

卡巴拉

（猶太教的形上學部分）

從永恆的造物主經由各個階段創造出的諸實相
來探究宇宙和人類的本質。
主張靈魂和轉世，提出了許多神秘思想。

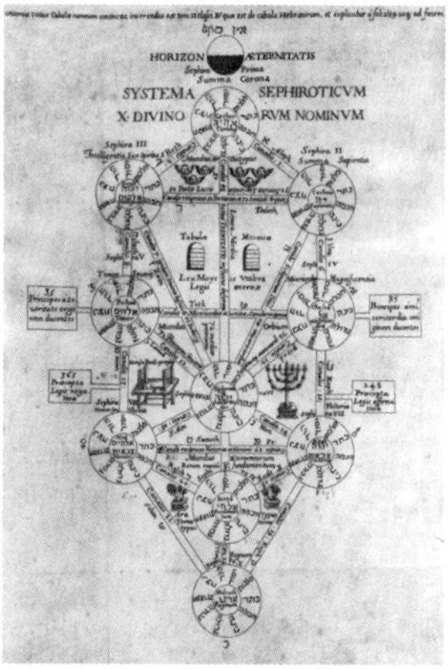

生命樹（曼陀羅的一種，描繪通往神的路徑）

↓

近代猶太教

近現代

敬虔主義和改革

近代以後，東歐開始盛行敬虔主義的**哈西迪猶太教**，此為源自中世紀的卡巴拉傳統；另外，也與基督教世界一樣都興起了**啟蒙主義**式的改革運動。其中哲學家**摩西．孟德爾頌**（Moses Mendelssohn）被尊為這次啟蒙運動之父。

迫害與國家建設

另一方面，基督教社會隨著國家的近代化，被視為異端份子的猶太人成了大規模迫害的對象。例如十九世紀後半俄羅斯曾發生激進的猶太人迫害行動（**反猶騷亂**），二十世紀則有納粹大量屠殺猶太人（**猶太人大屠殺**（Holocaust，原意為向神獻祭），猶太人則稱之為浩劫（Sho'ah））。

另一方面，十九世紀之後，希望建設固有國家的**錫安主義**運動也十分盛行，在巴勒斯坦成為英國託管地的一九二〇年以後，開始有大量猶太人移入當地。一九四八年**以色列國**獨立，然而這也引起原先居住於此的阿拉伯人的不滿，所謂的以巴衝突問題至今依然持續。

現代的猶太人

目前總計有一千五百萬人的猶太人四散世界各地。尤其有不少從東歐地區移居美國的猶太人，讓美國和以色列成為最多猶太人居住的國家。

今日的猶太社會可以分為**正統派**、**保守派**、**改革派**三派。

正統派（Orthodox）用希伯來語進行禮拜，嚴格遵守傳統的戒律，維持猶太會堂內的男女有別。改革派為有彈性地解釋戒律、簡化儀節的一派，在美國等地屬於主流；保守派則是介於正統派和改革派之間。

近代的猶太教

哈西迪

以卡巴拉的傳統為背景，18 世紀後半於東歐展開的神祕敬虔主義式宗教運動。

啟蒙主義（哈斯卡拉）

於近代西歐興起的啟蒙主義的猶太版本。接受世俗的諸文化和哲學，讓猶太人進入主流社會。

近代的迫害

隨著國家近代化，猶太人成為新的「異端份子」開始遭到迫害。除了在俄羅斯受到大規模迫害，20 世紀中期納粹德國對於猶太民族的大屠殺更是慘烈。

錫安主義

19 世紀後半，西奧多．赫茨爾出版《猶太國》。在巴勒斯坦建立民族國家的運動逐漸擴大，促使戰後以色列國的誕生。錫安有代指耶路撒冷之意。

森繁久彌也曾主演的音樂劇《屋頂上的提琴手》講述的是帝俄時期猶太人的生活樣貌。象徵性地描繪了在迫害和近代化潮流中取得微妙的平衡並堅強活下去的猶太人。

像是獲得諾貝爾獎等，
才華出眾且有名的猶太人相當多。

卡爾．馬克思
（1818～83 年）
提倡共產主義的經濟學者

西格蒙德．佛洛伊德
（1856～1939 年）
藉由精神分析影響了20 世紀的思想

愛因斯坦
（1879～1955 年）
提出相對論的天才物理學家

法蘭茲．卡夫卡
（1883～1924 年）
以描繪離奇而出名的小說家

馬克．夏卡爾
（1887～1985 年）
以充滿詩意的筆觸描繪猶太主題的畫家

羅伯特．卡帕
（1913～54 年）
20 世紀代表性的戰地攝影記者

伍迪．艾倫
（1935 年～）
喜劇電影的鬼才，作品數量繁多

戒律生活

神的戒律

猶太教徒的生活基礎是遵守神的戒律。根據神話，天地創造之神透過摩西授予猶太民族（以色列子民）**律法**（Torah，**妥拉**）。律法是神與子民的約定，兼顧法律和倫理，具體來說指的便是聖經最初的五部經典（**《摩西五經》**）。

構成律法（妥拉）＝《摩西五經》的分別是**《創世記》**、**《出埃及記》**、**《利未記》**、**《民數記》**與**《申命記》**。從《出埃及記》以下詳細地記載著許多戒律。像是關於衣食住的規定、性與結婚的規定、相當於刑法的規定、宗教禮儀的規定等，而「**摩西十誡**」則是形同於這諸多規定之上的「憲法」。

簡單來說，猶太民族是遵守各項戒律生活的宗教團體，這樣的生活模式早在西元前數百年就已經成立。遵守戒律生活這一點雖與佛教的出家生活類似，但猶太教的戒律針對的不是出家人，而是一般民眾，因此相對之下比較寬鬆；既可以從事經濟活動，也可以結婚。

以拉比為中心的生活

書寫下來的律法是以西元前的中近東生活為前提，但僅止於如此的話便會太過含糊且意義不明。因此，猶太人參考各種口耳的傳承來解釋律法，彈性應用在實際的生活當中。

《塔木德》（分量如同百科全書）彙集了古代關於律法解釋的各種討論，而學習《塔木德》的聖職人員**拉比**則作為生活的指導者廣受尊敬。以拉比為中心舉行儀式、學習傳統教義的集會場所稱為**猶太會堂**。

猶太教主要著眼於遵守神的戒律來度過共同生活，因此關於個人靈魂和死後世界的教義並不發達，不過仍然相信有死後的審判。

猶太教的系統

現世

START!

只要出生在
猶太教家庭
就是猶太教徒

日常中的
罪

《塔木德》

遵守律法，生活中隨時
向熟悉《塔木德》的
拉比請教

閱讀律法
（妥拉）的拉比

年間節慶儀式
的舉行

- 新年
- 贖罪日
- 住棚節
- 逾越節

etc…

遵守律法

遵守摩西的十誡、各種有關食物、安息日的規定等。

生命禮俗
的儀式

- 割禮
- 成人禮

（Bar/Bat Mitzvah）

- 婚禮
- 葬禮

不在意非
猶太教徒的
生活模式

死後

GOAL!

善者死後復活，惡者消滅

對於死後和靈魂的
想像較不深入

安息日和年間節慶

猶太教徒生活的重點在於作為一個共同體生活，因此比起拯救個人的靈魂，教義更重視遵守社會生活上的規定，舉辦例行儀式。就算是不屬正統派、對於戒律不是那麼嚴格的人，也會參加年間的節日活動和生命禮俗儀式。

遵守固定節慶活動可以維持生活的節奏，當中最重要的便是每年反覆舉行的年間節日，以及以一周為單位循環的安息日。

禁止勞動

安息日（Sabbath）為一周一次，從周五傍晚日落至周六日落為止，對於猶太教徒而言是非常重要的日子（根據猶太曆，一天是從日落開始）。

安息日期間禁止一切勞動。本來的目的似乎是為了保護勞動者，而猶太教的作風就是「不工作」的徹底實踐。在過去，由於不可以點火，因此會事先完成烹調，接著只要調整火種加熱即可，即便到了近代電器用品的使用原則也和火一樣。不可以開車，大眾運輸亦完全停擺，當然也不可以從事修建活動。家族會一同齊聚在餐桌前祈禱，安靜度過一天。當然也可以閱讀聖經。

年間節慶

舉例來說有秋天舉行的猶太新年、一年之中最重要的**贖罪日**、在庭院或公寓陽台搭起小屋，一家人在裡面度過的**住棚節**、春天舉行的光明節、相當於狂歡節的普珥節、紀念《出埃及記》家族齊聚用餐的**逾越節**（由於基督就是在逾越節和門徒共進「最後的晚餐」，因此基督教徒會在這個時期慶祝復活節）等等。

這些節日皆是為了紀念古代猶太民族的歷史，但其中也有許多並沒有明確的起源。

安息日

安息日從周五日落開始。
夜晚，家族和友人齊聚，一起享受晚餐時光。
不能進行烹調等勞動行為，但可以一邊感謝神一邊歡談。
翌日早晨（還是安息日）則會前往猶太會堂禮拜。

具代表性的年間節慶

Yom Kippur 贖罪日

在猶太曆上最初月份（西曆 9 ～ 10 月）的第 10 天舉辦的除罪儀式，會將活雞舉於頭頂。之後以雞的死亡來象徵消除一整年的罪孽。

Succoth 住棚節

西曆 9 ～ 10 月中的一個星期，搭建臨時小屋在裡面用餐。藉此緬懷出埃及流浪的祖先。同時也是豐年祭。

Pûrîm 普珥節

西曆 2 ～ 3 月的猶太式狂歡節。朗讀以斯帖記，吃三角形的油炸點心。小孩會扮裝。

Pesach 逾越節

西曆 3 ～ 4 月。紀念出埃及記。8 天期間聚餐的時候會食用無酵餅（matztzāh），同時朗讀《哈加達》文本。亦是春天的農耕祭。

生命禮俗

猶太教相當注重與誕生、成人、結婚、死亡相關的生命禮俗。

誕生

如果是男孩，會於出生後第八天舉行**割禮**的儀式。在猶太會堂或家裡切除嬰兒性器包皮的一部分，家族齊聚一堂慶祝。割禮是中近東社會自古以來的傳統；只不過包括伊斯蘭在內，今日割禮多半都在青春期的時候舉行，但不知為何猶太人在古代就規定為出生後第八日，根據是來自《創世記》的記述。

成人

男孩到了十三歲之後，會在猶太會堂舉行名為「**Bar Mitzvah**」的儀式，屬於宗教上的成人禮。少年會站上講台誦讀一段律法，之後由家族召開祝賀會。近年來，名為「**Bat Mitzvah**」的女子成人禮也日益普及。

結婚

結婚式在室外或室內舉行，一定會有拉比在場。新郎方和新娘方會決定聘金和嫁妝，在會場的二個帳篷內各自為陣。兩人接受拉比的祝福後飲酒，新郎將戒指套在新娘手上。接著再度品酒，聽取拉比的祝詞。在描繪帝俄時代猶太人生活樣貌的音樂劇改編電影《屋頂上的提琴手》（一九七一年）當中可以看到新郎在婚宴前踩碎玻璃杯的場景，實際上也的確有此習俗。

死亡

人死後，會在當天或是隔天（但是會避開安息日）立刻**埋葬**。遺體會經過簡單清洗更衣，遺族則會將自身上衣撕破。在隨著棺木前往墓地的路上，會停下三次頌唱聖經的詩篇，埋葬棺木的時候由遺族吟唱被稱為「**卡迪什**」（Kaddish）的祈禱文。埋葬後，遺族會服喪三十天。

猶太教的生命禮俗

割禮

生後 8 天的男嬰要實行割禮

男女成人禮

Bar Mitzvah 為 13 歲男子的成人禮。有些派別也會舉行 12 歲女子的成人禮 Bat Mitzvah。

婚禮

分為訂婚和結婚儀式二個部分。婚禮上，新人會在一塊四角形罩篷（huppah）之下接受拉比的祝福。

葬禮

洗淨遺體，前往墓地埋葬。遺族會吟唱名為「卡迪什」的祈禱文。

猶太教聖經和《塔木德》

猶太教是遵守神之戒律的宗教。年間節慶和生命禮俗雖然是在民族的歷史過程中逐漸成形，但有關安息日等各種生活規定，理論上都是以教典，也就是聖經為依據。

猶太經典

猶太教的**聖經**基本上與基督教徒使用的《**舊約聖經**》相同，只不過猶太教徒不稱之為「舊約」（與神的舊約）。希伯來語稱作「**Torah, Nevi'im, Ketuvim**」（**律法、先知書與聖卷**），但由於太長所以通常會簡稱為《**塔赫納**》（Tanakh）。

如字面上所示，這是由「**律法**」（Torah）、「**先知書**」（Nevi'im）與「**聖卷**」（Ketuvim）的三部分構成。律法包括《創世記》和《出埃及記》等，先知書涵蓋以賽亞書等歷史上先知們的言行錄，聖卷則包含詩篇和約伯記等各種書籍。

《塔木德》

聖經中律法的諸多規定成為猶太人生活的指導，但這些在西元前數百年的遠古時期就已經構成的戒律也許適合當時屬於中東半游牧民族的猶太人的生活型態，卻也有許多對於後代猶太人來說意思不清，或是無法實踐的內容，加上戒律的細節規定也很含糊。

因此猶太人也重視**口語傳承**，根據其傳承的內容而對聖經和律法有諸多不同的解釋。集合古代學者各種意見的巨型文獻便稱作《**塔木德**》。這可以說是有關古代猶太人傳統生活習慣的百科全書。拉比每當遇到生活中的問題時就會翻開《塔木德》，利用從中記載的各種見解來探索出最可行的解決方法。

猶太經典（舊約聖經）

律法 （妥拉、摩西五經） 記載許多神啟示的戒律	・創世記　・出埃及記 （天地創造、亞當與夏娃、諾亞方舟、巴別塔、祖先亞伯拉罕的故事等）（從埃及的奴隸生活中獲得解放的故事、摩西的十誡等） ・利未記　・申命記 ・民數記
先知書 （Nevi'im） 先知們探究人民之罪和救贖的問題	・約書亞記　・撒母耳記（上、下） ・士師記　・列王記（上、下） ・以賽亞書　・以西結書 ・耶利米書 ・何西阿書　・約拿書　・西番雅書 ・約珥書　・彌迦書　・哈該書 ・阿摩司書　・那鴻書　・撒迦利亞書 ・俄巴底亞書・哈巴谷書　・瑪拉基書
聖卷 （Ketuvim） 詩、教誨、寓言等	・詩篇　・箴言　・約伯記 ・雅歌　・耶利米哀歌　・以斯帖記 ・路得記　・傳道書 ・但以理書　・尼悉米記 ・以斯拉書　・歷代誌（上、下）

西元前 4 ～ 2 世紀時，各書成為正典

《塔木德》的形成

僅靠文字的律法很難應用在日常生活中！

口語傳承的教誨
（被認為傳承自摩西）

妥拉
律法、摩西五經
（記載神教導的戒律）

米書拿
（法學家們傳承的彙集）

塔木德
（米書拿和革馬拉
（米書拿的註解）之集結）

耶路撒冷塔木德（5 世紀）　**巴比倫塔木德**（6 ～ 8 世紀）

更具權威性

拉比會熟讀來從中找尋人生問題的解決之道。

創造天地和失樂園

從神的視角描繪故事

猶太經典，也就是《**舊約聖經**》最初的篇章為《**創世記**》。當中記載了天地的起始，而這個神話據推測大約形成於西元前十世紀。

而包含《創世記》在內的律法（摩西五經）開始在猶太社會具有權威性，則可追溯至西元前四世紀左右。

《創世記》包含了各種神話；這並非是歷史，或許可以想成是表現人類與神之間關係的寓言故事。一神教的世界觀是以神的視角為出發點看待世界整體的事象，若用寓言故事的形式來描繪這種架構，那便是神創造了天地。

這與《古事記》和《日本書紀》利用故事的形式將以天皇為中心的大和朝廷體制描寫為天皇家源自太陽神天照大神子孫的神話故事有異曲同工之妙。

創造天地

神花了六天的時間創造天地，同時創造了太陽、大地、動植物以及人類（神在第七日的時候休息，這被認為是「一周」和「安息日」的由來）。神俯瞰創造的萬物，覺得一切甚好，這代表了世界的本質是「善」。

失樂園

最初的人類是亞當和**夏娃**，在**伊甸園**裡過著天真無邪的生活。伊甸園裡面有一株被神禁止享用其果實的樹，但他們受到蛇的誘惑而偷嚐禁果，也因此發現自己原來裸體。神處罰沒有聽從命令的兩人，將他們趕出伊甸園。自此以後人類再也無法過著毫無憂慮的生活，必須面臨含辛茹苦的人生道路。

對於這個神話有許多不同的解釋，既象徵著人的智慧也是人類辛苦的泉源，又或是以神話的方式投射出在智慧和性方面覺醒的思春期男女對父母的反抗。

為人熟知的創世記神話

創造天地

神花了 6 天時間創造天地，同時創造了日月、動植物，以及人類。由於神在第 7 天休息，因此有了安息日。

亞當與夏娃

人類的祖先亞當和妻子夏娃住在伊甸園。兩人受到蛇的誘惑偷嘗禁果而被逐出樂園。

賦予為世界負責的神「造物主」形象

以寓言風描繪道德倫理上善與惡的對照

描繪誘惑與毀滅自身的智慧，以及人生勞苦的開始

巴比倫帝國塔式聖殿建築的由來。文明批判的一種？

諾亞方舟

由於地上的人類壞事做盡，因此神以洪水毀滅人類。
但用方舟拯救了正直的諾亞一家。

巴別塔

以文明為傲的人類欲建造一座塔。神打亂他們的語言，終止了這項工程。這座城名為巴別。

亞伯拉罕和以撒

民族之祖

人類的祖先是亞當（和夏娃），但猶太教徒的民族祖先則是**亞伯拉罕**。亞伯拉罕出身現在的伊拉克，後來移居巴勒斯坦。

創造天地的神是耶和華。作為最初忠實信仰耶和華的人類，亞伯拉罕之名有著非常重要的地位。耶和華又稱「**亞伯拉罕、以撒、雅各之神**」（以撒是亞伯拉罕之子，雅各是他的孫子）。後來誕生的伊斯蘭教，形式上就是為了復興這個亞伯拉罕的神之信仰（阿拉伯語稱亞伯拉罕為易卜拉欣）。

以撒的犧牲

下面介紹《創世記》當中相當重要的一部分亞伯拉罕傳說。有一天，神要測試亞伯拉罕的信仰心，於是命令他將兒子**以撒**作為「燔祭」犧牲。「燔祭」是一種獻給神的祭品，指的是將動物燒成灰燼。希伯來語稱為ola，英語以holocaust稱之。

虔誠的亞伯拉罕遵照神的指示搭建祭壇，將兒子置於薪柴上。然而，就在他準備一刀刺向兒子的瞬間，天使出現並阻止這一切。亞伯拉罕信仰之堅定已經得到證明，於是神予以解放，准許改用羊來獻祭。

發生這個故事的舞台被認為就是現今的耶路撒冷。

聽起來或許野蠻，但重點在於「對神的信仰」。在只能二擇一的情況之下，不以自己的情感或自身利害為優先，而是為了真正的正義不惜犧牲，這才是故事想表達的層面。

除此之外，也有人將之解讀成在原始社會常見的活人獻祭為神所禁止的故事。

亞伯拉罕和以撒

以色列的神也稱作「亞伯拉罕、以撒、雅各之神」。

亞伯拉罕接獲天命。
「將兒子以撒獻為燔祭」

亞伯拉罕是以色列民的祖先。為神的忠實信徒。

原始社會常見活人獻祭。這個神話當中，最終是由神阻止了人祭。

↓

以撒：「祭品的小羊在哪裡？」
亞伯拉罕：「神已有準備」

伊斯蘭稱作「易卜拉欣」，被視為一神教最初的信徒獲得尊崇。

↓

亞伯拉罕搭建祭壇，擺好木柴。
將以撒綁起來，拿起刀。

↓

來自天上的聲音。「不可在這童子身上下手。我知道你是敬畏神的了」

敬畏神者不惜一切犧牲。

人類的系譜

- 人類之祖 → 亞當
- 洪水 → 諾亞
- **亞伯拉罕** ↓ **以撒** ↓ **雅各**（民族祖先）
- 摩西 → 出埃及記與十誡

摩西與《出埃及記》

作為共同體的起源

接於《創世記》之後的便是《**出埃及記**》。這個故事講述人民的英雄**摩西**帶領在埃及當奴隸的以色列民離開埃及，於西奈半島獲得耶和華神傳授**十誡**，前往「**流著奶與蜜之地**」的約定之地**迦南**。迦南指的正是現在的巴勒斯坦地區。

至於這個故事與祖先亞伯拉罕的傳承如何相連，則是亞伯拉罕的子孫因故前往埃及，在當地成為宰相，子孫世代繁盛，但後來卻被當作外來者受到差別待遇，最終淪落成為奴隸。

摩西雖然是以色列人，但他在法老王（埃及之王）的宮廷長大。英雄出身高貴在神話故事裡是很常見的模式。

摩西奉耶和華之命解放以色列民；他引發多個讓埃及人忌諱的神迹，使得法老王總算下令解放人民，以色列民才得以出走。途中雖然遭受大海阻礙，但神甚至使海水分開。

摩西接受神所頒布的十誡，代表以色列民與耶和華立約，因此之後必須遵守律法。以色列人民最終抵達迦南，這之後關於征服和定居的故事則在別的書籍中有所描述。

「從奴隸的狀態獲得解放並穿越大海，在神的律法之下建立新的共同體」，聽起來的確是相當打動人心的神話。例如美國也有「逃離舊大陸的壓榨遠渡大西洋，創建拯救人類的神之共和國」這個與《出埃及記》類似的故事作為國家象徵性的建國神話。

作為戒律的起源

《出埃及記》、《利未記》、《申命記》當中都有寫到許多的戒律。以《出埃及記》的傳承來說，是以神將子民從奴役中解放的形式來說明民族與耶和華立約的十誡以及**律法**的根據。

出埃及記

以色列民在埃及被當成奴隸使役。

摩西雖然是以色列人，但由於命運的安排而以法老王之子的身分長大。後來因為殺害了埃及人，遭到流放。

↓

摩西在逃亡抵達之地接到耶和華神的旨意，希望他解放以色列民。

↓

埃及相繼發生瘟疫等，最終所有埃及人的長子死亡。

↓

在法老王令下獲得解放的以色列民和摩西一起穿越沙漠。

↓

將海水分開，以色列民得以平安跨越。埃及軍隊全軍覆沒。

根據記載為跨越「葦海」。應是指西奈半島附近的潟湖。後世由於誤讀而變成「紅海」。

↓

神透過摩西授予十誡和律法。

聖經

摩西的十誡

根據《出埃及記》的記載，解放以色列子民的摩西獲得耶和華神給予的十誡和諸多戒律。戒律全部共有六百一十三條，但其中如同「憲法」一般的是著名的「**摩西十誡**」。

十誡的條列方法根據傳統會有所不同，因此不必太過拘泥於「十」這個數字。內容大致如下。

「**除了我以外、你不可有別的神**」——這裡宣告的是神的絕對性，但並沒有說到天地之間只有一個神。然而，由於這是以色列民與耶和華的約定，因此，這裡的「你」指的是以色列民不可以有除了耶和華之外的神。

「**你不可以造任何像**」——這是禁止**偶像崇拜**的規定。不僅是單純禁止雕刻神像崇拜，其中也包含不可以崇拜人類所為，像是不可沉迷於財富和物品，以及不能崇拜王、皇帝、國家或社會等。

「**不可妄稱你們神的名**」

「**當記念安息日、守為聖日**」

「**當尊敬你的父母**」

「**不可謀殺**」

「**不可姦淫**」

「**不可偷盜**」

「**不可作偽證**」

「**不可貪戀人的房屋、也不可貪戀人的妻子、僕婢、牛驢，以及他一切所有的**」

基督教徒也尊敬十誡為基本的倫理規範。

摩西十誡

1 禁止崇拜其他神
2 禁止造偶像
3 禁止妄稱耶和華之名
4 遵守安息日
5 尊敬父母
6 禁止謀殺
7 禁止姦淫
8 禁止偷盜
9 禁止作偽證
10 禁止貪戀他人財產

十項的內容根據猶太教和基督教各派會有所不同

一神教

古代中近東有各式神明，但以色列民**只與耶和華立約**。因此才有「除了我之外，你不可以有別的神」。只不過耶和華到了後來才被視為**創造天地之神**。

神之名

由於不可妄稱耶和華的名，因此聖經上將神寫作 YHWH，讀作「主（Adonai）」。正確的發音後來遭到遺忘，傳統念作「Jehovah」，學術上復原的發音則是「Yahweh」。

יהוה

這個字代表著 YHWH，
發音「Yahweh」

禁止偶像崇拜

不可崇拜**神的圖像**。進一步解釋也包含不可將物品、金錢、組織、人類當作「神」崇拜的意思。**人皆平等**，無論是王、老闆、天才或藝人都不可以崇拜，以此為宗教形式上的原則。

《利未記》的規定

神的正義

律法，也就是《摩西五經》記載了許多有如社會規範的宗教戒律，其中《利未記》更是如此。這些規定當中，許多都已經過於古老且意思不明，但可以看出基本的概念是**關懷弱者**。「在你們的地收割莊稼，不可割盡田角，也不可拾取所遺落的。不可摘盡葡萄園的果子，也不可拾取葡萄園所掉的果子；**這些是要留給窮人和寄居的。我是耶和華——你們的神**」（19：9－10）。

不潔的禁忌

另一方面，**食物**和**性**是古代分別猶太人和其他民族的指標，當中亦有許多以今日的角度來看意義不明的規定。

「凡走獸中偶蹄，有趾及反芻的，你們都可以吃。因此僅反芻或分蹄的生物不應食用」、「凡是水中有鰭有鱗的，不論是海裡的，或河裡的，都可以吃。若為無翅無鱗，不論在海裡、河裡，並一切水裡游動的活物，你們都當以為**不潔之物**」（11：2－4、9－10）。

對於「不潔」的意識在某種程度上可說與日本人相通；神道的重點也在於祓除汙穢。

然而，無論是猶太教或是其他宗教，不潔的邏輯亦成為**歧視的原因**。例如聖經當中有關古代皮膚病「Tzaraath」（今日已無法特定是哪一種皮膚病）的禁忌，西洋一般解釋為癩病或痲瘋病，就助長了對此類病患的歧視。

Kashrut ——符合教規的食物

（猶太教關於食物的規定）

		可以吃的食物	不可以吃的食物
肉類	獸	牛、羊、山羊等	豬、駱駝、馬、兔、狗、貓等
	禽	雞、火雞、鴨、鴿、鵪鶉等	猛禽類、鴕鳥等
	其他	蝗蟲	其他昆蟲、爬蟲類等
海產	魚類	有鱗和鰭的魚（沙丁魚、鱈魚、鮪魚、鰤魚、鰹魚、鯖魚、鰺魚、鯛魚……）	鱗不明顯的魚（鰻魚等）
	其他		貝類、花枝、章魚、蝦、蟹等
其他		蔬菜、水果、穀類、蜂蜜、適當的動物乳製品	

可以吃的食物稱為「**Kashrut**」（潔食），或英語寫作「**kosher**」

由專家屠宰動物

逾越節的時候不吃有酵母的麵包

不能同時吃肉類和乳製品

禁止吃受傷或有缺陷的動物、病死的動物

肉類要完全放血

✡ 改革派的猶太教徒不受此規定的限制。

✡ 據說之所以會有這些複雜的規定，原因之一是古代社會的以色列民為了與其他民族做出區分。
如果和周邊的民族吃不一樣的東西，就無法一起舉行祭禮。
藉此來維持宗教上的純潔和民族的自我認同。

聖經

先知與社會正義

亡國的時代

照理來說，耶和華神約定讓以色列民繁榮興盛，但歷史發展卻沒有這麼剛好。在古代中東世界裡，以色列不過是一個弱小的國家，周遭的大國如果攻打過來，完全沒有抵抗的能力。古代以色列王國在大衛王和所羅門王的繁榮時代結束之後，分裂成**北王國**和**南王國**，兩者最終也都被他國（亞述和巴比倫）消滅。大多數以色列民隨著國家瓦解而融入其他民族，作為**虜囚**被困在敵國首都巴比倫的以色列民則維持民族的自我認同，成為了後世所謂的猶太人。

先知的出現

在面臨民族消滅危機的時代裡有著活躍表現的宗教領袖被稱為**先知**，他們將亡國危難的原因歸咎於人民蔑視神的正義。猶太教經典的中段部分的就是這些先知的言行錄。大家熟知的三大先知分別是**以賽亞**、**耶利米**與**以西結**，其他還有十二位較不知名的先知。《以賽亞書》彙整了以賽亞（西元前八世紀）以及為了方便而稱為第二以賽亞（西元前六世紀）和第三以賽亞（西元前六～五世紀）兩位無名先知的言行。

社會正義和贖罪

以賽亞指責以色列民過著充滿社會不公的生活。最具代表性的就是**壓榨**和**讓孤兒寡婦等社會弱勢陷入貧困**。以賽亞期待著救世主彌賽亞的出現。

對於被囚禁在巴比倫的子民，耶利米和第二以賽亞等先知認為這是上天的懲罰。這些先知的想法從透過政治解放救濟民眾，逐漸將重點擺在宗教上的救贖或改過自新，以及「作為神之僕人」的受難來贖罪等與日後基督教神學有所共通的思想。

指責社會不公的以賽亞

可歎，忠信的城
變為妓女。
從前充滿了公平，公義居在其中，
現今卻有兇手居住。……暴虐、流血
你的銀子變為渣滓；
你的酒用水攙對。
你的官長居心悖逆，與盜賊作伴，……為政者的不公正
各都喜愛賄賂，追求贓私。
他們不為孤兒伸冤；……虐待社會弱勢 孤兒寡婦為立場最弱的群體
寡婦的案件也不得呈到他們面前
因此，主─萬軍之耶和華、
以色列的大能者說：
哎！
我要向我的對頭雪恨，……神的懲罰
向我的敵人報仇。

歸類在猶太經典「先知」部分的主要先知書

以賽亞書 以賽亞（西元前 8 世紀）的預言	・指責社會的不公正（壓榨弱勢等）。期望彌賽亞降臨 ・第二以賽亞（西元前 6 世紀）的預言。囚虜是神的懲罰。神僕的受難與贖罪 ・第三以賽亞（西元前 6 ～ 5 世紀）的預言。對律法體制的展望
耶利米書 耶利米（西元前 7 ～ 6 世紀）的預言	・內化儀節，預言「新的約定」
以西結書 以西結（西元前 6 世紀）的預言	・神對罪民的審判
12 小先知書	〔何西阿書／約珥書／阿摩司書／俄巴底亞書／約拿書／彌迦書／那鴻書／哈巴谷書／西番雅書／哈該書／撒迦利亞書／瑪拉基書〕 ・接受神的啟示批判統治體制 ・要求背棄神的王和子民立刻回歸

聖經

約伯的痛苦

《約伯記》是包含在猶太教經典「聖卷」當中的寓言故事。文章的結構複雜，故事的脈絡也說不上非常清楚。即便如此，可以確定的是故事主要在批判傳統上**因果報應**（好人出頭，壞人滅亡）的邏輯。

神與惡魔的寓言故事

從前從前有一個名為**約伯**的正直之人，他非常享受無虞的生活。然而，**惡魔**卻向**神**下挑戰，質疑約伯會如此虔誠正直只不過是因為從神這邊獲得了好處。如果沒有好處，也就是一旦遭遇不幸，那麼約伯一定會忘記神。惡魔得到神的許可，讓約伯破產、房屋倒塌、孩子死亡，還讓他染上皮膚病。

超越因果報應論

對約伯來說，他無法理解神為什麼要這麼對待他。「**就算無法斷言自己沒有一點罪過，但也自認沒有犯下需要比別人接受更多懲罰的罪行**」。約伯於是向神談判。

對此約伯的三位朋友嚴加責備他，因為他們都相信因果報應。「**約伯一定做了什麼壞事，正所謂無風不起浪**」，而約伯竟然還有臉找神談判。

到了故事的最後，神現身向約伯說道：「人類的智慧無法超越神的智慧。神的智慧是壓倒性的」。

這雖然沒有回答到約伯的疑問，但足以推翻因果報應論。

約伯的朋友們就好像親眼看到約伯犯罪一般對他做出判決，也就是所謂的**未審先決**。神批評他們說：「你們議論我，不如我的僕人約伯說的是」（42章）。

約伯記（現代版本）

約伯是正直的人，在上天的庇護之下過著無虞的生活。
惡魔慫恿神試探約伯
約伯失去一切，染上重病
朋友們相信因果報應說
他怎麼可能一點錯也沒有？
一定是他自食惡果！
雖然不清楚情況，還是向神道歉吧
約伯：「神啊！為什麼要使我受苦呢？我又沒有做錯事！」
啊啊～
朋友的話語
按我所見，耕罪孽、種毒害的人都照樣收割（4：8）
你若殷勤地尋求神，向全能者懇求；你若清潔正直，他必定為你起來，使你公義的居所興旺（8：5-6）
你們才過於傲慢！
不可以認為自己與神同水平……

《十誡》、《屋頂上的提琴手》

塞西爾．德米爾導演的《十誡》（一九五六年）由查爾登．希士頓擔任摩西一角，描繪了出埃及記的故事。著名的摩西分海場面，就現在的角度來看或許不夠真實，但在沒有電腦動畫的年代，片中呈現出的磅礴氣勢還是感動許多人。古代以色列人跨越「紅海」、建立正當共同體的姿態，對美國人來說很容易可以與從舊大陸遠渡大西洋，在新天地建立「正義共同體」的國民神話重疊。

於歐洲遭到迫害的猶太人在二十世紀初的時候幾乎全都移民到了美國。他們的子孫回顧父母或祖父母時代的故事並搬上百老匯音樂劇舞台的作品便是《屋頂上的提琴手》（初次公演為一九六四年），原著小說的作者是沙勒姆．亞拉克姆。音樂劇在日本上演的時候，由森繁久彌飾演的主角特維獲得高度人氣，風靡了很長一段時間。

該作於一九七一年改編成電影，當中可以清楚看到猶太人在帝俄時代過著什麼樣的生活。此外也能看出猶太人和俄羅斯人之間的緊張關係，讓人不難理解為什麼會有那麼多猶太人移民美國，以及以色列的建國。

這些移民者的子孫包括史蒂芬．史匹柏和伍迪．艾倫，兩人皆堪稱是電影鬼才。史蒂芬．史匹柏曾經以猶太人大屠殺為主題拍攝了《辛德勒的名單》（一九九三年），伍迪．艾倫的電影當中則經常出現拉比的角色。以善良的小市民容易碰上倒楣事的自嘲式喜劇當中，也處處顯現了猶太人特有的感性。

《十誡》

（2 片裝）2381 日圓（不含稅）
NBC 環球娛樂
（截至 2016 年 5 月的資訊）

第4章

基督教

概論

基督教是什麼樣的宗教？

從猶太教派生

基督教是距今約兩千年前從**猶太教**派生出來的宗教。和猶太教相同，基督教也是**一神教**，即相信創造天地的造物主，而神用慈愛和審判的眼光守望著人類。

基督

猶太教的信仰包含期待**彌賽亞**（救世主）的降臨，救世主指的是帶領混亂的世界向善的英雄。當那些相信距今兩千年前在巴勒斯坦宣揚神的教誨而遭到殺害的耶穌就是救世主的人們聚集在一起並創建了所謂的**教會**，這就是**基督教**的起源。**基督**（Christos）是相當於彌賽亞的希臘語。

神之國

由於耶穌基督遭到殺害，因此他雖說是英雄，但並非是如超人一般的強者，也不是政治上的領導者或王，倒不如說是新時代的模範。他種下的「**神之國**」種子，未來終將開花結果。對信徒而言，他既是開啟新時代之人，也是神的存在本身。

「神之國」的教誨簡單來說就是「愛」（**愛人如己**），而信徒們都應實踐這份愛。信徒相信身為神的基督於死後**復活**，如今位在天上，自己必須過著不讓天上的基督蒙羞的生活，待死後會在基督面前接受審判。

三大教派

基督教在西元四世紀的時候成為羅馬帝國的國教，之後傳往歐洲各地和新大陸。現在，東歐的主流教派是**東方正教會**、南歐和中南美是**天主教會**，西歐和北美則是**新教**。

耶穌和基督教信仰的開始

歷史上的事件

拿撒勒的耶穌

西元前 4 ～後 30 年左右的猶太人宗教家。

宣揚**「神之國」**，

實踐**「愛人如己」**

愛和為愛而死！！

不被體制容忍，

而遭判**死刑**

（被釘十字架）

基督是人生的倫理模範。人（死後）要接受基督的審判！

人們的信仰

猶太教期待救世主（彌賽亞）的降臨

耶穌的信徒認為

「耶穌是救世主（彌賽亞＝基督）」

基督死後**復活**，

之後**升天**

基督教

信仰耶穌基督，遵守愛人如己的教誨。

等待日後「神之國」的實現。

猶太教

遵守神的戒律**（律法）**。

等待未來救世主的降臨。

「彌賽亞」是希伯來語（古代猶太人的語言），
「基督」是希臘語（當時的國際通用語），兩者皆代表「救世主」的意思。

概論

三位一體的神

一神教

猶太教相信被稱作**耶和華**、埃洛希姆或是主的造物神，屬於**一神教**。理所當然地從猶太教派生的基督教也是一神教。

然而，基督教是將救世主耶穌基督當作神崇拜的信仰。那麼，猶太教的造物主和基督之間的關係是什麼呢？

三位一體的神

羅馬帝國時代的基督教會得出了「猶太教的神和基督為同一神」的結論，只不過擔任的角色和功能不同。基督教會又加上聖靈（住在信徒心中感化的神），認為「三個不同的位格具有相同本質」，屬於同一個神。這就是**三位一體**。

三位一體指的是由：

①**聖父**……舊約聖經當中猶太教信仰的神（耶和華）
②**聖子**……耶穌基督
③**聖靈**……感化信徒、帶來靈感

三者合一、一分為三的教義。雖然理論上不符合邏輯，但信徒認為這是神的奧義，因此並非根據理性而是作為信仰接受。基本上基督教會的任一教派都接受三位一體的說法。

父與子

會將耶和華稱作「父」、基督稱作「子」，主要是因為福音書中耶穌將上帝稱作「父」。身為「子」的基督除了是神之外，也擁有人類的性質。

三位一體
（三種位格，但本質上是一個神）

從古代猶太教時代起為人信仰的
天地創造之神
（耶和華）

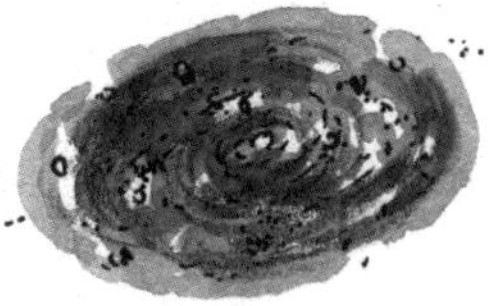

父

作為救世主出現的神
（耶穌基督）

基督既有
神的一面，
也有人類的一面

子

居於人們心中帶來
感化的神靈

聖靈

一個神

3 ＝ 1

信徒認為這是同
一個神的**三種**樣貌

順帶一提……

佛陀也有各種不同的姿態

法身
佛陀作為真理不滅之身

應身（化身）
佛陀化作救贖者所現之身

報身
佛陀因修行所得之身

聖經

《舊約聖經》與《新約聖經》

基督教的經典稱作**聖經**（英語稱作Bible），由《**舊約聖經**》（Old Testament）和《**新約聖經**》（New Testament）二部分組成。

《舊約聖經》

《舊約聖經》基本上與**猶太經典**（↓140頁）相同。由於基督教是從猶太教派生的宗教，因此也直接繼承了經典。《舊約聖經》包含記載天地創造的《創世記》，以及《以賽亞書》等先知書、詩篇等。

《新約聖經》

然而，基督教主要的經典是《新約聖經》。由記述始祖耶穌基督傳記的四種《**福音書**》（馬太福音、馬可福音、路加福音、約翰福音）、基督門徒們的言行錄（《**使徒行傳**》）、相當於基督徒孫的宣教士**保羅**寫給各教會的書信，以及描繪世界末日的《**啟示錄**》等構成。

總結而言，基督教的經典是「聖經」，其中又以《新約聖經》更為重要，作為核心的部分則是相當於始祖傳記的《福音書》。

與神立約的更新

根據基督教的歷史觀，創造天地的神首先授予猶太民族神的戒律（**律法**），與神立下遵守這些戒律的約定，但當時候到了，人們便藉由信仰**耶穌基督**取代律法，與神訂立新的約定。

因此，猶太教時代的經典稱作舊約，代表「與神訂下的舊約定」，而基督教時代的經典稱作新約，代表「與神訂下的新約定」。

聖經(Bible)

猶太教的「聖經」
▼
猶太經典
「塔赫納」
原本是以希伯來語寫成，
也有希臘語版本。

I 律法
（摩西五經）
創世記、出埃及記、利未記、etc…

II 先知
以賽亞書、耶利米書、etc…

III 聖卷
詩篇、約伯記、箴言、etc…

→

基督教的「聖經」
▼
舊約聖經
Old Testament

內容幾乎與猶太經典相同，
部分順序不同。
現行猶太經典當中沒有的內容則以
「續篇」的形式收錄。

基督教徒認為這是與
神的「舊約定」。

＋

基督教徒認為這是與
神的「新約定」。

新約聖經
New Testament

基督教徒的新文獻

福音書
始祖基督的傳記。
共有 4 種。
- **馬太**福音
- **馬可**福音
- **路加**福音
- **約翰**福音

使徒行傳
關於基督門徒和
保羅的紀錄。
- 使徒行傳

保羅的信件
神學性內容的信件。
（也包含其他人的信件）
- **羅馬**書
- **哥林多**前書、後書
- **加拉太**書
- **以弗所**書
- **腓立比**書
- **歌羅西**書
- **帖撒羅尼迦**前書、後書
- **提摩太**前書、後書
- **提多**書
- **腓利門**書

其他
描繪世界末日的
啟示錄等。
- **希伯來**書
- **雅各**書
- **彼得**前書、後書
- **約翰**一書、二書、三書
- **猶大**書
- **啟示錄**

四種福音書

四種福音書

對於基督教徒而言，聖經的核心是《**新約聖經**》，而《新約》是以**福音書**為中心。福音書共有四種，即為《**馬太福音**》、《**馬可福音**》、《**路加福音**》與《**約翰福音**》。古典日語的翻譯則稱作「馬太傳（福音書）」，代表由名為馬太的門徒所流傳的福音書。

福音書可說是始祖耶穌基督的人生傳記，由於救世主耶穌的出現是「好消息」，希臘語稱作euangélion（代表好的訊息，英語化可寫作evangel）。英語又稱「**gospel**」，中文則翻譯為「福音」，而日本也同樣沿用福音二字。

成書的原委

為什麼耶穌的傳記會有四種呢？這與初期教會的內情有關。一般認為耶穌是在西元三〇年左右被處以十字架之刑。之後，信徒們片斷地傳承基督的事蹟並加以信仰。在西元六〇年左右（或是更之後），有一個人將有關耶穌的部分傳承整理成冊，這就是今日被稱作《馬可福音》的書。

後來教會不同派別的人分別重新編纂《馬可福音》，加上各自的資料寫成《馬太福音》和《路加福音》，接著又有其他派別同樣添上自己的資料寫成《約翰福音》。之後雖然陸陸續續出現各種版本的福音書，但由於內容大多變得過於荒誕無稽，因此沒有被包含在正式經典當中。

主要內容

福音書的內容大致包含從耶穌的**誕生**（馬可和約翰福音缺少這一部分）到**傳道**的情形（治癒民眾的疾病、揀選十二使徒），直至為體制所不容而受到審判被釘於**十字架**上死去，最終**復活**的事蹟。

福音書的完成

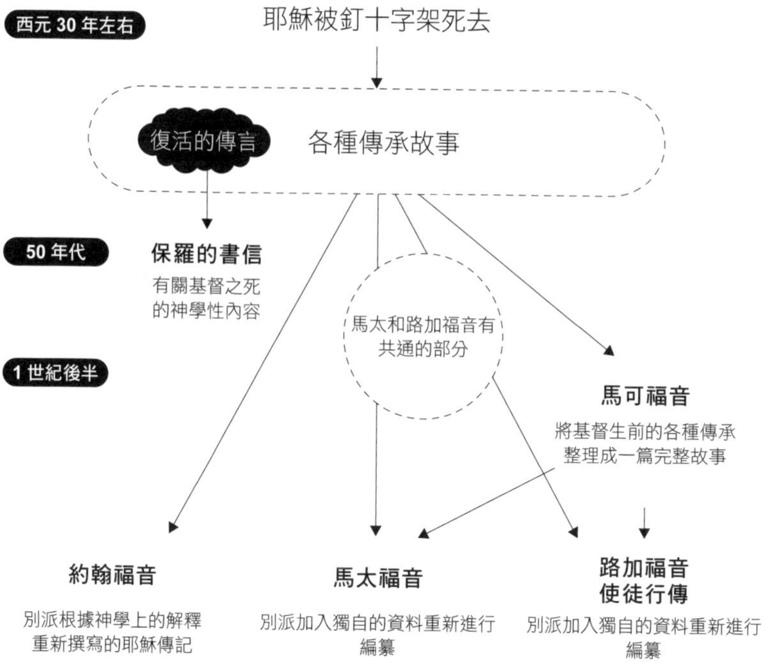

（馬可、馬太、路加這 3 部福音書的關係類似於「複製貼上」，因此內容相似。3 書合稱「對觀福音」）

四福音書的敘事構成

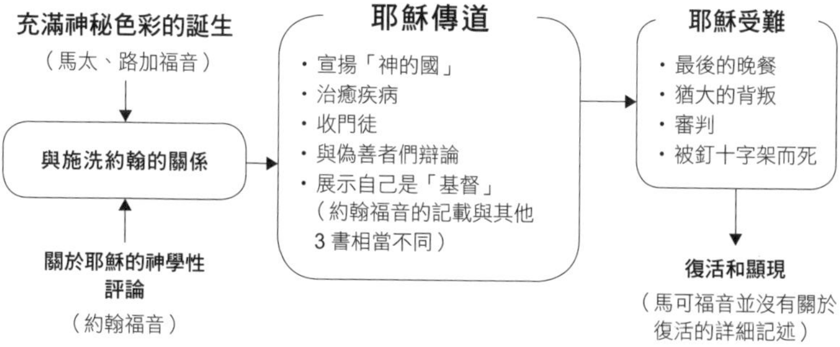

耶穌傳

誕生

拿撒勒的耶穌

基督教的始祖是**耶穌**。加上出生身地的名稱，也被稱作「**拿撒勒的耶穌**」。根據推論，耶穌出生於西元前四年的巴勒斯坦，這裡是猶太教徒的居住地，也有猶太體系的王，但歸屬在羅馬帝國的統治之下。

耶穌在猶太教徒雙親的養育之下長大，他自己也是猶太教徒。《**馬太福音**》和《**路加福音**》當中都有關於耶穌誕生的記載，但細節略有出入。兩者皆是將被神話化的傳承以故事形式寫成。

處女懷胎和誕生

兩部福音書皆記載耶穌的母親**瑪利亞**在還是**處女**的情況之下透過聖靈懷孕。偉人是由處女所生的傳說遍及世界各地，這裡採取的也是同一個模式。根據《馬太福音》，未婚夫**約瑟**在夢中被告知瑪利亞懷孕，《路加福音》則記載是大天使加百列向瑪利亞宣告懷胎的消息。此時天使對瑪利亞的祝福之言也成為一首歌，那就是「聖母經（Ave Maria）」。

耶穌出生於猶地亞小鎮**伯利恆**。有人認為這是由於與大衛王有淵源的伯利恆被認為應是救世主的誕生地，因此才採取這種說法。根據《馬太福音》的記載，精通占星術的智者們帶著禮物前來朝拜（所謂的**東方三博士**，但實際上並沒有提到是「三人」），《路加福音》則記載來朝拜的是**牧羊人**。

前往埃及或是聖殿奉獻

《馬太福音》記載統治伯利恆的**希律王**因為害怕大祭司「猶太新王誕生」的預言，於是下令**屠殺**該地區所有的**男嬰**。耶穌一家人逃往埃及，直到希律王死後才返回（沒有回到猶地亞而是前往拿撒勒）。

《路加福音》則記載耶穌在耶路撒冷的聖殿被**奉獻**給神，受到祝福。之後一家人返回拿撒勒家中。

耶穌誕生的故事

馬太福音

瑪利亞的未婚夫約瑟在夢中
被告知瑪利亞懷孕

耶穌在伯利恆誕生

東方三博士
（書上並沒有記載明確人數）

精通占星術的智者們前來朝拜
幼小的耶穌，獻上禮物。

希律王
（聽到猶太新王誕生的預言而感到害怕）

希律王下令屠殺男嬰，
但耶穌一家逃往埃及，平安無事

一家人離開埃及，在拿撒勒定居

路加福音

「Ave」有「歡頌」之意

天使出現在瑪利亞面前，宣告懷胎

為了登記戶口回到約瑟的家鄉
伯利恆，耶穌在此地出生。

與大衛王淵源深厚的伯利恆被視為救世主出生之地。馬太和路加福音都記載父方擁有大衛王的血統，但記載的系譜並不一致。

天使宣告彌賽亞的誕生，
牧羊人們前來朝拜幼子耶穌

將耶穌奉獻給聖殿，
受到女先知們的祝福

一家人回到拿撒勒的家

歷史上的耶穌也許出生於拿撒勒。通稱「拿撒勒的耶穌」。

洗禮

家業

耶穌於三十歲左右開始從事宗教活動。據傳其家業是「**木工**」，說的更準確點似乎是包括製作家具在內的木材加工業。木工需要測量材料並思考設計，屬於需要用腦的職業；加上會接受來自各地的委託，因此應該也很熟悉地理。耶穌也許就是作為一個知識分子（如同現在猶太教的拉比），一路累積了在會堂向人們講道的經驗。

洗禮

在他成為獨當一面的宗教家之前，貌似曾參加**施洗約翰**的宗教運動。約翰是有如先知一般的人物，他會聽取人們的告解，並在約旦河為人**洗禮**作為悔改的印記。日本也有類似於用水洗淨罪惡的觀念，不過約翰則是將此視為一生一次「重生」的象徵。

耶穌接受了約翰的洗禮。對於後世基督教會而言，神之子有前輩這種事實在過於奇妙，為此有些福音書改變了記述，使得內容讀來不會讓約翰像是耶穌的老師。

最古老的福音書《馬可福音》僅記載耶穌接受約翰的洗禮。將《馬可福音》重新編纂而成的《馬太福音》則記載約翰一度推辭，但耶穌請他為自己施洗。同樣根據《馬可福音》編纂而成的《路加福音》則在耶穌接受洗禮的記述之前加入了約翰被逮捕的橋段，藉此避免清楚寫出是誰為耶穌施洗。而《約翰福音》當中並沒有明確提及耶穌受洗。

約翰的處刑

當施洗約翰被（屠殺男嬰的）希律王之子希律·安提帕斯逮捕，耶穌自此獨立。與在荒野傳道的約翰不同，耶穌開始進入村裡傳道。之後約翰便遭到處刑。

耶穌的洗禮

施洗約翰

有如耶穌先驅一般的宗教家。
要求人們悔改自身的罪，在約旦河為人施洗禮。傳統上被描繪成穿著駱駝皮衣、綁著皮帶的野人形象。

根據福音書記載，耶穌受洗後聖靈從天而降，傳來「你是我的愛子」的聲音。至此三位一體的父、子、聖靈到齊。

父　**聖靈**　**子**

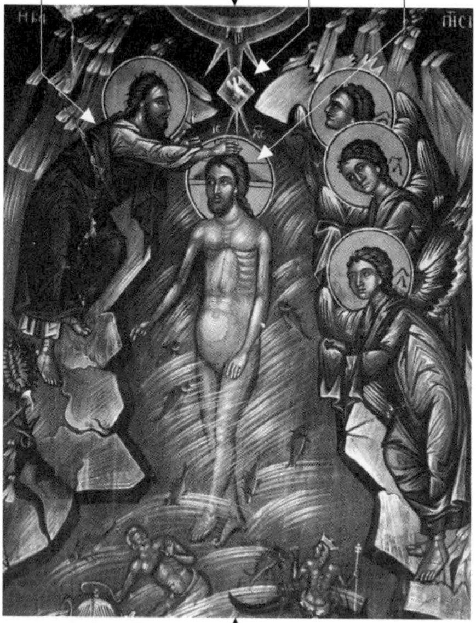

約旦河

在巴勒斯坦東方，從北向南流，注入死海。
約旦河的西方是聖地耶路撒冷，
東方則是今日的約旦國。

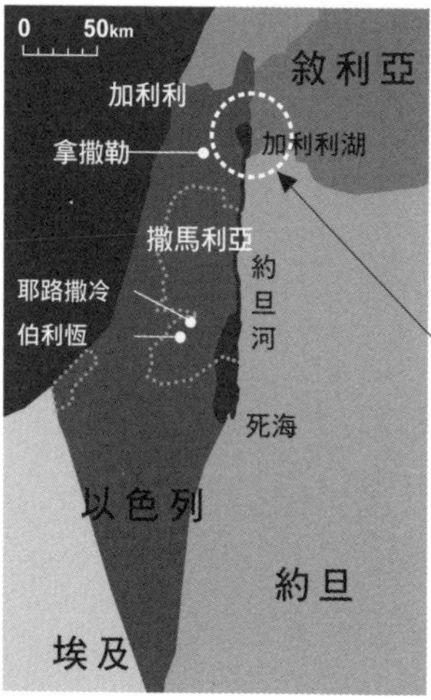

耶穌的主要活動範圍為加利利湖周邊

魔鬼的誘惑

釋迦與耶穌的誘惑

根據福音書的記載，耶穌在出社會前曾受到魔鬼的誘惑，這在佛典當中也可見類似的主題。佛典中記載**釋迦**在即將克服煩惱的時候，有魔鬼出現想妨礙他；因為如果每個人都知道如何捨去煩惱的話，那麼魔鬼可就要失業了。然而，釋迦擊退魔鬼的誘惑，最終成為佛陀。

另一方面，耶穌也克服了撒旦（魔鬼）的誘惑。與釋迦的情況相同，都是以試驗信徒對於信仰的誠心來發展的心理劇。

根據**《馬可福音》**，耶穌接受洗禮之後前往**曠野**，停留了**四十天**。他在那裡接受撒旦的試探、與野獸共處，最後為天使所伺候。《馬可福音》的記載僅止於此，並沒有寫到魔鬼如何誘惑耶穌。

什麼是信仰？

馬太和《路加福音》（雖然順序不同）則都有寫到三個誘惑。主要應該意在描述信仰可以超越物欲，且不能藉之與天使或魔鬼交易。

①耶穌在禁食後感到飢餓，魔鬼於是對他說：「吩咐這些石頭變成食物」。耶穌引用（舊約）聖經回答：「**人活著並非單靠食物**」。

②魔鬼讓耶穌站在耶路撒冷聖殿的屋頂，對他說：「你若是神之子就跳下去」，看看天使會不會托住他。耶穌答道：「**不可試探神**」。這也是引用自聖經。

③魔鬼把耶穌帶上高山，將萬國的榮華指給他看，並說：「你若俯伏拜我，我就把這一切都賜給你」。耶穌引用聖經回答：「退下吧，撒旦！**當拜主你的神，單要侍奉他**」。

魔鬼的三個誘惑

1

禁食之後，耶穌感到飢餓。

「把石頭變成麵包」 魔鬼

耶穌 「人活著並非單靠食物」

2

惡魔讓耶穌站在耶路撒冷聖殿的屋頂邊緣。

「你若是神之子就跳下去。天使會接住你」 魔鬼

耶穌 「不可試探神」

3

魔鬼把耶穌帶到一座最高的山，讓他看萬國的榮華

「你若俯伏拜我，我就把這一切都賜給你」 魔鬼

耶穌 「退下吧，撒旦！當拜主你的神，單要侍奉他」

治病和「神的國」

信仰為人治療的耶穌

福音書的內容當中特別引人注目的是有許多**治療疾病**的場面。耶穌雖然向眾人傳道，但對民眾而言，比起言語的開導，似乎更感激他將人們從現實的痛苦中解放。

耶穌可以治療中風、婦科疾病、眼盲、皮膚病等各種疾病。說到底這都是傳承故事，實際情形又是如何便不得而知。只能說看起來在昔日社會上向民眾宣揚神和愛的教誨時，也就得一併回應人們關於疾病方面的煩惱。畢竟當時並不存在如現代一般發達的醫療機關。

社會的底層和「罪人」

耶穌為了人們十分勤勞。從福音書的記述可以發現，耶穌省略長篇大論，免費替民眾治癒。由此也體現了耶穌「神的國」的教誨——貼近**社會底層**。

因此，耶穌也不顧忌與被當時社會認為是「**罪人**」的人們交流。例如當時有所謂接受羅馬或當地魁儡政權委託，徵收通行稅和市場稅的**稅吏**；他們是背叛當地人的叛徒，而且中飽私囊。這些人可說是罪人，但耶穌不以為意，當中也有人被他收為門徒。

耶穌也不論斷行娼婦之舉的女性，反而加以赦免，允許他們與自己共同行動。此外，他對於遵守猶太教安息日的規定也採取較寬鬆的解釋，亦未採納禁食的習慣。

「神的國」的福音

不要審判他人，要**愛人如己**。若能夠實現這樣的社會，這就是「**神的國**」。耶穌在傳道時說道：「日期滿了，神的國近了。你們當悔改，信福音」（《馬可福音》）。

「神的國」的開始

耶穌的生涯

「神的國」…
的開始

信仰

未來

「神的國」
的實現

耶穌：「日期滿了，**神的國**近了。你們當悔改，信福音」
（馬可福音第 1 章）

天晚日落的時候，有人帶著一切害病的，和被鬼附的，來到耶穌跟前。……耶穌治好了**許多害各樣病的人**……。
（馬可福音第 1 章）

法利賽派的文士……就對他門徒說：「他和稅吏並罪人一同吃喝嗎？」耶穌聽見，就對他們說：「**健康的人用不著醫生，有病的人才需要**。我來本不是召義人，乃是召**罪人**。」
（馬可福音第 2 章）

譴責偽善

耶穌照顧民眾、與「罪人」來往，另一方面對富人則會不時投以嚴厲的話語，也直白地批評聖殿的祭司和宗教指導者。

對財主的訓誡

一位有錢人問耶穌如何才能得到「永生」。耶穌答道：「不可殺人；不可姦淫；不可偷盜」等，遵守一般的戒律（摩西十誡）。對方回答：「這一切都遵守了」。耶穌又說：「**變賣你所有的，分給窮人**」。對方於是憂愁地離開了。

耶穌說：「**駱駝穿過針的眼，比財主進神的國還容易**」。門徒非常吃驚。想必這是因為很多人都以為「錢」就是幸福，也等同「救贖」（出自《馬太福音》第19章）。

批判偽善者

耶穌尤其會明確批判的對象便是偽善者。當時主導猶太人精神與倫理世界的是被稱作**法利賽派**的學者。他們熟悉猶太教的聖經和律法，一有什麼事就搬出戒律，神經質地將沒有遵守戒律的人視為「罪人」並歧視之。簡單來說就如同今日的基要主義派。

耶穌蔑視他們的話語如下。法利賽派和律法學者喜歡坐在會堂上座接受問安，進行假意的冗長禱告，重擔放在別人身上自己卻不承擔。**他們不但自己不進天國，也不讓別人進天國**。遵守禮儀卻忽視正義和慈悲。外表美麗，但內心卻充滿強烈的欲望和惡意。既是殺害先知者的子孫，又為先知修墳。

對於宗教上的敬虔，時常導致偽善。偽善者是無法前往「神的國」的。

富人與耶穌

耶穌 「變賣你所有的，分給窮人」

「駱駝穿過針的眼，比財主進神的國還容易」 耶穌

（馬太福音第 19 章）

偽善者與耶穌

耶穌 「你們這假冒偽善的文士和法利賽派有禍了」

（馬太福音第 23 章）

- 喜歡坐在會堂上座接受問安
- 虛情假意的長禱告
- 重擔放在別人身上自己卻不承擔
- 勾引人入教，卻使他做地獄之子
- 遵守禮儀卻忽視正義和慈悲

- 自己不進天國，也不讓別人進天國
- 外表美麗，但內心卻充滿強烈的欲望和惡意。有如塗白的墳墓
- 既是殺害先知者的子孫，又為先知修墳

耶穌的話語

山上寶訓①

《馬太福音》是以講道為主編纂而成，當中尤其是第五～七章，耶穌上山向眾人講道。這個「**山上寶訓**」自古以來就是著名的章節，就算平常不讀聖經的信徒，很多也都至少讀過這個部分。

想法的轉換

「**虛心的人有福了，因為天國是他們的**」。相較於《路加福音》寫的是「貧窮的人有福了」，《馬太福音》則將此升高至精神層面，表示自覺心（靈）貧困的人有福了。

也就是說，不以貧困為恥，如果要覺得羞恥的話，應該以心靈方面的貧困為恥，而自覺貧困的人反而應該獲得神的嘉獎。

由此可以看出想法的轉換；信徒不應抱怨世間，而是應該率先成為善人。「**你們是世上的鹽**」。「世上的鹽」指的是有益的東西。「**你們是世上的光**」。

耶穌又用「**不要論斷他人**」、「**你們願意人怎樣待你們，你們也要怎樣待人**」（所謂的黃金定律）來強調主體性的重要。

愛仇敵

「**有人打你的右臉，連左臉也轉過來由他打**」。當然應該沒有人能如字面上的意義，一邊臉頰被打了還轉向露出另一側的臉。這裡的重點或許在於從被動轉為主動的積極態度；就算是主動的態度，也不是代表要打回去，而是賞給仇敵正相反的東西，弭除仇敵的意圖。

「**愛你們的仇敵，為那逼迫你們的禱告**」。

山上寶訓①

“虛心的人有福了，
因為天國是他們的”

“你們是世上的鹽”

“你們是世上的光”

“不要論斷他人”

“你們願意人怎樣待你們，
你們也要怎樣待人”

“有人打你的右臉，
連左臉也轉過來由他打”

“愛你們的仇敵，
為那逼迫你們的禱告”

山上寶訓②

斬斷俗念

偽善者會在大家都看得到的地方禱告。然而，不可以這麼做。必須要在沒人看到的地方禱告。「**禱告的時候，要進你的內屋關上門，禱告你在暗中的父**」。

耶穌展示了禱告的範本，稱作**主禱文**。「**我們在天上的父：願人都尊你的名為聖。願你的國降臨；願你的旨意行在地上，如同行在天上。我們日用的飲食，今日賜給我們。免我們的債，如同我們免了人的債。不叫我們遇見試探；救我們脫離兇惡**」。

反經濟

不可以有俗念。財主離天國很遠。因此，「**你不能又侍奉神，又侍奉瑪門（財利）**」。「**積攢財寶在天上**」。到了奉資本主義為圭臬的近代，財富如同成功的象徵，有許多基督徒認為成功是神所願，宣揚財富的福音，但這其實是屬於旁門左道。

信仰＝修行

「**你們看那天上的飛鳥，也不種，也不收，也不積蓄在倉裡，你們的天父尚且養活牠**」。「**因此，不要為生命憂慮『吃什麼』、『喝什麼』、『穿什麼』**」。

此即闡述要像鳥一樣，不要煩惱明天。實際要做到這一點，恐怕就必須達到像鳥或禪家一般無所求的境界，修行想必是不可或缺的。

但信仰＝修行的路很狹窄。「**你們要進窄門。因為引到滅亡，那門是寬的，路是大的，進去的人也多**」。然而，「**你們祈求，就給你們**」、「**叩門的，就給他開門**」。

山上寶訓②

"禱告的時候，要進你的內屋關上門，禱告你在暗中的父"

主禱文

我們在天上的父：
願人都尊你的名為聖。
願你的國降臨；
願你的旨意行在地上，如同行在天上。
我們日用的飲食，今日賜給我們。
免我們的債，如同我們免了人的債。
不叫我們遇見試探；救我們脫離兇惡

"你不能又侍奉神，又侍奉瑪門（財利）"

"積攢財寶在天上"

"你們看那天上的飛鳥，也不種，也不收，也不積蓄在倉裡，你們的天父尚且養活牠"

"因此，不要為生命憂慮『吃什麼』、『喝什麼』、『穿什麼』"

"你們要進窄門。因為引到滅亡，那門是寬的，路是大的，進去的人也多"

"你們祈求，就給你們"

"叩門的，就給他開門"

耶穌的話語

機智問答

耶穌的敵對勢力向他提問，想要抓住他的小辮子交給當局。然而，耶穌充滿機智的回答，總讓對方空手而回。

誰是我的鄰舍？

有一天，有人詢問耶穌終極的教義（怎樣才能繼承永生），耶穌不回答，反問對方怎麼想。對方引用聖經，四平八穩地答道：「**愛神，又要愛鄰舍如同自己**」。耶穌說他的回答正確。對方緊咬不放，問道：「誰是我的鄰舍？」耶穌於是開始講述一個寓言故事。

——旅人遭到強盜襲擊而受傷倒地。一個祭司經過了，因為不可以接觸不潔的死人而繞路離去。另一個宗教家也一樣。然而，作為異教徒被人討厭的**撒瑪利亞人**卻照顧受傷的旅人，還幫他找住處。

「誰是他的鄰舍？」耶穌問道。對方只能回答撒瑪利亞人。耶穌說：「**你去照樣行吧！**」（《路加福音》第10章）。

這是在暗諷宗教家一邊高談愛，實際上卻差別待遇、拖人後腿。讓對方來回答正是耶穌的機智之處。

沒有罪的人可以丟石頭

有一天，想要陷害耶穌的人帶著一個**行淫**時被逮的婦人前來，讓耶穌裁判。如果耶穌赦免婦女，就會被以違反傳統**律法**（姦淫者要被處以投石之刑）的罪名逮捕；但若耶穌處罰婦女，耶穌對於愛的教誨就毀於一旦。

耶穌說：「**沒有罪的人可以丟石頭打她**」。因為他的確說了石刑，所以沒有犯冒瀆罪。然而，耶穌加上了條件，因此沒人敢拿石頭丟婦女。耶穌既平息了騷動，又貫徹了自己的教誨（《約翰福音》第8章）。

誰是鄰舍？

算計耶穌的人 **耶穌**

第一回合

終極的教義是什麼？ → ……

不回答

你覺得呢？

愛神，愛鄰舍如同自己

反而讓對方回答

你說的沒錯

耶穌大獲全勝！

第二回合

誰是我的鄰舍？

旅人被強盜襲擊。
祭司因為禁忌所以視而不見。
其他的宗教家也一樣。
被討厭的異教徒撒瑪利亞人照顧旅人。
到底誰是受傷者的鄰舍？

是**照顧他的人**

讓對方回答

宗教家討厭的異教徒！

你去照樣行吧

沒有罪的人可以丟石頭

想要陷害耶穌的人 **耶穌**

希望耶穌裁判姦淫的婦女

赦免的話就以違反律法之罪起訴

如果判處石刑，愛的教誨就毀於一旦

進退兩難的困境

沒有罪的人可以丟石頭

因為判處「石刑」
→ **沒有違反律法**

「沒有罪的人」的附加條件
→ **實質迴避了石刑**

對偽善的告誡（不論斷他人）

克服窘境

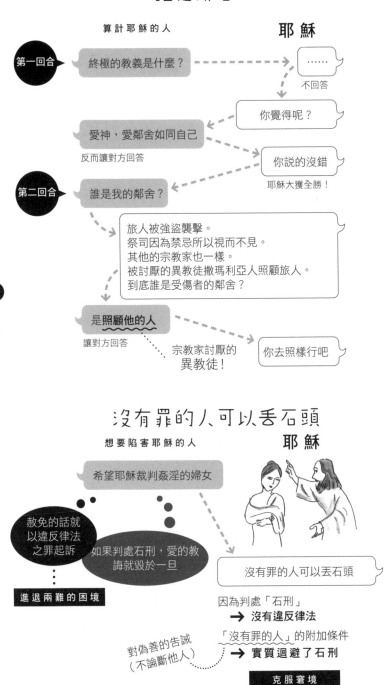

耶穌的話語

寓意深遠的話語

凱撒之物歸凱撒

祭禮之日，耶穌來到耶路撒冷的聖殿。敵對者向耶穌提問。一人問道：「我們納稅給皇帝（凱撒），可以不可以？」如果說可以，那麼討厭羅馬的猶太民族主義者可不會袖手旁觀；但若是回答不可以，就會被控告謀逆。

然而，耶穌不正面回答這個問題。在確認銀幣上刻著羅馬皇帝的肖像之後，說道：「**凱撒之物當歸給凱撒，神之物當歸給神**」。

這又是一個機智的回答。因為還是有說繳納稅金，因此無法扣上謀逆的帽子，且區分了皇帝和神，所以也不會惹惱民族主義者。

然而這段話似乎另有深意。傳統上會將其解釋為耶穌在闡述**政教分離**的概念。將政治和世俗之事與神和宗教分開。

然而，這段話也可視作是**對宗教體制本身的諷刺**。

這是因為正如羅馬要求繳稅一般，猶太聖殿也從民眾手裡收取淨財。「神之物當歸給神」是敬虔的教誨，又或是對教團的諷刺呢？

永遠的生命之水

《約翰福音》當中的話語大多話中有話。耶穌前往撒瑪利亞（受到猶太人歧視的地區）的一處村落，向村裡的婦人要水。婦人對於猶太人向她搭話感到不可思議。耶穌於是說道：「你若知道我是誰，你必早求我給你水」，聽起來話中有話。**耶穌給婦人「活水」。喝了就永遠不渴。這個水成為泉源，直湧到永生。**

這當中隱含了耶穌闡述超越撒瑪利亞 vs 猶太的古老政治和宗教對立的真理，也因此認為婦女想必會希望飲用這般活水。

皇帝之物歸給皇帝，神之物歸給神
（根據馬太、馬可、路加福音）

敵對者
「納稅給皇帝，可以不可以？」

如果說可以，會遭猶太民族主義的彈劾

耶穌讓人拿來銀幣，
確認上面刻著皇帝的肖像

如果說不可以，則會被控告謀逆羅馬

耶穌
皇帝之物歸給皇帝，**神**之物歸給神

政治　　宗教

機智的回答！

政教分離
（傳統的解釋）

然而，這段話也可以解釋成同時諷刺羅馬的稅金和聖殿的稅金。
對於政治壓榨和宗教壓榨的諷刺？

《約翰福音》
……隱喻和故事的寶庫

《太初有道》（第1章）

「道」就是耶穌基督。基督在天地之初就已經存在。

耶穌在婚禮的宴席上注滿酒（第2章）

「人若喝過我所賜的水就永遠不渴」（第4章）

在聖餐禮（彌撒）的時候會將餅當作基督的聖體吃下。

「我就是生命的糧」（第6章）

「我是好牧人」（第10章）

人類是迷途羔羊。

耶穌奇蹟似地增加麥餅，餵飽5000人。其他福音書裡也有記載這個**奇蹟**。

耶穌讓拉撒路死而復活（第11章）

基督教充滿「死→復活」的主題。
可以如字面上的意義，或是解釋成精神、靈魂上的死與復活。

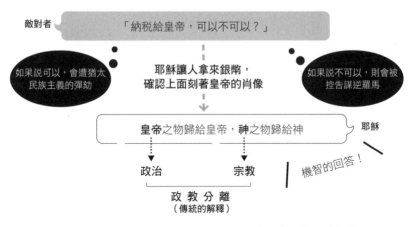

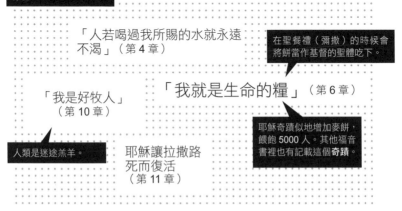

最後的晚餐

四部福音書的後半三分之一幾乎寫的都是有關耶穌「**受難**」的故事。耶穌與政治和宗教體制為敵，而這些敵人隨時在找機會陷害他。而耶穌也早已預期到會有這樣的結局。

前往耶路撒冷

耶穌一行人在祭禮之日前往**聖地耶路撒冷**。耶路撒冷有一座聖殿，以這個聖殿舉辦的各項活動為中心，用宗教的方式團結猶太民族。

耶穌翻倒在聖殿內進行買賣交易的人的桌子，大聲斥責。這簡直可以說是向聖殿當局下了戰帖。

最後的晚餐

祭禮（**逾越節**）有包括聚餐的禮儀，因此耶穌一行人也借了一個房間用餐。這正是達文西知名畫作「**最後的晚餐**」的場景。

逾越節是為了紀念紀念摩西帶領猶太民族逃離埃及的節日。根據傳承，猶太人在出走的前一晚，烤了無酵餅（旅行用麵包），並拿小羊的血塗在屋子的門框和門楣上。

耶穌暗示門徒們自己即將迎接死亡，告訴他們要用**無酵餅和紅酒**紀念自己。並說，餅就是自己的肉，紅酒是自己的血。這個象徵是根據逾越節的傳承而來，另外耶穌也將自己比喻成作為**犧牲**的羊。如今，這個**聖餐禮（彌撒）**成為了基督教會最重要的儀式。

背叛與友愛

晚餐時，耶穌預言有一個門徒（**加略人猶大**）將出賣他。根據《約翰福音》的說法，耶穌親自為門徒洗腳，教導信徒們要彼此愛護。

最後的晚餐

在耶路撒冷的某個家中，
耶穌與他的門徒開始用餐。

耶穌預言有位門徒（猶大）將出賣他
（馬太、馬可福音）

基督教的儀式

聖餐禮（彌撒）中，將餅和酒當作基督的身體和血吃下

↓

耶穌撕一塊餅，說道：
「這是我的身體」。

↓

耶穌拿起酒杯，說道：
「這杯是用我的血所立的新約，是為你們流出的」。

（路加、約翰福音）

↓

門徒爭論誰比較偉大。耶穌勸言：「為首領的，倒要像服侍人的」。
（路加）

耶穌為門徒洗腳，要他們以此為模範。
告誡他們要「彼此相愛」。
（約翰）

預言彼得的背叛。
「今日雞還沒叫，
你要三次說不認得我」

↓

耶穌的長篇教誨。聖靈終將降臨在信徒身上等等。
（約翰福音）

前往耶路撒冷郊外的園子祈禱。
門徒都睡著了。

↓

猶大帶著武裝的群眾出現。
耶穌遭到逮捕。

以上主要根據馬可福音的記述，其他福音書的內容也大致相同。

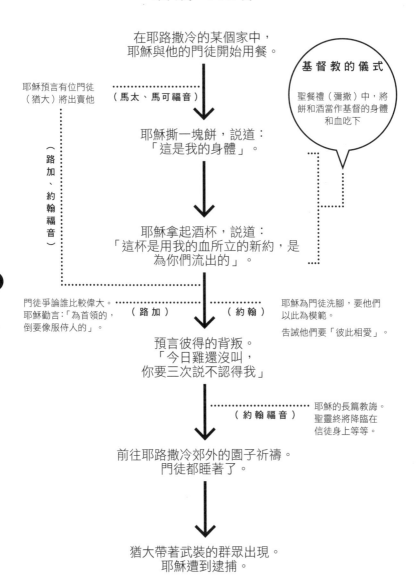

受難和復活

逮捕

用過最後的晚餐之後，耶穌一行人前往耶路撒冷郊外的園子。耶穌一人向天父禱告，門徒則都陷入沉睡。接著**猶大**帶著官兵前來，他親吻耶穌，但這是指證「首謀是耶穌」的暗號。耶穌制止了試圖反抗士兵的門徒，訓斥：「**凡動刀的必死在刀下**」。

祭司的審判

耶穌首先被帶到猶太議會（sanhedrîn），由**大祭司該亞法**宣判褻瀆罪。群眾問坐在外面的彼得是否與耶穌同夥，他卻不承認。他想起耶穌曾預言這一幕，不禁痛哭。

釘於十字架

耶穌接下來被帶到位於市內其他地方的羅馬總督官邸。祭司們希望總督執行死刑，然而**總督彼拉多**因不願招惹無謂的事端，想要放了耶穌。祭司們於是煽動群眾，要求執行死刑。受到釋放耶穌就等於是背叛皇帝的輿論壓力，只求事情快點結束的彼拉多於是判處耶穌死刑。

釘十字架是羅馬對於反叛者執行的刑罰。耶穌遭到遊街示眾，最後在各各他（髑髏地）被釘上十字架，當天就嚥下最後一口氣。死後，耶穌的支持者取回他的遺體加以安葬。

復活和顯現

三日後，抹大拉的馬利亞等女性信徒造訪墓地，有一個穿著白袍的年輕人（天使？）告訴他們耶穌不在墓裡。除了《馬可福音》之外的福音書都描述了耶穌**復活**後**顯現**在門徒面前的情形。《路加福音》則描寫耶穌在眾人面前**升天**。

受難和復活

最後的晚餐之後，
前往耶路撒冷郊外的園子祈禱。
門徒皆陷入沉睡。

↓

猶大帶著手持武器的群眾出現。
耶穌遭到逮捕。

人們問坐在議會外的彼得是否是同夥，但他三度否認。正如耶穌的預言，彼得不禁痛哭。（路加）（馬太、馬可、約翰）

↓

在猶太最高法院，
由大祭司該亞法
宣判褻瀆罪。

↓

彼拉多打算釋放耶穌，但群眾卻認為還不如釋放惡人巴拉巴。

被帶到羅馬總督彼拉多面前審問。
彼拉多雖然想釋放耶穌，
但因群眾鼓譟而宣判死刑。

被帶回統治加利利的希律王面前。（路加）

↓

讓他戴上荊棘頭冠

耶穌遭到鞭打，在耶路撒冷城外的各各他（髑髏地）被釘上十字架後死去。

耶穌最後的話語

「我的神！我的神！為什麼離棄我」
（引用舊約聖經）
（馬太、馬可）
「父啊！我將我的靈魂交在你手裡」（路加）
「成了！」（約翰）

↓

被埋葬在墓地

↓

最先得知的是婦女們（尤其是抹大拉的馬利亞）。
年輕人（天使？）宣告：「耶穌已在加利利」。

復活（墓裡沒有遺體）

↓

馬太、路加、約翰福音的內容都大不相同。
最原始的馬可福音當中沒有這段記述。

根據馬太福音，耶穌交託門徒在世界宣教。
根據路加福音，耶穌在門徒的面前升天。

數次出現在
門徒面前

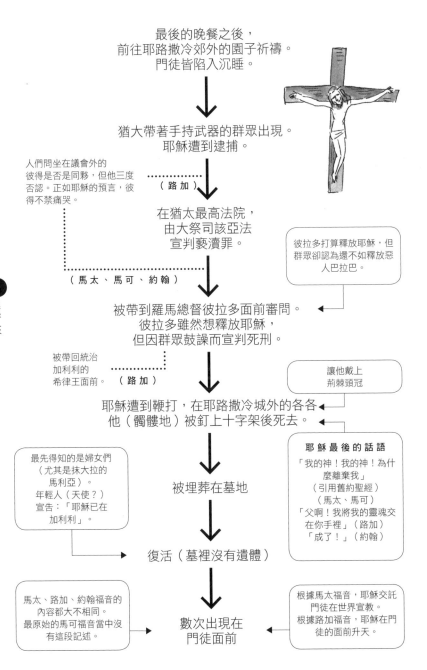

門徒

十二門徒

如同摩西十誡、釋迦十大弟子等，古代人很喜歡彙整後冠上一個數字，而猶太人又特別喜歡十二這個數字，因此以色列的部族是十二部族，耶穌的門徒也是**十二門徒（使徒）**。

大弟子彼得

門徒當中最重要的是後來當上第一任教宗的大弟子**彼得**。本名（約拿之子）西門，是住在巴勒斯坦北部加利利湖畔的漁夫。他有一個名為安德烈的兄弟，後來也成為耶穌的門徒。

耶穌以當地亞拉姆語當中有「磐石」之意的「磯法」為他命名，翻成福音書使用的希臘語就是彼得。彼得在門徒當中擔任領導者的角色，根據《馬太福音》的記述，耶穌交給他「**天國的鑰匙**」（代表他之後將成為教會的領導者）。

然而，福音書當中並沒有把彼得描寫成一個品德兼優的人。在耶穌遭到逮捕的時候，他假裝不認識耶穌。雖然熱情但卻軟弱，這也成為基督教徒的基本形象。

用比喻說教

據說耶穌會「**照他們所能聽的**」（《馬可福音》）以**比喻**說教，指的應該是傳達教誨的時候要區分一般民眾和門徒。有時門徒的理解不夠透徹，耶穌也會用謎語的方式為他們解惑。

例如若是撒下種子，有可能①被鳥吃了；②因日曬而乾枯；③落在荊棘裡遭到擠壓而無法結果；④落在好土裡，結實百倍。

這裡耶穌其實是在比喻①好不容易聽了道，卻被撒旦奪走的人；②遇到試煉就退卻的人；③被煩惱、欲望壓到窒息的人；④聽了神的話語而茁壯成長的人。

耶穌的「十二門徒」（根據對觀福音書）

彼得（Peter）	門徒之首。獲得耶穌傳授「天國的鑰匙」（馬太福音）。在耶穌死後領導教會，於羅馬郊外殉教（在今日的梵蒂岡的聖伯多祿大殿附近）。彼得是第一代教宗。 本名為約拿之子西門。耶穌為他取名「磯法」（亞拉姆語當中代表「磐石」），翻成希臘語就是彼得。
安德烈（Andrew）	彼得的哥哥。
西庇太的兒子雅各 + 約翰（James & John）	兄弟。別稱半尼其（雷之子）。
腓力（Philip）	
巴多羅買（Bartholomew）	
稅吏馬太（Mathew）	曾被認為是馬太福音的作者，但在現代這樣的說法已被否定。
多馬（Thomas）	據說是最質疑耶穌是否真的復活的人（《約翰福音》）。
亞勒腓的兒子雅各（James）	
達太 or 雅各的兒子猶大（Thaddeus or Judas）	根據馬可、馬太福音記載是達太，根據路加福音則是雅各的兒子猶大。
奮銳黨的西門（Simon Zealot）	「奮銳黨」是反羅馬且敵視非猶太教徒的武裝團體。
加略人猶大（Judas Iscariot）	被認為出賣耶穌。

門徒

抹大拉的馬利亞

抹大拉的馬利亞是基督教世界最著名的女性之一（當然，最知名的還是耶穌的母親瑪利亞）。除了在賣座電影《達文西密碼》當中被描繪成耶穌的妻子，搖滾音樂劇《耶穌基督超級巨星》裡也被當作是耶穌的愛人，但想當然聖經當中並沒有類似的記述。

女性信徒

耶穌雖從男性信徒當中挑選直屬門徒，但同時也擁有許多女性信徒。其中抹大拉的馬利亞是耶穌死後最早得知耶穌復活的女性，是相當重要的一號人物（抹大拉是地名）。

被視作是同一人的多位女性

抹大拉的馬利亞的故事之所以被放大檢視，主要是因為她被認為與福音書記述的幾位女性其實是同一人物（東方正教會對此持否定態度）。

首先，福音書當中有出現將香膏淋在耶穌頭上，或是塗在腳上再用頭髮擦乾的（多位？）女性。根據不同的福音書，這件事發生的時間和女性的立場都不相同（有的寫成耶穌友人**拉撒路的姊妹**，有的寫作「**罪孽深重的婦女**」）。

另外，《約翰福音》當中還有出現犯下**姦淫之罪**，差點被判處石刑，最終被耶穌救下的女性。

如果這些女性都是同一個人，那就代表耶穌的身邊隨時都有一個親密的女性相伴，使得後世的男性擅自發揮想像力，編造出她是耶穌愛人（而且曾是娼婦？）的插曲。

《馬利亞福音》

諾斯底主義（→214頁）的文獻《**馬利亞福音**》（三～五世紀的文獻）將馬利亞描繪成在彼德之上的門徒，負責傳遞耶穌的話語給男性門徒，受到今日女性主義者的矚目。

抹大拉的馬利亞

福音書當中記述的「抹大拉的馬利亞」

曾被 7 個惡靈附身，但被耶穌治癒，之後作為耶穌的門徒，隨侍左右。
（路加福音）

最先看到耶穌復活。
（約翰福音）

福音書當中記述的其他女性

受難前將香膏淋在耶穌頭上的女性
（馬太、馬可福音）

「罪孽深重」的婦女用頭髮擦拭耶穌的腳
（路加福音）

拉撒路的姊妹馬利亞因耶穌而起死回生。她也用頭髮擦拭耶穌的腳
（約翰福音）

因姦淫罪而差點被判處石刑，獲得耶穌的解救。
（➡ 180 頁）
（約翰福音）

各種形象結合

↓

抹大拉的馬利亞被描繪成地位在彼德之上的門徒（諾斯底主義的文獻《馬利亞福音》）

從**女性主義**視角備受矚目

後世對於「抹大拉的馬利亞」的印象以悔改的妓女逐漸定型！

進一步發揮想像力……

馬丁・史柯西斯導
尼可斯・卡贊扎基斯原著
《基督的最後誘惑》
（1988 年）

耶穌與抹大拉的馬利亞結婚！？

洛伊・韋伯作曲的音樂劇
《耶穌基督超級巨星》
（1971 年首次公演）

抹大拉的馬利亞是耶穌的愛人！？

丹・布朗原著
《達文西密碼》
（2003 年、2006 年改編電影）

現在仍存在耶穌和抹大拉的馬利亞的子孫！？

《使徒行傳》

路加被認為是《**路加福音**》作者，他執筆寫下了前篇的福音書（所謂的耶穌傳）與後篇的《**使徒行傳**》，紀錄從耶穌開始直到耶穌門徒和徒孫的活躍故事。

異國語言和宣教的開始

福音書的最後耶穌復活，出現在門徒面前，而《使徒行傳》則在開頭延續了這個場面。耶穌應許聖靈將降臨在信徒身上後升天。在**五旬節**（猶太教的節日）時，依照約定，信徒被聖靈充滿，開始說起不同的語言。這就是基督教宣教之始。

初期的宣教中心地是耶路撒冷。彼得等人雖說著當地方言，但說希臘語的信徒愈來愈多。後來相當於他們領袖的**司提反**因遭反對者以石頭擲打而殉教，迫害四起；信徒們於是流散各地，但這同時也是福音廣為揚傳的開始。

保羅的傳道旅行

記載中亦有名為**保羅**的人物登場。他原是虔誠的猶太教徒，不允許相信耶穌復活的新興宗教，毫不留情地迫害信徒，直到在敘利亞的大馬士革因故皈信，成為積極的耶穌傳道人。保羅也致力於向猶太人以外的人傳道；他曾前往現今土耳其、希臘一帶，進行三度的**傳道旅行**（他還向各地發出書信，這些信件收錄於《新約聖經》的中段部分）。

遭到民眾襲擊的保羅雖受到官兵的保護，卻因提出要上告皇帝而被押送到**羅馬**。根據記錄他在羅馬向猶太人宣揚自己的神學。

（結果保羅在羅馬殉教，而《使徒行傳》正是以基督教的神髓進到了當時的「世界首都」羅馬為主題寫成。）

《使徒行傳》

「**使徒**」指的是見到復活後的耶穌，接受傳道使命的人。例如十二門徒等。

復活後的耶穌立下約定。
聖靈終將降臨信徒身上。
之後耶穌**升天**。

使徒行傳是**路加福音**的續篇。耶穌交棒給使徒們！

五旬節（猶太教的節日）時，
耶路撒冷的信徒們都被聖靈充滿，
說起不同的語言。

耶穌已經不在，信徒以聖靈的形式與神相遇。

基督教在羅馬帝國是從東向西傳開。一開始是作為猶太教的一派，後來由於開始向猶太教徒以外的人宣教，因此成為獨立的宗教。

信徒在各地傳道

使徒保羅改變想法，開始傳道。
成為重要的傳道家旅行各地。
尤其致力於向非猶太人宣揚福音。

保羅一開始迫害基督教信徒，但有一天見證復活的耶穌，因而**皈信**。

保羅寫信給各地的信徒。這些信件後來收錄在**新約聖經**當中。

保羅最後前往羅馬

羅馬是帝國的首都。對於基督教傳教來說是非常重要的地方。然而，保羅和彼得據說都是在羅馬殉教。

保羅

贖罪的神學

基督教最難以理解的教義是始祖基督背負著人類的罪而死。這幾乎是從基督教創始之初就為人闡述的教義，但實際上在文獻當中留下紀錄的是相當於基督徒孫的**保羅**。

亞當和基督

根據保羅所言，人類始祖**亞當**在伊甸園的時候，違背神的囑咐吃下禁果。背離神的行為稱作**罪**，而自亞當以來，人類便染上了罪（這個狀態稱作**原罪**）。

與此對比的是**基督**。他以無罪之身因為順從神而被釘在十字架上死去。由於這般對神的順從，因此從基督之後，人類的罪便獲得赦免。「**因一人的悖逆，眾人成為罪人；照樣，因一人的順從，眾人也成為義了**」（《羅馬書》第5章）。

贖罪

這稱作基督的**贖罪**。「贖」與「購」同源，指的是償還的意思。也就是基督代替人們償還了名為「罪」的債務。

關於沒有遵守神的律法（聖經當中的戒律），也就是犯下了罪，猶太教徒是藉由反覆犧牲（犧牲動物祭祀的儀式）的方式來洗淨罪。相對於此，基督則是背負所有的罪一次洗清，因此，基督被釘在十字架上死亡被視為是一種犧牲。

信仰和審判

雖然人類的罪被赦免，但沒有這個自覺的人還是無法獲得原諒。藉由信仰**基督**——也就是感謝基督洗淨人類的罪，進而效忠基督——如此一來就可以被赦免。每一個人的心，在死後（或是最終審判日）都將接受基督的**審判**。

亞當和基督

亞當

神話中的人類始祖。
可以理解成將所有人類
描繪成一個人。

相當於佛教所
說的「煩惱」
或「業」

基督

一次消除所有
人類的罪。

贖罪 **救贖**

人類都有罪＝「原罪」

伊甸園的傳說

違背神的囑咐，偷嚐禁果，
被逐出樂園。

受難和復活的傳承

說到底都只是順從神的意志，
沒有罪卻承受苦難。

“亞當犯罪” ……「原罪」……▶ “基督贖罪”

“亞當死去” ……人類終有一死……▶ “基督復活”

信仰基督者 可以獲得赦免和永生

贖罪的象徵

「購」＝「償還」

代替我們「償還」了名為
罪的「債務」！

基督＝犧牲的動物？

猶太教會藉由犧牲動物來洗清罪

英雄的犧牲

稱頌為了群眾而赴死的英雄

背負罪的神明

日本的大祓人偶和流雛人偶
都是一種背負罪的神明

4 基督教

保羅　死與復活

基督教神學當中另一個較難理解的要素就是基督死而復活的教義。基督教會與其說是從耶穌生前教導眾人的時候發跡，不如說是從基督死而復活的傳言廣為流傳之後才開始起步。

亞當的死與基督的生命

保羅如此寫道：「**在亞當裡眾人都死了；照樣，在基督裡眾人也都要復活**」（《哥林多前書》第15章）。保羅在這裡也對照亞當和基督。人類始祖亞當不僅違反神的旨意犯下罪，而且成為了會死之身。相對於亞當，救世主基督則擁有永遠的生命。「**我們若在他死的形狀上與他聯合，也要在他復活的形狀上與他聯合**」（《羅馬書》第6章）。

信徒的重生

信徒藉由受洗將一切交付給基督。對於基督的死感同身受，視作自身的罪已死。也因為基督的復活，罪孽深重的自己能夠在神的面前重生。

保羅說：「**我已經與基督同釘十字架，現在活著的不再是我，乃是基督在我裡面活著**」（《加拉太書》第2章）。因為基督才能活著，代表信徒內心就像是有著自我和基督的雙層結構。因此，就算自己軟弱，由於還住有強大的神，所以能夠忍受迫害。「**我為基督的緣故，就以軟弱、凌辱、急難、逼迫、困苦為可喜樂的；因我什麼時候軟弱，什麼時候就剛強了**」（《哥林多後書》第12章）。

「復活」的各種意義

如同字面意義的復活 → **精神上的意義**

亡者起死回生

就算死了也可以像活著的時候一般交流

「生命」之神

耶穌：「復活在我，生命也在我」

於心中復活

保羅在心中遇到耶穌

來世的復活和神的審判

個人死後的想像
世界末日的想像

新的人生

信徒都是
「死而重生之人」

救贖和審判

下面就來對照佛教進行說明。

罪與義

佛教是從認清自己的煩惱開始。同樣地，基督教是從認清自己的**罪**開始。這個罪指的並不是違反法律，而是倫理方面的深刻反省。

如果說佛教是藉由修行克服煩惱來獲得菩提（開悟）的遊戲，那麼基督教就是透過**信仰**，從罪邁向**義**的遊戲。由於偏離神之所望是罪，因此符合神之所望就被認為是義。

信仰

佛教的入門者首先要皈依三寶，基督教則要先**接受洗禮**。

佛教的一般信徒（在家者）可以一邊從事世俗的工作，一邊遵從佛法。專門的修行者（出家者）則要遵守嚴格的戒律，持續修行。至於基督教，一般的信徒應遵守教會神父和牧師的教誨；專門的修行者稱作**修道士**或**修女**。以英文來說，佛僧（出家者）和修道士的英文都是「monk」。無論是一般信徒或是修道士，參加每個星期日的儀式（**聖餐禮、彌撒**）是信仰的基本。

死後審判

人生結束之後，佛教會根據生前的所作所為，迎接善或惡的轉世（負責審判的是閻羅王）。人生不僅有一次，而是不斷地輪迴，以成佛為最終的目標。相較之下，基督教則認為死後會接受基督的**審判**。行善者可以前往**天國**，行惡者則會下**地獄**。

然而，另一方面天主教會則認同**煉獄**的存在。幾乎所有人都要在煉獄償還生前的罪，最終前往天國，可說與佛教經過輪迴後最終成佛的概念類似。

基督教的系統

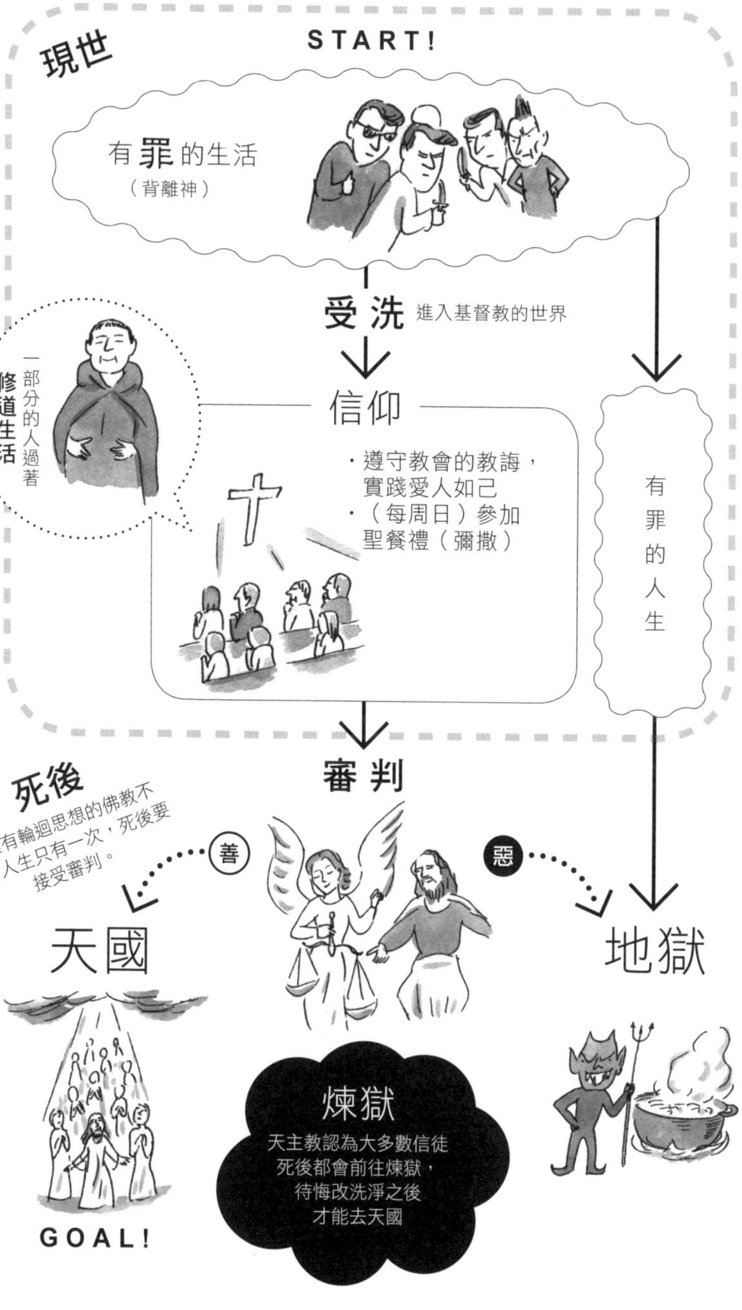
現世
START!
有罪的生活
（背離神）
受洗
進入基督教的世界
一部分的人過著修道生活
信仰
・遵守教會的教誨，實踐愛人如己
・（每周日）參加聖餐禮（彌撒）
有罪的人生
審判
死後
與擁有輪迴思想的佛教不同，人生只有一次，死後要接受審判。
善
惡
天國
地獄
GOAL!
煉獄
天主教認為大多數信徒死後都會前往煉獄，待悔改洗淨之後才能去天國

救贖之道

洗禮和聖餐

救贖之道當中有兩個重要的儀式，那就是洗禮和聖餐禮。

洗禮（**baptisma**）是將水淋在頭上（或是整個人浸在水裡）的儀式。透過這個儀式代表進入基督教的世界。

這是表明自己決定此生都是基督徒的表現，但傳統教會亦會進行**幼兒洗禮**。在過去的社會，比起個人的決心，更強調要融入社會成為其中一員，因此如果雙親是基督徒，那麼孩子也自然會是基督徒。

根據聖經的記載，始祖基督接受**施洗約翰**的洗禮。施洗約翰為了準備迎接由神統治的新時代，於是勸說人們懺悔自己的罪，浸在約旦河的水裡改過自新。

聖餐

聖餐禮是為了紀念基督而舉行的儀式。天主教會稱作**彌撒**，正教會稱作**聖禮儀**。根據聖經記載，基督在背負十字架受難前一晚，與門徒共進最後的晚餐。席間，基督拿起餅和紅酒要門徒將其當作是自己的肉和血。基督就好像是祭祀的牲口一般犧牲死去，因此才以肉和血作為象徵。

教會遵循此傳承，每到周日就會集結信徒領取餅和紅酒。

七個聖禮

新教一般只舉行洗禮和聖餐禮，但天主教會和正教會同時也重視其他五個儀式。分別是**堅信禮**（信仰的確認）、**懺悔禮**（告解）、**神職授任禮**（神父等神職人員的認定）、**婚禮**以及**膏油禮**（生病或死亡時舉行的儀式）。天主教會將這七個儀式合稱七個**聖禮**。

基督教的重要儀式

❶
洗禮
下定決心入教！

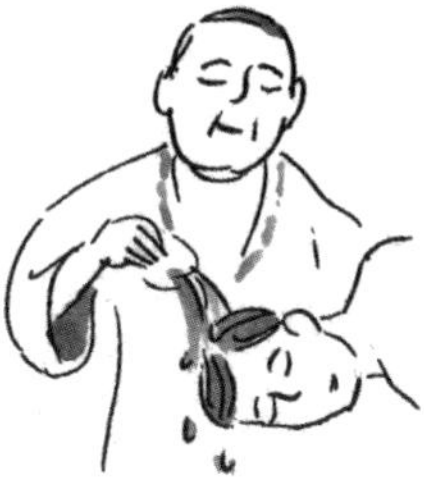

也有幼兒洗禮

❷
聖餐禮

・天主教會稱作**彌撒**，
正教會稱作**聖禮儀**。
・每周日都會紀念基督。
・象徵基督身體的餅稱作聖體。

❸
堅信禮
信仰的確認

❺
懺悔禮
（告解）
坦承所犯的罪

❼
神職授任禮
神職人員的認定

❹
婚禮
在神的面前舉行結婚式

❻
膏油禮
昔日生病或死亡時舉行的儀式

天主教會將這七個神聖的儀式合稱為

聖禮
（Sacrament）

聖誕節和復活節

基督教一年之中最重要的節日就是聖誕節和復活節，紀念基督的誕生和死亡。

紀念誕生

聖誕節是紀念**耶穌降生**的節日，但實際上並不清楚耶穌誕生的日子。羅馬帝國有信仰不同神明的眾多信仰，也有許多新興宗教。在基督教流行之前曾盛行屬於波斯系統的**密特拉教**。密特拉斯（Mithras）是太陽神，信徒會在羅馬曆冬至的十二月二十五日祭拜他；其目的是為了在一年之間太陽的力量最弱的冬至，祈求太陽的復活。

與這個宗教屬於競爭關係的基督教會，於是搬出了「聖誕節」和密特拉教打對台。這個節日作為教會的節慶普遍舉行，是耶穌死後過了約四百年才開始的。另外，英語「Christmas」代表的意思是「基督的彌撒」。

裝飾常綠樹當作**聖誕樹**的傳統，其實也是來自異教。**聖誕老人**則是結合了孩子的守護者聖尼古拉（四世紀）的故事而來。

紀念死和復活

紀念耶穌受難和復活的**復活節**是基督教最重要的節日。從前一晚開始，就要徹夜朗誦聖經、舉行彌撒。當初除了在猶太教逾越節的時候舉行，且日期會選在根據猶太曆於春分月圓過後的第一個周日，這般複雜的規定使得這個節日除了基督徒之外很少有人知道。此外因為曆法上的不同也導致西歐和東歐正教會的復活節日期會有出入。

紀念聖靈降臨

另一個重要的節日是**五旬節**。這是為了紀念耶穌升天後，聖靈降臨在信徒身上後開始說起不同語言的事蹟。

基督教的主要節日

	東方正教會	天主教會	聖公宗	信義宗
1月6日	洗禮節	主顯節	顯現日	顯現日
2月2日	主進堂節	獻主節	獻聖嬰日	
3月25日	聖母領報節	預報救主降生節	聖瑪利亞聞報日	聖母瑪利亞
（7日前）	主進聖城節	受難主日	復活前主日	棕枝主日
（變動節日）	**復活節**	**復活節**	**復活日**	**復活日**
（40日後）	主昇天節	耶穌昇天	昇天日	昇天日
（50日後）	**聖靈降臨使徒節（五旬節）**	**聖神降臨**	**聖靈降臨日**	**聖靈降臨日**
8月6日	主易聖容節（顯榮節）	基督易容顯光日	基督易容顯光日	（主之易容）
8月15日	聖母安息節	聖母蒙召昇天節	聖母昇天節	
9月8日	聖母誕生節	聖母誕辰		
9月14日	舉榮聖架節	光榮十字聖架		
11月1日		諸聖節	諸聖日	全聖徒
11月21日	聖母進堂節			
12月25日	**聖誕節**	**聖誕節**	**聖誕節**	**聖誕節**

正教會一年之中最重要的節日就是復活節 +12 節日。日本正教會將聖母瑪利亞稱作生神女，也就是生下耶穌的女性。共有四個與聖母相關的節日。

新教的節日簡化，較不重視與聖母瑪利亞相關的節日。

聖母瑪利亞

耶穌的母親瑪利亞也許是世界上最出名的女性，在伊斯蘭世界裡也很著名。馬太福音和路加福音記載，瑪利亞以處女之身生下耶穌。耶穌是神之子，他的母親瑪利亞是生下神之母（日本正教會稱她為「生神女」）。英語一般稱她「Our Lady」、法語稱「Notre-Dame」、義大利語稱「Madonna」、日語稱「聖母」。據說初期的教會就已經有崇敬聖母瑪利亞的習慣。原本在地中海世界就有信仰伊西斯（埃及）、伊絲塔（東方）、阿佛洛狄忒（希臘）、維納斯（羅馬）等女神的傳統。從古代便有聖母不具原罪的說法，天主教會以此為教義，但新教則加以批判。

修會

什麼是修會？

相較於佛教是以出家者為中心構成組織，並由在家者圍繞在其周邊，基督教會則是以一般教徒的信仰為基礎，特別想要修行（修道）的人才會成為**修道士**或**修女**。修道士或修女的集合團體稱為**修會**，共同生活的地方即稱作**修道院**。

修道院制度在古代和中世紀的東方正教會與天主教會蓬勃發展，一直延續至今。近代誕生的新教諸教會則廢止了這個制度。修道士和修女持守**清貧**、**貞潔**、**順從**的誓言，全心全意奉獻給基督。修道士會在院內向神默禱，而對世俗則致力於傳遞福音和慈善工作。

自古以來的修會

天主教的修會有許多派別。**本篤會**和**嚴規熙篤隱修會**是在修道院內過著以向神祈禱為主的生活。遵守古代**聖本篤**所制定的嚴格戒律，不僅祈禱，同時從事釀葡萄酒、製造食品、農耕、聖經研究和抄本等知識性勞動。位於北海道函館的嚴規熙篤隱修會就以製造餅乾聞名。

近代的修會

中世紀末期出現被稱為托缽修會的**方濟會**和**道明會**。過去的修會發達於中世紀的農村社會；近代之後隨著都市社會的快速發展，走出修道院在世俗社會中活動的托缽修會進而興起。方濟會的創始者是以清貧生活為信條的**亞西西的方濟各**，據說他還曾向小鳥講道，是相當知名生態保育聖人。

此外，近代初期誕生的**耶穌會**則在天主教的宗教改革上不遺餘力。來到日本宣教的**方濟．沙勿略**便是耶穌會的創始者之一。

天主教的各種修會

本篤會

源自聖本篤於 6 世紀開創的修道院。
以「祈禱工作」為信條。

加爾默羅會

自 12 世紀起。
過著與世隔絕的靜思生活。目標與神合而為一。

中世紀時
克呂尼會
興盛。

熙篤會

自 11 世紀起。
批判中世紀修道院的墮落，
目標回歸戒律。

19 世紀派生出
嚴規熙篤隱修會。

方濟會

13 世紀由亞西西的方濟各創始。
以托缽生活、清貧為信條
於各地宣教。
與方濟各一同活動的嘉勒
也創立了嘉勒隱修修女會。

道明會

13 世紀由道明．古斯曼創立。
靜思基督並講道。
中世紀的大哲學家，
《神學大全》的作者多瑪斯．
阿奎那也是道明會士。

耶穌會

16 世紀由依納爵．羅耀拉等人創始。
擔任近代教會改革的主力。
向日本傳教的方濟．沙勿略也是
創始者之一。

聖人們

崇敬聖人

天主教會和**東方正教會**有崇敬聖人的信仰。聖人指的是少數過著極度虔誠生活的人物或是殉教者，他們是信徒的模範，以大乘佛教來說就好比那些作為求道者被理想化的超人菩薩（觀音菩薩、文殊菩薩等）。

認定某人為聖人的過程稱為**封聖**，由教會正式加以認可，且必須經過慎重的手續。然而在教會認可之前，這些人多半已經受到民眾的熱烈推崇，教會不過是掛上保證而已。

主保聖人

聖人中也有守護某個人、職業或地區的**主保聖人**。只要向聖人祈禱，他就會傳達給神，帶來保佑。雖然是一種對現世利益的追求，不過也算是傳道的一環中負責具體傳達神之恩惠的角色。接著就來介紹幾位有名的聖人。

聖尼古拉……四世紀位於現在土耳其地區的主教。是一個會送禮物給小孩、救人於困境的親切老人。同時也是聖誕老人的起源。紀念日是十二月六日。

聖派翠克……四～五世紀愛爾蘭的傳教士。是著名的愛爾蘭主保聖人。據說他推廣修道生活，愛爾蘭因此成為修道院蓬勃發展的天主教國家。紀念日是三月十七日。

亞西西的方濟各……托缽修會方濟會的創始者（十二～十三世紀），同時是著名的生態守護聖人，相當具有人氣。紀念日是十月四日。

抹大拉的馬利亞……耶穌的友人，同時也是第一個目擊耶穌復活的人。傳統上認為她與福音書當中的「有罪女性」是同一個人，但並無確切證據。守護的對象是悔改的女性，今日作為女性主義的象徵而知名。紀念日是七月二十二日。

天主教會的聖人和天使

大天使加百列

節日：9月29日

守護所有人的信仰守護天使。因為擁有秤量死後靈魂善惡的天秤，也被當成麵包店的守護者。

聖尼古拉

節日：12月6日

小孩、船員、商人等的守護者。
四世紀的主教。親切的老人。
聖誕老人的起源。

亞西西的 方濟各

節日：10月4日

生態保護的代表人。
12-13 世紀方濟會的創始者。

盧爾德的 貝爾納黛特

節日：4月16日

慢性疾病的守護者。
19 世紀在法國的盧爾德看到聖母瑪利亞顯靈。
盧爾德今日仍以信仰治療聞名。

方濟・沙勿略

節日：12月3日

傳教士、航海者的守護者。
16 世紀耶穌會的創始者之一。
前往亞洲各地宣教，以日本最為成功。

抹大拉的 馬利亞

節日：7月22日

悔改女性的守護者。
第一個看到耶穌復活的人。
今天成為女性主義的象徵。

聖克里斯多福

旅人的守護者。
傳說中的巨人，現在從聖人降級。
據說曾背著一個小孩渡河，發現他的重量有如全世界，而這個小孩其實就是耶穌。

聖派翠克

節日：3月17日

守護不被蛇咬。
愛爾蘭的主保聖人。
4-5 世紀的愛爾蘭傳教士。

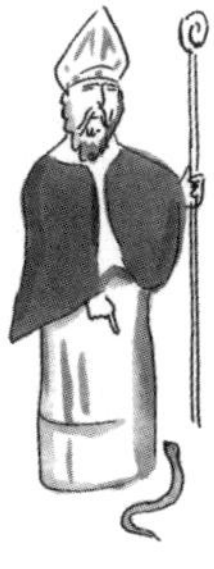

國柏神父

節日：8月14日

政治犯、吸毒者的守護者。
透過雜誌等抵抗納粹，最後死在奧斯威辛。

中東的諸教會和東方正教會

基督教的四個系譜

與佛教相同，基督教也有無數個派系，大致可以區分成①中東的諸教會、②東方正教會、③羅馬天主教會、④新教諸教會的四個系譜。③和④請參閱210頁和212頁。

①中東的諸教會

科普特正教會、**埃塞俄比亞正教會**、**敘利亞正教會**、**亞美尼亞教會**等皆是自古以來存在的中東諸教會。科普特指的是埃及，在今日以伊斯蘭教為主流的埃及依舊具有數百萬信徒。

這些教會仍遵守自古以來的儀式和作法（典禮）。古代羅馬末期諸教會在整理基督相關教義的時候，中東諸教會對於部分教義與希臘、羅馬諸教會的見解出現分歧；即關於基督擁有的人性和神性這兩種性質，採用了僅承認神性的單性說。

②東方正教會

位在相當於古代羅馬帝國時代以希臘語為官方用語地區的諸教會稱作**東方正教會**，通稱「**希臘正教**」。主要據點位於今日希臘和伊斯坦堡周邊（古代的君士坦丁堡），同時也有擴展到北方的斯拉夫語圈。以民族或國家為單位成立教會，分為希臘正教會、保加利亞正教會、俄羅斯正教會、塞爾維亞正教會等等，各自將翻譯成當地語言的聖經奉為圭臬。

日本明治時代，俄羅斯的傳道士尼古拉神父將東正教傳入日本，創立了**日本正教會**。

東方正教會的特徵是重視典禮，尊崇**聖像畫**。聖像畫和佛畫類似，主要以固定形象描繪基督和聖人的事蹟，信徒則透過聖像畫瞻仰神的國度。

基督教會的分裂歷史
和今日的諸教派與教會

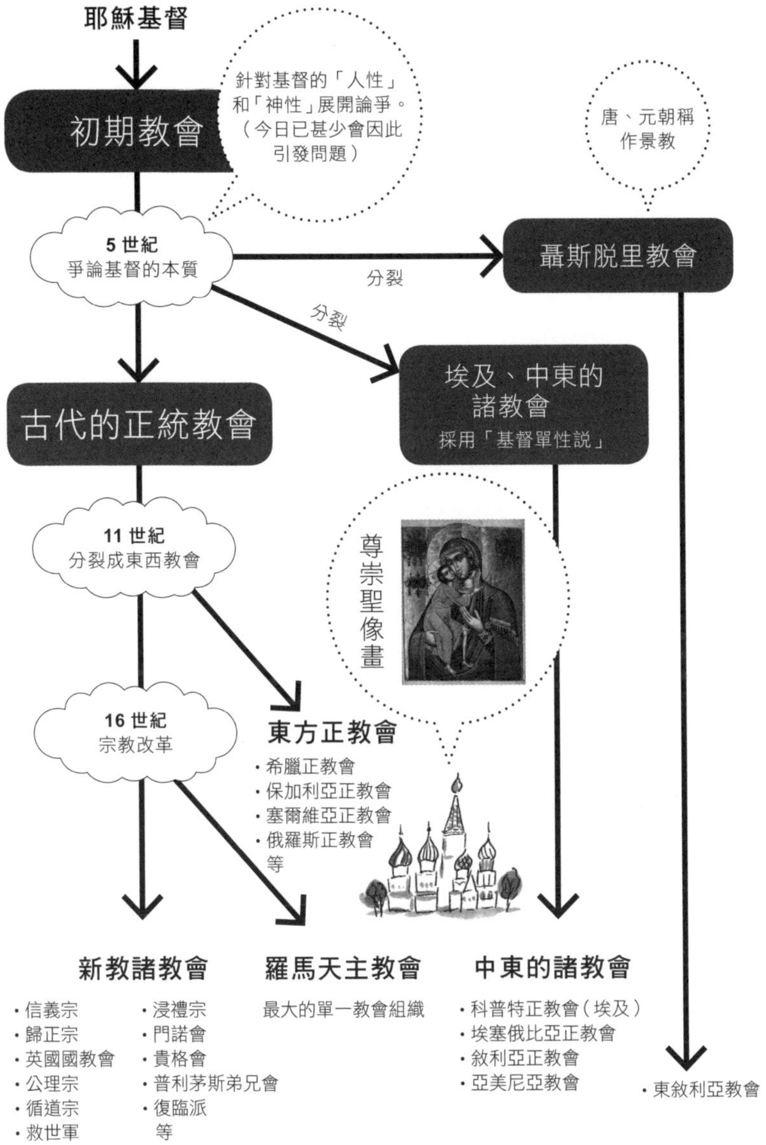

基督教繼續發展出各種宗派與教派……

教派

羅馬天主教會

下面介紹208頁四系譜當中③的**（羅馬）天主教會**。

最大的教會

這是以位於羅馬郊外，在古代羅馬帝國時代統管拉丁官方語言區的**梵蒂岡**（**聖伯多祿大殿**）為根據地的單一組織。以**教宗（羅馬主教）**為首，形成金字塔型的結構，是擁有許多相關組織的基督教最大教會組織。也可說是世界最大的宗教組織。

以地區來說，其勢力範圍遍及義大利和西班牙等南歐、法國、愛爾蘭、德國南部、波蘭以及中南美和菲律賓，就連在美國也是僅次於新教的一大教派。

東西教會的分裂

在古代，天主教會和②東方正教會所屬諸教會本都屬於同一基督教會組織展開活動。但由於典禮、教義以及組織上的差異，東西的教會（東方正教會和羅馬天主教會）最終於十一世紀**分裂**。

根據聖經的記載，基督（象徵性地）將天國的鑰匙交給了他的大弟子**彼得**（天主教中譯為伯多祿）。彼得領導教會並殉道之處便是位於羅馬，因此羅馬天主教會也自認是所有基督教會之首（彼得為第一代教宗）。

主教和修會

舉行彌撒等儀式，指導信徒的單身男性為**祭司**，一般信徒習慣稱他們為「**神父**」。管理祭司的是主教，上面還有大主教。組織之首乃是教宗，輔佐他的人稱為樞機，而此人必須要是主教。此外，天主教會也有包含本篤會、方濟會、道明會、耶穌會在內等許多**修會**。

教會建築的變遷

中世紀、近代的天主教聖堂

巴西利卡式聖堂

有柱廊和採光用
高窗的集會建築
成為教會堂。

正教會的聖堂

▼

羅馬式建築

11～12 世紀。厚牆、粗柱、
半圓形拱門。

西歐標準的
十字架

〔克呂尼修道院〕

哥德式建築

12～16 世紀。
建築的精緻度增加，
打造極高的屋頂。

〔巴黎聖母院〕

文藝復興到巴洛克

追求古典的形式美，
創造視覺上的戲劇效果。

〔聖伯多祿大殿〕

▼

拜占庭式建築

以圓頂實現了巨大的空間。

〔聖索菲亞大教堂〕

希臘十字

俄羅斯教會

俄羅斯十字架
罪狀牌
腳踏木

〔聖瓦西里主教座堂〕

新教的樸素教堂

新教教堂的裝飾很少。十字架也
多半是單純的幾何圖形。

日本近代的教堂建築

〔大浦天主堂〕（長崎）
天主教

〔函館正教會〕
正教會

教派

新教諸教會

接著就來介紹④的新教諸教會。

大量出走

羅馬天主教會是以教宗為中心的強大金字塔型組織。十六世紀，以北方的諸教會為中心陸續脫離羅馬的支配，開創獨立的教派。新教諸國包括北歐、荷蘭、德國北部、英國等西歐各國，以及新興世界的美國、加拿大、澳洲、紐西蘭等。整體來說大多都屬於先進國家，因此也有人認為新教和近代資本主義十分合拍。

馬丁路德的抗議

導致大量出走的直接原因是羅馬教會開始販賣贖罪券（赦罪符）。由於人類死後必須在煉獄反省生前的罪，因此教會聲稱贖罪券能用來減除煉獄之苦，希望以此作為財源，從神學的觀點來說就是「用金錢換買靈魂的救贖」。教會墮落的行徑除此之外亦層出不窮，對此德國的馬丁．路德於是將針對教義的疑問整理成九十五條論綱，提出異議。也因此開啟了基於聖經、信仰、在神面前人人平等為原則的宗教改革運動。

各種教會

屬於新教諸教會的主要教會（宗派、教派）除了源自馬丁路德的**信義宗**（也稱路德宗）之外，還包括由重視定律的加爾文開創的**歸正宗**（＝長老派）、英國國王決定獨立開創的**英國國教會**（＝聖公宗、聖公會）、由來自清教徒的**公理宗**、提倡虔誠生活的衛斯理兄弟所開創的**循道宗**（救世軍就是屬於此派別）、進行全身洗禮的**浸禮宗**、不靠聖經而是靠神的聲音尋找真理的**教友派**（又稱貴格會）、在周六舉行禮拜的**復臨派**等。

新教的諸教派

信義宗

由 16 世紀領導宗教改革的馬丁路德開創。新教最大的教派。強調不是靠善行，只有信仰才是獲得救贖之道。

歸正宗（＝長老制）

繼承慈運理、加爾文等瑞士宗教改革者傳統的教派。在救贖和毀滅方面強調神的絕對性。

英國國教會（＝聖公宗、聖公會）

16 世紀脫離教宗，成為國民教會。制度上來說接近天主教會。

公理會（＝會眾制）

16 世紀脫離英國國教會。重視地方教會的自治。在美國建設普利茅斯殖民地，也是英國清教徒革命的主力軍。

浸禮宗

17 世紀英國清教徒革命時期誕生的教派。在美國擁有一定的勢力。強調教會和國家分離，以聖經作為生活的規範，否定幼兒洗禮。

循道宗

18 世紀由英國衛斯理兄弟主導的信仰復興運動。在美國亦有擴展。致力於福音傳道和社會運動。

教友派（＝貴格會）

17 世紀誕生於英國的教派。不依靠聖經和信條，重視神對於每一個靈魂所做的工作。主張和平，拒絕兵役。

復臨派

19 世紀於美國興起的教派，期待基督的再臨。例如基督復臨安息日會等。重視健康。

救世軍

19 世紀由循道宗的卜維廉創設，為向貧者傳道的軍事化組織教派。在日本以稱作「社會鍋」的募款活動出名。

迫害和諾斯底主義

一開始不過被視為猶太教一個小分支的基督教會，經過數世紀的時間不斷地擴展勢力，最終還成為羅馬帝國的國教。以下簡單地介紹這一段歷程。

從猶太教獨立

羅馬曾打壓猶太教，西元七〇年時佔領耶路撒冷將聖殿拆毀，因此流亡的猶太教徒以拉比為中心開始了共同生活。另一方面基督教徒則也向猶太人以外的人宣教，與猶太教完全分離。

迫害和殉教

基督教徒只信仰創造天地的神，不參加羅馬包含皇帝在內的各種神明祭典。羅馬當局經常因此**迫害**基督教徒，其強度有時比較和緩，有時又異常蠻橫，而為此**殉教**的人會成為聖人。《新約聖經》最後收錄的《**啟示錄**》以預言形式描繪最後審判的場景，亦象徵可恨羅馬的毀滅。

異教和諾斯底主義

羅馬帝國存在著各種民族性神明的信仰，也有名為**密特拉教**的新興宗教與基督教競爭。與此同時，被稱作**諾斯底主義**的宗教思潮亦逐漸擴展勢力，宣揚世界是由惡神創造，而人類被囚禁其中，必須透過知識（諾斯底）向世界之外尋求救贖。這股風潮充滿著密教神話的色彩，就連基督教內部也有許多傾向諾斯底主義的教派，誕生出《馬利亞福音》等諸多經典。

教會的主流派認為諾斯底主義偏離正軌，逐步整頓能與之抗衡的教義和組織，推動以《**新約聖經**》為正典，並確立**三位一體**為基本教義。到了四世紀，基督教正式**國教化**。

基督教會的體制化

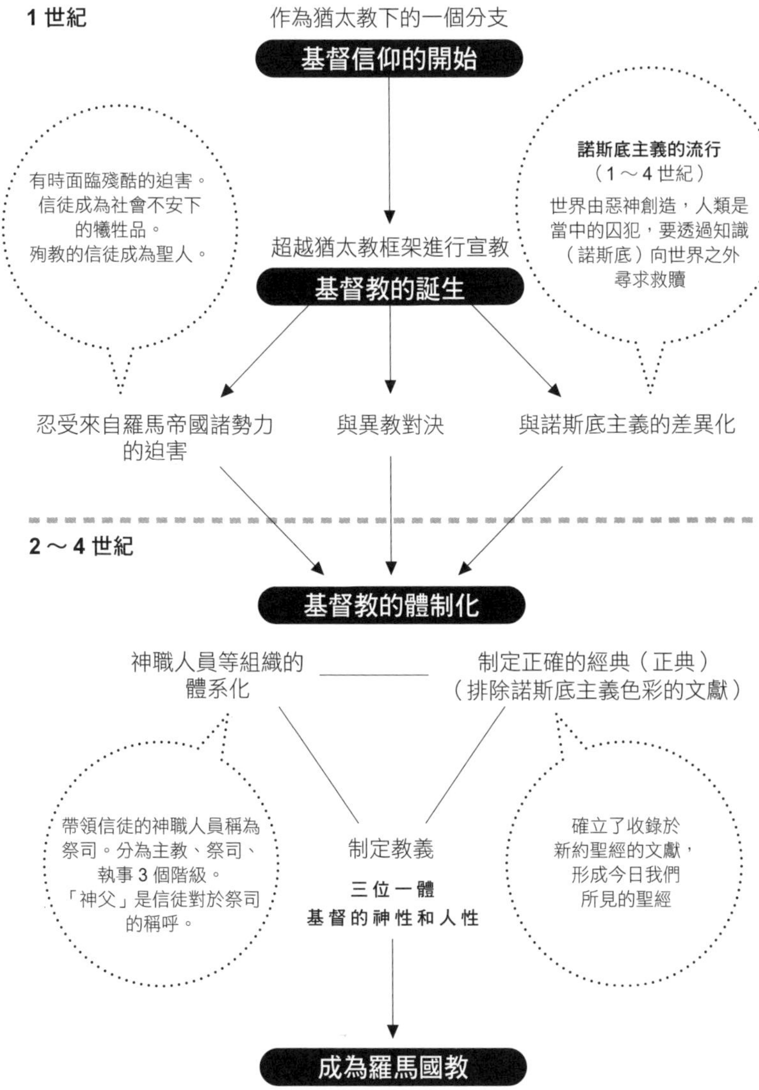
1 世紀
作為猶太教下的一個分支
基督信仰的開始
有時面臨殘酷的迫害。
信徒成為社會不安下
的犧牲品。
殉教的信徒成為聖人。
諾斯底主義的流行
（1～4 世紀）
世界由惡神創造，人類是
當中的囚犯，要透過知識
（諾斯底）向世界之外
尋求救贖
超越猶太教框架進行宣教
基督教的誕生
忍受來自羅馬帝國諸勢力
的迫害
與異教對決
與諾斯底主義的差異化
2～4 世紀
基督教的體制化
神職人員等組織的
體系化
制定正確的經典（正典）
（排除諾斯底主義色彩的文獻）
帶領信徒的神職人員稱為
祭司。分為主教、祭司、
執事 3 個階級。
「神父」是信徒對於祭司
的稱呼。
制定教義
三位一體
基督的神性和人性
確立了收錄於
新約聖經的文獻，
形成今日我們
所見的聖經
成為羅馬國教

中世紀歐洲和十字軍

東西羅馬

基督教於四世紀成為羅馬的**國教**，不久之後羅馬帝國東西分治，已經無法維持一個巨大的帝國。

東側的羅馬帝國就是所謂的**拜占庭帝國**，以君士坦丁堡（今伊斯坦堡）為中心持續繁榮發展。在拜占庭，皇權和教會的權力彼此聯手合作，俄羅斯帝國也繼承了這樣的理念。

反觀西側的羅馬帝國隨後便面臨崩壞。日耳曼諸民族湧入，改變了民族的地圖分布，教會成為支撐文明的燈塔。西元八〇〇年，日耳曼一族的法蘭克國王**查理曼**獲得教宗認可為羅馬皇帝，在聖伯多祿大殿舉行加冕儀式。法蘭克王國是今日法國、德國與義大利諸國的起源；在西歐，皇帝和教宗的權力之間保持著緊張的二元關係。

東方的斯拉夫人和西方的日耳曼人都逐漸改信基督教。然而，自古以來對異教神明的信奉和祭祀儀式依舊作為民間信仰潛藏於社會中，比方說魔女信仰和妖精信仰便是其中一例。

伊斯蘭興起與十字軍

相較於基督教在屬於古代羅馬帝國版圖的地中海一帶擴展，七世紀於阿拉伯誕生的**伊斯蘭教**也在數世紀的時間裡急速成長。屬於伊斯蘭帝國版圖的中東和非洲，便以伊斯蘭教徒為多數派。

十一世紀，無法抵抗伊斯蘭勢力的拜占庭帝國向西方求救，揭開**十字軍**奪回聖地的漫長戰爭。當時參加十字軍被認為可以贖罪，因此西歐有許多兵士投身戰場。十字軍雖然一度占領了耶路撒冷，但不久之後就頻遭伊斯蘭勢力反擊，戰爭直到十三世紀才告平息。

中世紀……西側的教會和東側的教會

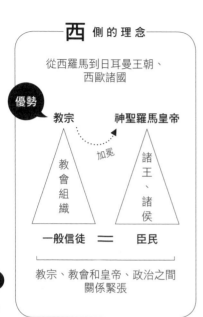

西側的理念

從西羅馬到日耳曼王朝、
西歐諸國

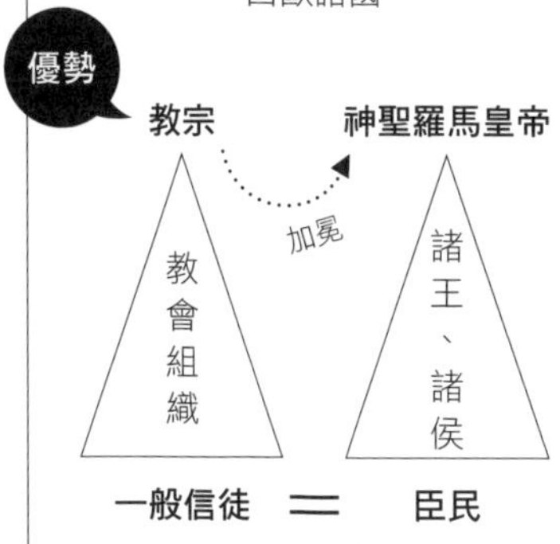

教宗、教會和皇帝、政治之間
關係緊張

東側的理念

從東羅馬（拜占庭帝國）
到東歐、俄羅斯

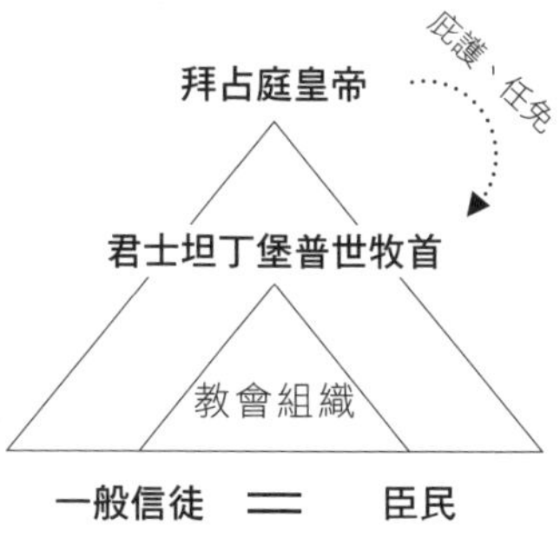

皇帝雖居於優勢，
但兩大權力和平聯手

十字軍

11 世紀	第 1 次	占領耶路撒冷，建立耶路撒冷王國
12 世紀	第 2 次	伊斯蘭勢力反攻。 聖地被奪，敗戰。
	第 3 次	計畫奪回被薩拉丁搶走的耶路撒冷，失敗。
13 世紀	第 4 次	受威尼斯商人利誘， 攻佔拜占庭帝國的君士坦丁堡。 十字軍迷失原本的目標
	第 5～7 次	多次與伊斯蘭勢力較勁， 但就結果來說以失敗告終。

十字軍也討伐異端

例如阿爾比十字軍討伐屬於
異端的卡特里派（13 世紀）

兒童十字軍
（1212）

發生在德國（或法國）的事件。
見到異象的少年少女以及農民
一路前往地中海沿岸，
之後有些人回到家鄉、有些卻行蹤不明。

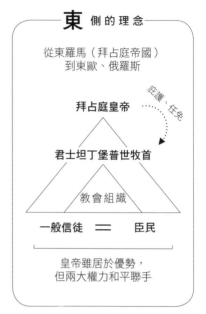

異端審判和獵巫

異教和異端

非基督教信徒的人就是**異教徒**，而雖是基督徒但偏離教會認可之正統的人則會被視為異端者。

古代排除諾斯底主義、定義**正統**教義，使得在正統之外的就成了**異端**。教理上的錯誤也會遭到倫理方面的定罪，因此經常發生打壓和迫害。從中世紀到近代曾出現過各式各樣的異端，例如受到東方摩尼教思想影響的基督教派別**卡特里派**，就曾被指控為異端而遭十字軍征討。

十三世紀，教宗創設了**異端審判制度**，**威克里夫**（十四世紀的英國哲學家）和**胡司**（十五世紀波西米亞的神學家）都曾被當成異端，而這兩人也被認為是十六世紀由路德開始的新教宗教改革的先驅。另一方面，新教卻也以新教獨自的標準來批判異端者，只能說正統和異端之間僅有一線之隔。

魔女審判

魔女的審判也是一種異端審判。巫術的信仰自古以來便多有流傳，到了十五世紀正式開始出現所謂的**獵巫**，一直持續到十七世紀。其背景包括黑死病的流行、宗教改革引發宗教戰爭所帶來的恐懼等，都導致輕視女性的社會把所有懷疑的矛頭都指向被視為異端的女性。

包含神職人員在內的男性所想像的魔女形象，都是騎著掃帚或動物在天空飛行、在森林裡召開**夜宴**並與惡魔發生性行為等，從事冒瀆基督的行徑。魔女會借助惡魔的力量，為眾生帶來各種危害。

被扣上這些憑空幻想出來的罪名的被告女性們，會遭到火刑或絞首處置。雖然極其殘酷，但其實像是排斥外國人或反共產主義的紅色恐慌等，「獵巫」的戲碼不論到了哪一個時代仍不斷地重複上演。

異教徒和異端

基督教徒

異端
教會不承認的教理（的信仰）
↔
正統
教會認同的教理（的信仰）
↔
異教徒
信仰基督教以外的宗教或是信仰一神教之外宗教的信徒

古代的異端

・諾斯底主義者等
・對於基督的神性和人性有不同意見的人

中世紀的異端

・卡特里派（12 世紀的教派。受異教摩尼教的影響）
・瓦勒度派（12 世紀誕生的教派，過著清貧的生活）
・威克里夫（12 世紀的英國哲學家。於 15 世紀被視為異端）
・胡司（14 ～ 15 世紀的波西米亞神學家。宗教改革的先驅）

近代的異端

・在教宗的眼裡，新教也屬於異端。
・伽利略等科學家有些也被當作異端。

瘋狂的獵巫

自中世紀起異端思想雖然就時常引發事端，但隨著進入 15 世紀的近代，或許是由於社會的動盪導致人們開始懼怕魔女。魔女亦被列入異端審問的對象，有嫌疑的女性會遭到拷問。

宗教改革和近代

宗教改革

212頁簡單介紹了**新教宗教改革**開始的契機。這代表從教義上否定了透過以教宗為首的巨大金字塔型天主教會得到救贖，主張「**信徒皆祭司**」，強調在通往神的路上人人平等。

然而另一方面，這也顯示出北方諸民族脫離南歐權力的徵兆，新教諸國大都位於歐洲大陸的西北方（和新大陸的舊殖民地）。

近代化

新教與**社會的近代化**相當契合，德國、北歐、英國、美國等先進國家大多是新教社會也絕非偶然。天主教和東方正教會非常重視教會的組織和傳統習慣，認為神存在於這些制度當中。然而對新教來說，神一直都是超越地上的存在。這無非是一種虔誠信仰的表現，但也代表神在社會上的影響力變得較為稀薄，使得無論是教育、資本主義的業務或是國家經營，世俗的所有事物都能保有自律性的架構運轉。

在這一層意義之下，新教就算在理念上秉持虔誠，但在實際生活中宗教色彩並不濃厚。天主教社會和東正教社會也同樣逐漸朝著近代化和宗教的個人主義化前進。如此近代社會化的模式正向著全世界普及。

另外，日本在鎌倉佛教時代教義逐漸單純化，之後又發展出「葬式佛教」，因此相較之下能夠較無阻礙地接受明治時期的制度現代化，進而成為亞洲社會當中最早完成近代化的國家。

宗教改革的邏輯和副產物

天主教會	新教	近代的副產物
行善有助於救贖	**因信稱義** 救贖的關鍵只有信仰	**宗教的倒退** 信仰的內化，社會生活交託給政治和經濟體系
教會的傳承也很重要	**聖經主義** 能夠依據的只有聖經	**基要派** 出現執著於聖經字句解釋的人
透過神職人員得到救贖	**信徒皆祭司** 萬人平等，都是神的祭司	**宗教的多樣化** 個人解釋產生無數的分歧，誕生許多不同的信仰

也出現教會販賣贖罪券的弊病！

強化教會的權力！

屬於個人和內化主義的新教社會大多在近代化方面比較先進，領導了資本主義、民主教育與科學上的發展。
然而在利用殖民地統治世界、如納粹一般的人種主義、產業化優先造成環境破壞以及走火入魔的基要派等發展上卻也同樣具有主導性。

教會的歷史

清教徒和美國

國民宗教

和日本相同，歐美社會當中無宗教的人口比例也很高。不過美國作為例外，可以發現美國人從各方面都對於神、宗教與教會的信任非常堅定。比起歐洲抑制教會權力來實施近代化的強烈意識，美國則是自建國開始就以教會為團結群眾的軸心。美國的建國故事也是充滿神話色彩——逃離舊大陸的壓榨，開創神的正義之國。這樣的自我意識除了具有宗教性，民族主義上也構成了獨特的「**美國公民宗教**」。

清教徒和獨立革命

美國建國故事當中一定會出現的便是**清教徒**。英國王室作為宗教改革的一環，創立了英國國教會。然而，對此持反對態度的清教徒發起市民革命，一時排除了國王勢力。之後，部分清教徒為了躲避鎮壓，於是搭上名為**五月花號**的船，在美國的**普利茅斯**（波士頓附近）

建立殖民地，以打造一片宗教淨土為目標。

過去美國共有十三處英國的殖民地，一開始沒有受到英國本國的干涉，獨自發展。之後隨著英國的管制愈來愈嚴格，於是在一七七六年群起反抗進而獨立，制定憲法，成為由十三州組成的**聯邦國家**。在這過程中，從清教徒建設宗教淨土的夢想衍生出的宗教理想主義催生了建國神話，使得與強烈民族主義結合的新教信仰成為主流。

南北戰爭和奴隸解放

美國南部從很早就起用黑人奴隸，這般不公義的現象甚至還被合法化。以此為導火線之一發生內戰（南北戰爭）的時候宣布解放奴隸、成功重新整合國家的**林肯總統**，也成了美國公民宗教的「聖人」。

美國公民宗教

美利堅合眾國 獨立宣言

我們認為下面這些真理是不言而喻的：人人生而平等，**造物者**賦予他們若干不可剝奪的權利，其中包括生命權、自由權和追求幸福的權利。

清教徒搭乘的
五月花號

在波士頓近郊的普利茅斯建立殖民地的清教徒乃是美國公民宗教的典範。

手置於聖經上宣誓的
美國總統

寫在美金上的
「IN GOD WE TRUST」
（我們相信上帝）

獨立宣言的引用文摘自《人權宣言集》（岩波文庫）。（譯註：此處引用美國在台協會的翻譯版）

自由主義派、福音派、基要派

西歐和新大陸的基督教朝著支持個人平等和解放的改革方向前進，可說是以**自由主義**為基礎。新教在這個部分的傾向尤其強烈，天主教和正教會則相對較傳統與保守。

然而，如果過於強調個人的自由，那麼不聽教會的教誨、不讀聖經也是自由，作為宗教就會陷入進退兩難的狀態。因此在現代，比起自由更強調權威的保守派勢力再度抬頭。新教當中，保守傾向較強的代表性勢力為福音派和基要派。

信仰的覺醒

福音派（**evangelical**）的特徵是擁有對信仰覺醒的意識（不是茫然的信徒），並重視解讀聖經字面上的意義，向人們傳道。在美國自一九七〇年代起，擁有這種傾向的人開始強調自己的主張。尤其一時還曾經出現許多被稱作「**電視傳教士**」（**televangelist**）的高人氣明星。

保守的解釋

基要派指的是相信基督教被稱作基本要道的保守教義的人，同時也代表重視聖經字面上意義的傾向。基要派有時用來泛指福音派整體，有時指的是當中的強硬派（➡324頁）。基要派又被稱作**原教旨主義**、**基本教義主義**。

雖說是按照聖經字面上的意義理解，但要不顧文脈只從字面意義來解釋集合了多部文獻且敘述多有矛盾的聖經幾乎是不可能的任務，因此實際上更像是根據保守運動家的喜好任意闡釋。由於《創世記》當中記述神在六日內創造世界，他們主張進化論是一派胡言，但其主張的內容也會根據時代而有所改變。

美國的基督教

主流派教會

・源自從美國建國當初的教會組織
（長老派、英國國教會、循道宗、信義宗等）
・基本上主張自由派的神學，但面臨信徒人數停滯或減少

福音派

・擁有對信仰覺醒的意識
・按照字面上的意義理解聖經
・重視向人們傳道

按照字面意義讀解聖經、遵守多項保守的信條，被稱為
基要主義者

基要主義者反對不符合《創世記》記述的進化論。
1925 年，針對公立學校是否應該教授進化論而告上法院，也因此出名。
近年來改稱「神」為「智能設計者」，想要寫入教科書裡。

電視傳道士

透過電視傳道、現場表演信仰治療的人氣巨星

……**保守又狂熱的教會信徒人數逐漸增加**

基督教系統的新宗教

摩門教

19 世紀由約瑟夫・史密斯創設。正式名稱是耶穌基督後期聖徒教會。除了聖經之外還有一本名為《摩門書》的經典。以猶他州為根據地。以道德保守聞名。

耶和華見證人

19 世紀由查爾斯・泰茲・羅素創設。挨家挨戶拜訪，發送名為《守望台》的宣傳冊。多次預言基督將再度降臨。以根據對聖經的獨自見解拒絕輸血而出名。

統一教

20 世紀由韓國的文鮮明創設，開始稱作「原理講論」的宣教活動。以「再降臨的基督」為始祖。美國經常將其稱為「moonie」。

傳入日本

吉利支丹

基督教傳入日本可以分為兩個階段，最初為戰國時代的天主教傳教。一五四九年，耶穌會的修道士**方濟・沙勿略**來到日本。一開始日本人雖然曾誤會造物主是真言宗大日如來的一種，但基督教很快地在戰亂的社會當中尋求救贖的民眾之間普及開來。當時的基督教徒被稱為「**吉利支丹**」，源自葡萄牙語「Cristão」（＝基督教徒）。

等到德川幕府採取鎖國體制之後，屬於外國勢力的基督教成為迫害的對象，除了假裝佛教徒潛伏的部分基督教徒（**隱匿基督徒**）之外，其他的教徒全部遭到肅清。

明治之後

一八五九年日本再度**開國**，出現一波新的宣教活動。由於**信教自由**被視為外交問題，一八七三年日本默許了宣教。天主教、新教、俄羅斯正教會各自開始布教，以促進西洋世俗自由思想和民主主義思想的威名獲得憧憬西洋文化的知識分子支持。

長崎的天主教會甚至發現了隱匿基督徒的存在，一度震驚國內外。

新教當中有許多不同的教派，各自與外國的母教會有所連結。許多舊幕臣的子弟與清教徒式的倫理觀念產生共鳴，因此成為新教的信徒。

明治時期，尼古拉神父傳道的正教會也和其他教派一樣受到歡迎，但受到俄羅斯倒退和俄羅斯革命的影響，使得之後沒有顯著的發展。

基督教徒的人數雖然僅約佔日本總人口的百分之一，但透過有識的基督徒仍持續對社會和文化方面具有一定的影響力。順帶一提，**日本基督教團**是集合新教諸教派創立的聯合教會。

吉利支丹

方濟・沙勿略
耶穌會的創始者之一

1549 年　**沙勿略**
開始在日本宣教

↓

吉利支丹大名的集體改宗
大村純忠　大友宗麟　有馬鎮貴　高山右近

（伊東滿所等天正遣歐使節謁見教宗）

↓

1587 年　伴天連追放令（豐臣秀吉）
1614～16 年　全國禁教令（德川幕府）

（1637 年爆發島原之亂，加速宗教迫害）

吉利支丹的**大量棄教＋殉教**

（明治為止的殉教者人數將近 2～3 萬？）

↓

隱匿基督徒

（與日本傳統宗教融合。1873 年之後稱作「隱匿基督徒」）

↓

1873 年　解除**基督教**禁令（明治政府）

明治之後的宣教

正教會

1861 年
尼古拉神父來到日本

（在神田建設尼古拉教堂。受到俄羅斯革命等的影響，之後無法拓展勢力。）

天主教會

從幕末開始宣教
1891 年　大主教區誕生

↓

1941 年
日本天主公教教團

↓

1952 年
天主教中央協議會

新教

幕末，宣教士從美國來日
出身武士的年輕人改宗

橫濱佈道團
札幌佈道團
熊本佈道團
基督教學校興盛

↓

1941 年
日本基督教團

↓

戰後有幾個教團脫離日本基督教團

軍國主義政權下政府的壓力（影響天主教會與新教）

戰後的信徒人數推估約有 100 萬人

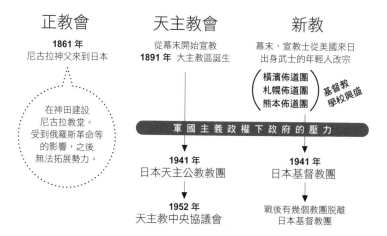

《耶穌基督超級巨星》

基督教世界包含了好萊塢在內，因此也不乏與之相關的電影。強調愛卻遭到背叛而接受審判，受到侮辱虐殺又奇蹟似的復活，耶穌這般戲劇性的一生非常適合作為電影題材。

下面介紹幾部作品。帕索里尼導演的《馬太福音》（一九六四年）是將基督在《馬太福音》的「台詞」原原本本地（但是是義大利語）搬上大螢幕。喬治・史蒂文斯《最偉大的故事》（一九六五年）以全景拍攝的影像非常唯美，充滿虔敬感的內容也稱得上是典型的基督電影。此外也存在像是尼可斯・卡贊扎基斯原著、馬丁・史柯西斯導演的爭議性作品《基督的最後誘惑》（一九八八年）。

作為「反體制」的爭議之作而出名的便是搖滾錄音唱片《耶穌基督超級巨星》（一九七○年）。在發表後隨即被搬上舞台，之後在世界各地持續公演。於一九七三年改編成電影，二○○○年以音樂劇形式再度改編成電影，另外也有推出音樂劇的DVD。

這個作品無論是舞台還是電影，都遭到保守派的基督教會嚴厲批判。然而，試圖描繪超越人類理解的神，這個製作意圖其實也算是相當虔誠。劇中以傲慢的態度與耶穌對立的主角猶大，也不斷地針對耶穌究竟是何者提出疑問。

《耶穌基督超級巨星》（1973）

1886日圓（不含稅）
NBC環球娛樂
（截至2016年5月的資訊）

第5章

伊斯蘭教

概論

伊斯蘭教是什麼樣的宗教？

歷史

伊斯蘭教為**一神教**，相信唯一的神創造天地，引領人類走向平等。自**猶太教**於西元一世紀派生出**基督教**，又進一步「純化」這兩個宗教的就是七世紀登場的伊斯蘭教。

伊斯蘭教的始祖是麥加的篤實商人**穆罕默德**。阿拉伯語稱神（唯一真神）為**阿拉**，彙整神對穆罕默德的啟示而成的經典則是《**古蘭經**》。阿拉伯的各部族承認**先知**穆罕默德是神的**使徒**，放棄過去的多神教，皈依一神教。

教義

「伊斯蘭」代表的是對神的「順從」，而對伊斯蘭教徒的稱呼「**穆斯林**」則有「順從者」的意思。伊斯蘭教的信仰可歸結為包含阿拉在內的六大信條（**六信**⬇254頁），以及實踐禮拜等五項義務（**五功**⬇256頁），另外擁有根據《古蘭經》教義訂立的**伊斯蘭教法**（音譯**沙里亞**，⬇262頁）。

教義的核心思想主要是**真神面前人人平等**。在神的面前，民族、身分，或是貧富的差距都不重要。形式上，伊斯蘭教徒不會強迫同屬一神教的猶太教徒和基督教徒改宗；對於其他宗教，例如印度教，在歷史上也都是採取共存的態度。《古蘭經》寫道：「**對於宗教，絕無強迫**」（第二章256）。

伊斯蘭教擁有相當開明的一面，例如承認古代社會少見的女性繼承權等。然而，若試著將古代的各項規定適用於現代社會，難免會碰上許多問題，這對於其他宗教來說也是一樣的。不論是社會對於伊斯蘭的批判，還是伊斯蘭對於現代社會的批判，有關這兩者之間的調和今日仍持續備受眾人探討。

三大宗教的要點

	佛教	基督教	伊斯蘭教
始祖是？	釋迦 （佛陀） 西元前 463～383 年左右	耶穌 （基督） 西元前 4 年左右～後 30 年左右	穆罕默德 （先知） 西元 570 年左右～632 年 （➔ 232 頁）
目標是？	遵循佛陀之道， 從煩惱中解脫	藉由信仰基督， 從罪當中獲得解脫	追隨真神（阿拉）， 過著平等、和平的生活
經典是？	佛典 數量豐富，不同宗派選讀不同的佛典	聖經 尤其是關於基督的新約聖經	古蘭經 （➔ 236 頁） 同時也尊重聖經
關於修行、禮儀、生活規範	出家者服從各種戒律， 實踐冥想等。 在家者遵守五戒	參加聖餐禮（彌撒）， 遵守聖經和教會的教誨 自我約束	六信（➔ 254 頁） 五行（➔ 256 頁） 伊斯蘭教法（➔ 262 頁）
設施是？	寺 原本是修行的道場	教會 信徒們聚集的地方	清真寺 共同的禮拜場所
專職人員是？	僧侶 原本是修行者，也會給人們建議	祭司 （天主教等） 牧師 （新教）	烏里瑪 （Ālim 的複數形） 伊斯蘭教的學者

清真寺

◄從叫拜樓（燈塔之意）呼喚信徒前來禮拜（宣禮）。

►清真寺裡設有表示麥加方向的壁龕（米哈拉布）。於周五舉行集體禮拜的清真寺裡也設有講道台（敏拜爾）。

始祖　麥加時代

貿易都市麥加

始祖**穆罕默德**於西元五七〇年左右出生在阿拉伯半島的貿易都市**麥加**。當時的阿拉伯人屬於信奉各種神明的多神教徒，麥加則是作為貿易經濟和部族信仰的一大據點。市中心有被稱為**克爾白（天房）**的石造聖殿，裏頭祭祀著許多部族的神明。

當時，北方有以瑣羅亞斯德教為國教的波斯薩珊王朝和以基督教為國教的拜占庭帝國。阿拉伯人透過猶太教徒和基督教徒等接觸到一神教，聖經和其相關的傳承也傳到了阿拉伯半島。

誕生、啟示、宣教

穆罕默德出身於統治麥加的部族古萊什族，自幼父母雙亡，由祖父和叔父**阿布·塔里布**養育長大。他跟著富裕的女商人**赫蒂徹**從事商隊貿易的工作，二十五歲時與赫蒂徹結婚。

原本是老實商人的穆罕默德，到了中年時常把自己關在麥加近郊的山裡。六一〇年左右，他在冥想的時候天使造訪，帶來神（**阿拉**）的啟示。六一三年左右他開始向大眾傳道，但受到信奉部族諸神的市民迫害。妻子和叔父雖然坦護他，但在兩人死後，穆罕默德和其追隨者變得難以繼續在麥加傳道。

宗教制度的轉換

麥加可以說是多神教，也就是部族宗教以經濟和宗教制度相輔相成的基礎而形成的「門前町」。然而，隨著貧富差距擴大，部族社會的倫理面臨崩壞，想必身為孤兒的穆罕默德也切身感受到世間的嚴峻。此時來自阿拉的啟示「**真神面前人人平等**」正好與部族信仰的利害關係相衝突，也使得穆罕默德因此遭受迫害。

先知穆罕默德的生涯①

570 年左右，穆罕默德**誕生**。
父親在他誕生前就已去世。

6 歲時母親去世，到 8 歲為止由祖父養育。
之後由叔父阿布・塔里布養育。

跟著富裕的女商人**赫蒂徹**
從事商隊貿易的工作。

25 歲時與赫蒂徹**結婚**。

610 年左右，在山裡冥想的時候，
大天使**加百列（吉卜利勒）**造訪，傳達神的啟示。

613 年起開始公然傳道。
受到**迫害**。

619 年左右，妻子赫蒂徹和叔父阿布・塔里布相繼死去。
在麥加傳道變得困難。

⋮

➜接續 235 頁

始祖 麥地那時代

聖遷

西元六二二年，穆罕默德應距離麥加數百公里的**麥地那**（當時的名稱是亞斯利普）居民之請前往調停紛爭。穆罕默德和其追隨者於是移居麥地那，在當地建立起一個依循神的啟示共同生活的聯盟，這就是伊斯蘭集團的開始。移居麥地那被稱作**聖遷（希吉拉）**，以聖遷之年當作元年的純陰曆則稱作**希吉拉曆（伊斯蘭曆）**。

戰爭和勝利

以穆罕默德為中心的共同體受到了諸部族的注意，導致與麥加的關係持續緊張。面對來自統治麥加的古萊什族攻擊，於**巴德爾之戰**（六二四年）中獲勝，但在**烏呼都之戰**（六二五年）有七百多名同伴戰死。**壕溝之戰**（六二七年）的時候則擊退了麥加的攻擊。

隨後雙方訂下**侯代比亞和約**（六二八年）協議休戰，穆罕默德在讓步之餘逐漸爭取市民的信賴，最終於六三〇年**無血征服**麥加。克爾白（天房）內部的偶像全數遭到破壞，大批市民改信伊斯蘭。六三二年穆罕默德舉行麥加朝覲儀式，最後於麥地那的家中逝世。

政教合一

穆罕默德的生涯既是一位宗教領袖，也是政治領導者。

宗教和政治皆能影響人們的生死命運，本來就處於難以分割的關係。基督教在羅馬帝國堅實的政治體系下誕生，作為心靈面的宗教發展勢力。在成為羅馬帝國國教的時候，政治雖然與宗教聯手，但在理念上政教彼此之間還是分開的。

另一方面，伊斯蘭教則是完全取代阿拉伯部族社會的宗教和政治體系，先知成為包含政治在內人生諸事的模範。

先知穆罕默德的生涯②

622 年，麥地那（當時稱作亞斯利普）的人們請來穆罕默德調解紛爭。穆罕默德於是在麥地那建立伊斯蘭共同體，並擬定與猶太系諸部族合作的**憲章**。

移居麥地那稱作**聖遷（希吉拉）**，該年為伊斯蘭曆的元年。

與麥加的迫害者之間發生多次戰爭。

624 年
- **巴德爾之戰**——勝利

625 年
- **烏呼都之戰**——苦戰

627 年
- **壕溝之戰**——擊退

628 年
- **侯代比亞和約**——停戰協議

630 年，**無血征服麥加**。大批麥加市民改信伊斯蘭。

632 年，**逝世**。

《古蘭經》和聖訓

古蘭

伊斯蘭教的經典是**《古蘭經》（可蘭經）**。彙集神啟示話語的典籍一般稱為**天啟**，除了《古蘭經》之外，猶太教和基督教的聖經也被包括在內。伊斯蘭教重視天啟，也尊重各宗教的信徒遵循各自的天啟。

「古蘭」代表的是「被閱讀之物」（或是「被朗誦之物」），而穆罕默德接受的第一個啟示就是「念誦」。

穆罕默德有超過二十年的時間持續接收神的啟示，由他的同伴們將這些啟示背誦並傳承。隨著在穆罕默德死後背下啟示的人也陸續死去，認為這樣下去不是辦法的第三代哈里發（穆罕默德的繼承人，同時也是伊斯蘭世界的最高統治者）奧斯曼於是下令將啟示編纂成一部正典。這大約是六五〇年左右的事。

《古蘭經》共有一百一十四個章節，各章的長短不一，相較於最長的第二章「黃牛章」共有兩百八十六節，但也有許多篇章甚至不到十節。長的篇章大多集中在前半部，短的篇章則在後半部。章名是以方便性為考量所取的，而非內容的摘要；因此哪一個部分寫有怎樣的內容，只有熟讀《古蘭經》的人才會知道。

初期的**麥加篇章**屬於末世論，有許多關於末世和來世的警語，反觀在建立共同體之後的**麥地那篇章**則是關於信徒和社會生活上的規定等，有許多與現世相關的正面啟示。

聖訓

《古蘭經》採取的是由神闡述的形式，而穆罕默德個人的言行則被整理成**聖訓**。聖訓雖然也是非常具有權威性的教典，但並非天啟，清楚地區別了神與人。畢竟就算是先知穆罕默德，說到底也不過是一個凡人而已。

《古蘭經》的篇章

麥加篇章

麥地那篇章

1開端章

②黃牛章、③儀姆蘭的家屬章、④婦女章、⑤筵席章

⑥牲畜章、⑦高處章

8 戰利品章、⑨懺悔章

⑩優努斯章、⑪呼德章、⑫優素福章、13雷霆章、14易卜拉欣章、15石谷章、⑯蜜蜂章、⑰夜行章、⑱山洞章、19麥爾彥章、⑳塔哈章、㉑眾先知章、22朝覲章、㉓信士章

24光明章

25準則章、㉖眾詩人章、27螞蟻章、28故事章、29蜘蛛章、30羅馬人章、31魯格曼章、32叩頭章

33同盟軍章

34賽伯邑章、35創造者章、36雅辛章、㊲列班者章、38薩德章、39隊伍章、40赦宥者章、41奉綏來特章、42協商章、43金飾章、44煙霧章、45屈膝章、46沙丘章

47穆罕默德章、48勝利章、49寢室章

50戛弗章、51播種者章、52山嶽章、53星宿章、54月亮章、55至仁主章、56大事章

57鐵章、58辯訴者章、59放逐章、60受考驗的婦人章、61列陣章、62聚禮章、63偽信者章

64相欺章

65離婚章、66禁戒章

67國權章、68筆章、69真災章、70天梯章、71努哈章、72精靈章、73披衣的人章、74蓋被的人章、75復活章、76人章、77天使章、78消息章、79急掣章、80皺眉章、82黯黮章、83稱量不公章、84綻裂章、85十二宮章、86啟明星章、87至尊章、88大災章、89黎明章、90地方章、91太陽章、92黑夜章、93上午章、94開拓章、95無花果章、96血塊章、97高貴章、98明證章、99地震章、100奔馳的馬隊章、101大難章、102競賽富庶章、103時光章、104毀謗者章、105象章、106古來氏章、107什物章、108多福章、109不信道的人們章、110援助章、111火焰章、112忠誠章、113曙光章、114世人章

○＝ 100 節以上的篇章　●＝ 20 節未滿的篇章

・章名皆以方便性為考量來取名。例如第 2 章的「黃牛章」，是因為只有這一章出現「黃牛」這個詞，所以以此命名。
・要閱讀《古蘭經》就應該要參考阿拉伯文原本，英語、日語等翻譯本等都只能算是註釋本。

古蘭經 開端章

《古蘭經》第一章是一個僅有七節的簡短**開端章**。阿拉伯語的羅馬拼音寫作 al-Fātihah，這相當於基督教的「主禱文」（➡178頁）。下面是日本穆斯林協會的譯文（原文將「主」、「你」以粗體印刷）。

①奉至仁至慈的真主之名，
②一切贊頌，全歸真主，全世界的主，
③至仁至慈的主，
④報應日的主。
⑤我們只崇拜你，只求你佑助，
⑥求你引導我們上正路，
⑦你所佑助者的路，不是受譴怒者的路，也不是迷誤者的路。

（《日阿對譯、註解 聖古蘭經》日本穆斯林協會）
（譯註：中文版參照中國穆斯林協會）

內容主要在說真主阿拉才是人生和世界的中心，是引領人們走上正路的存在。一神教的思想空間，便是透過「神」這個的出發點來展望人生和世界。

⑥和⑦提到了「正路」和「不是迷誤者的路」，但這是為了方便閱讀而在翻譯上所下的功夫。下面的譯文則是根據原文結構來翻譯：

⑥求你引導我們上直路，
⑦你所恩寵者的路，（也就是）不受遣怒、不迷惘者之路。

（中田考監修《日阿對譯古蘭經》作品社）

開端章的各種翻譯（從日文中譯）

井筒俊彥譯**《古蘭經》**岩波文庫上〈開端〉

① 奉至仁至慈的真主之名，
② 一切贊頌，全歸真主，萬世之主，
③ 至仁至慈的主，
④ 報應日的主。
⑤ 我們只崇拜你，只求你救助，
⑥ 求你引導我們上正路，
⑦ 不是蒙你遣怒者的路，也不是迷誤者的路，走上你所嘉勉者的路。

藤本勝次責任編輯**《世界的名著 古蘭經》**中央公論社〈開卷之章〉

① 奉至仁至慈的真主之名，
② 贊頌真主，萬有之主，
③ 至仁至慈的主，
④ 報應日的主。
⑤ 我們只崇拜你，只求你佑助，
⑥ 求你引導我們上正路，你賜予恩惠者的路，
⑦ 不是受譴怒者或迷誤者的路。

中田考監修**《日阿對譯古蘭經》**作品社〈開端〉

① 奉至仁至慈的真主之名，
② 一切贊頌，全歸真主，全世界的主，
③ 至仁至慈的主，
④ 報應日的主。
⑤ 我們只崇拜你，只求你佑助，
⑥ 求你引導我們直路，
⑦ 你所恩寵者的路，（也就是）不受遣怒、不迷惘者之路。

al-Fātiḥa

①Bismil-lāhir-Raḥmānir-Raḥīm. ②'Alḥamdu lillāhi Rabbil-‘ālamīn.
③'Arraḥmānir-Raḥīm. ④Māliki Yawmid-Dīn.
⑤'Iyyāka na‘budu wa 'Iyyāka nasta‘ īn ⑥'Ihdinaṣ-ṣirāṭal-mustaqīm.
⑦Ṣirāṭal-laḏīna 'an‘amta ‘alayhim ġayril-maġḍūbi ‘alayhim wa laḍ-ḍāallīn.

平等與女性

施濟

《古蘭經》傳達的訊息基本上是「眾人平等」。

《古蘭經》首先要求人們施濟貧者和孤兒。「**正義是信真主，信末日，信天神，信天經，信先知，並將所愛的財產施濟親戚、孤兒、貧民、旅客、乞丐和贖取奴隸，並謹守拜功，完納天課，履行約言，忍受窮困、患難和戰爭。這等人，確是忠貞的；這等人，確是敬畏的。**」（第二章177）

「**侵吞孤兒的財產的人，只是把火吞在自己的肚腹裡，他們將入在烈火之中。**」（第四章10）孤兒和寡婦代表社會弱勢，保護他們是自《舊約聖經》的先知以來的傳統（➡152頁）。

女性的權利

阿拉伯的部族社會曾有殺嬰的習俗，尤其如果生下女嬰還會將之活埋。《古蘭經》將此列為禁忌加以禁止。「**你們不要因為貧窮而殺害自己的兒女。**」（第六章151）

《古蘭經》還賦予女性繼承權，這從全世界的角度來說也是一大創舉，只不過女性的權利只有男性的一半。「**一個男孩，得兩個女孩的分子。如果亡人有兩位以上的女孩，那麼，她們共得遺產的三分之二；如果只有一個女孩，那麼，她得二分之一。**」（第四章11）然而以此作為交換，男性就必須保護女性。「**男人是維護婦女的，因為真主使他們比她們更優越，又因為他們所費的財產。**」（第四章34）

在人生大部分的時間都花在對抗自然和與其他部族或民族抗爭的時代，男性保護女性的世界觀可說是相當實際。然而，這種觀點在如今都市化和個人主義化的世界裡是否適當，卻經常引發爭議。

女性的遮覆

在亞洲各地可見許多不同的樣式，較受矚目的為以下幾種。

希賈布（hijab）

最常見的頭巾（希賈布意為「遮蓋物」）

查德爾（chador）

伊朗包裹全身的外出服

尼卡布（niqāb）

只從面紗縫隙露出眼睛

波卡（burqa）

阿富汗等地的女性罩袍

《古蘭經》鼓勵女性穿著謹慎的服裝。包覆的程度根據地區傳統而有不同。近年成為伊斯蘭自我認同的象徵，各年齡層的穿戴者有增加的趨勢。

穿戴頭巾的問題

法國採取政教分離的世俗主義原則（laïcité），但這經常與伊斯蘭系市民的習慣相衝突。除了 1989 年當地曾針對公立學校是否允許使用頭巾（希賈布）的問題引發爭論，於 2010 年立法禁止在公共場合穿著波卡。

對於吉哈德的闡述

戰鬥的命令

《古蘭經》當中有命令與不信仰者戰鬥的話語。「**當抵抗不信真主和末日的人。**」(第九章29)其中雖然也寫到如果發現「多神教徒」,要立刻俘虜或殺掉(第九章5),但這應該要對照在麥地那的伊斯蘭共同體受到麥加多神教徒古萊什族攻擊的**歷史脈絡**來加以解讀。

聖經當中也有類似教唆戰爭的話語,若是在不了解歷史脈絡的情況下做解讀的話非常容易產生誤解。然而無論是哪一個宗教,都總有人會忽略這些歷史脈絡,舉例來說今日的伊斯蘭激進派便是如此。伊斯蘭在過去也曾被宣揚成積極發動與不信者之間戰爭的宗教。

在古代和中世紀,宗教是社會整體的常規,戰爭也經常以宗教的名義正當化。基督教諸國的十字軍就是再好不過的例子。

保衛戰

《古蘭經》當中究竟如何看待戰爭?經常被強調的是,《古蘭經》的戰鬥是為了抵抗壓迫的**保衛戰**。

受到麥加居民深刻迫害的穆罕默德和其同伴,為了伊斯蘭共同體的存續,因此不得不進行保衛戰。神的啟示如下:「**你們當為主道而抵抗進攻你們的人,你們不要過分,因為真主必定不喜愛過分者。**」(第二章190)

「為主道而抵抗」的說法容易造成誤解,但這並不是代表強迫信仰的意思。《古蘭經》想表達的是,戰爭也要講求道義。《古蘭經》主張:「**對於宗教,絕無強迫。**」(第二章256)而實際上歷代的伊斯蘭教徒統治者對於被征服者的改宗也的確採取消極態度。

吉哈德（聖戰）

「吉哈德」＝為了神犧牲自己的戰鬥

“信道而且遷居，並借自己的財產和生命為主道而奮鬥者，在真主看來，是品級更高的；這等人就是成功的。”
（第九章 20）

有關於「吉哈德」的二種解釋

大吉哈德
為了加深信仰的內在努力

小吉哈德
作為外在努力的武力戰鬥

一種戰時國際法

戰鬥的條件

- 必須是保衛戰
- 區分戰鬥員和非戰鬥員
- 不可以殺害包含女性、小孩、老人、神職人員在內的非戰鬥員
- 禁止俘虜的拷問、對婦孺的性暴力、無意義地破壞敵人的所有物

戰爭觀的變遷

古蘭經時代
面對麥加攻擊的保衛戰

→

中世紀、十字軍時代
主動發起與非信徒的戰爭

→

近代
對於戰爭的壓抑性解釋

↓

20 世紀：激進主義的抬頭（➜ 252 頁）
提倡積極發動與不信者和統治者的戰爭。但並非主流的意見。

聖戰士
阿富汗的武裝游擊隊。以解放戰爭的名義正當化吉哈德。

真主黨
黎巴嫩的組織。開始自殺式恐怖攻擊。

賓拉登
提倡對歐美發動吉哈德。

etc……

出現在不受團體規範的情況下，以個人名義隨意地發動吉哈德。

來世

現世、末日、來世

現世終將迎來**末日**，再迎接**來世**。《古蘭經》沒有提及死者在迎來末日前身在何處，但總之人類將在末日以復活的肉體接受神的審判，然後被分配到**樂園**（所謂的天國）或**火獄**（所謂的地獄）。

刺激感官的描寫

《古蘭經》對於來世的描寫相當誘人且充滿庶民氣息。神忠實的僕人「**將享受一種可知的給養。各種水果，同時他們是受優待的；他們在恩澤的樂園中，他們坐在床上，彼此相對；有人以杯子在他們之間挨次傳遞，杯中滿盛醴泉，顏色潔白，飲者無不稱為美味；醴泉中無麻醉物，他們也不因它而酩酊。**」（第37章41-47）樂園裡有著光彩奪目的大眼少女，和如珍珠一般無瑕且長生不老的少年（第44章54、第76章19）。

不信者和有罪的信仰者將前往火獄，但似乎沒有像基督教或佛教一般複雜的刑罰制度，只是不斷受到火燒之苦，燒灼身上每一寸肌膚（第74章28-29）。

靈魂的世界

雖然這般描寫以現世的感受為訴求，但末日和來世在本質上被認為是現世無從想像的**異質空間**。

《古蘭經》的教誨與發揮個人所長、在競爭中勝出以實現自我價值這般現代的積極思想可說是完全沾不上邊。伊斯蘭教徒以成為神的順從者並在靈魂層面能夠前往美好樂園為目標，不斷地重複每日五次的禮拜。終極目標只為平安，而樂園裡最大的獎賞就是能與神靠近；當仰視真主的時候，人們的面目是光華的（第75章22-23）。

伊斯蘭的生命禮俗

命名式（生後第 7 天）

對著嬰兒的右耳唱誦
信仰告白的話語。

“萬物非主，唯有真主。
穆罕默德，是主使者”

男童的割禮（12 歲左右為止）

《古蘭經》中沒有記述，但根據聖訓廣為舉行。
部分法學派將割禮列為義務。
（有些地區也舉行女童的割禮）

結婚

鼓勵男女根據契約結為夫婦的結婚。

傳統上，1 名男性可以娶 4 名女性為妻。據說這是伊斯蘭歷史初期針對因男性戰死所導致的寡婦與孤兒所採取的對策。

麥加朝覲

若財產和身體狀況允許（➜ 260 頁）

葬禮

葬禮樸素且迅速。
遺體經過清洗用白色的
棉布包裹後土葬（不火葬）。
墳墓也很簡樸。
遺體上仰或右側腹向下，
臉朝向麥加的方向。

歷史

伊斯蘭帝國的發展和教派分裂

正統哈里發時代

西元六三二年，先知穆罕默德死後，伊斯蘭共同體（烏瑪）交給了作為其繼承人的**哈里發**。從第一代哈里發**阿布·巴卡**、第二代**奧馬爾**、第三代**奧斯曼**到第四代**阿里**被稱作「**正統哈里發**」。伊斯蘭的勢力範圍在這些人的時代急速擴展，不僅消滅波斯薩珊王朝，還從拜占庭帝國手中取得部分中東地區（敘利亞和埃及）。

伍麥亞王朝

然而，就在第四代哈里發的阿里與不承認其地位的伍麥亞家**穆阿維葉**發生鬥爭，阿里遭到不滿其妥協態度的一派暗殺，穆阿維葉成為下一任哈里發。自此之後，哈里發變成由伍麥亞家世襲。在**伍麥亞王朝**時代，伊斯蘭的勢力範圍西從北非到伊比利亞半島，東至印度附近以及中亞一帶。伍麥亞王朝賦予阿拉伯人特權，採行了非阿拉伯人必須支付地租和人頭稅的制度。

遜尼派和什葉派

因阿里遭到暗殺而點燃的正統之爭也導致了新宗派誕生。什葉·阿里（阿里的黨派）不承認伍麥亞王朝，擁護阿里的子孫為**伊瑪目**（領袖），發展成**什葉派**。主要分布於伊朗周邊的什葉派下面有許多分支，其中最大的派系便是十二伊瑪目派。另一方面擁護伍麥亞王朝的多數派則作為**遜尼派**一路延續至今。

阿拔斯王朝

伍麥亞王朝最終遭到推翻，由繼承先知穆罕默德叔父阿拔斯血統的一族建立新的帝國（七四九年）。**阿拔斯王朝**平等地對待所有伊斯蘭教徒，但向異教徒徵收人頭稅，且土地稅是所有人都必須繳納。除此之外，阿拔斯王朝時代也確立了遜尼派的**伊斯蘭教法**體制。

二大宗派的開端

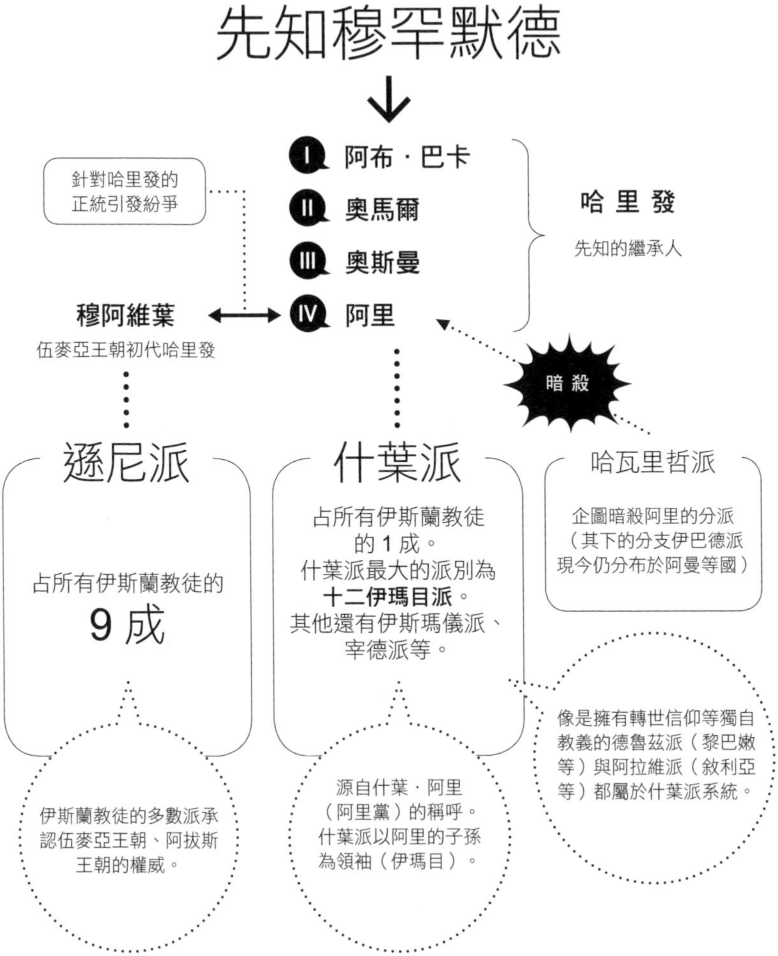

先知穆罕默德
I 阿布・巴卡
II 奧馬爾
III 奧斯曼
IV 阿里
哈里發
先知的繼承人
針對哈里發的正統引發紛爭
穆阿維葉
伍麥亞王朝初代哈里發
暗殺
遜尼派
占所有伊斯蘭教徒的
9 成
伊斯蘭教徒的多數派承認伍麥亞王朝、阿拔斯王朝的權威。
什葉派
占所有伊斯蘭教徒的 1 成。
什葉派最大的派別為
十二伊瑪目派。
其他還有伊斯瑪儀派、宰德派等。
源自什葉・阿里（阿里黨）的稱呼。什葉派以阿里的子孫為領袖（伊瑪目）。
哈瓦里哲派
企圖暗殺阿里的分派（其下的分支伊巴德派現今仍分布於阿曼等國）
像是擁有轉世信仰等獨自教義的德魯茲派（黎巴嫩等）與阿拉維派（敘利亞等）都屬於什葉派系統。

蘇菲主義

內在的層面

除了多數派遜尼派和主要分布在伊朗周邊的什葉派這二大宗派之外，九世紀之後又展開了被解讀為「**伊斯蘭神祕主義**」的**蘇菲主義**（taṣawwuf）運動。

「taṣawwuf」代表的是**蘇菲派**的作為，而蘇菲派意指那些不滿足於伊斯蘭教法等外在的規定，探究精神層面並致力於內在修行的人們。蘇菲主義的流派和教團則稱作「塔里卡」。

蘇菲主義在十二世紀時逐漸擴展至一般民眾的世界，也促進了知識分子之間在哲學上對於神祕主義的思辨。

在政治性明顯的伊斯蘭世界，蘇菲派的行為與基督教神祕主義和佛教的冥想世界似乎也有相通之處。雖說是神祕主義，但並不全然以超越日常倫理和法度的世界為目標，有時也多少能作為為了過上好的日常生活的指導規範，不見得完全屬於密教。

亞洲各地的發展

伊斯蘭之所以能在亞洲各地生根，蘇菲派可謂功不可沒。他們以商人為業遠赴各地，與當地人一起生活並實踐修行，也融入當地的習俗和文化。

伊斯蘭在**印度**的發展有很大一部分也是多虧了蘇菲派。比起精通法學的正統烏里瑪，蘇菲派的教說對印度人而言更容易接受。亦有人認為伊斯蘭神祕主義與印度教主流哲學吠檀多學派所具備的存在一元論之間有著相似之處。

另外，在印度屬於種姓制度下層的人也曾經大批改信伊斯蘭教。這可以視為對於種姓制度的否定，然而其實在伊斯蘭教徒之間，也存在著因為過去職業上的階級制度而生的婚姻制約。

蘇菲主義

蘇菲派的修行之道

（經驗階段）

悔改
節制
禁欲
清貧
忍耐
信賴
滿足

蘇菲派誦讀《古蘭經》，
進行禮拜和冥想，遵守伊斯蘭教法。

旋轉舞教團

（梅夫拉維教團）

進行集體旋轉儀式的蘇菲教團

從中世紀到近代

十字軍和改朝換代

猶太教、基督教、伊斯蘭教的聖地耶路撒冷自正統哈里發時代以來，就一直在伊斯蘭王朝的統治之下。十一～十三世紀，西歐基督教徒的**十字軍**以「奪回聖地」的名義發起戰爭，進行各種掠奪和殺戮，在兩百年間共出征了七次。

十三世紀，**蒙古人**建立了橫跨亞洲的廣大帝國。他們對於宗教採取寬容的態度，伊斯蘭教徒在各地有活躍發展。十三世紀末，誕生於安那托利亞（現在的土耳其地區）的土耳其系**鄂圖曼王朝**，作為遜尼派的帝國開始統治中近東的大範圍地區。而後印度則有**蒙兀兒王朝**興起（十六世紀），蒙兀兒與鄂圖曼王朝就這樣一路存續到一八五八年和一九二二年。

繁榮和停滯

相較於歐洲遺失了許多**希臘羅馬的古典學藝**，在伊斯蘭世界則陸續被發掘出來。阿拔斯王朝的首都巴格達有諸多文獻都被翻譯為阿拉伯語，優秀的哲學家和科學家輩出，**伊斯蘭哲學**與**伊斯蘭科學**欣欣向榮。伊斯蘭的藝術文化後來也在西歐被翻譯成拉丁語，為基督教神學和文藝復興奠下基礎。

到了近代，進行經濟、政治與社會組織改革的西歐諸國開始在全世界展開軍事性的帝國式統治，伊斯蘭世界被迫採取守勢。鄂圖曼王朝於十八世紀導入歐洲的制度，在各地實施**改革**；另一方面，阿拉伯半島則興起了復古主義的**瓦哈比派**，於一九三二年誕生了瓦哈比主義國家沙烏地阿拉伯。中東各地誕生的國家在與歐美的複雜關係中雖然逐漸走向近代化，然而政治體制卻一直都處於不安定的狀態。

頻繁出現的「al」是定冠詞，相當於「the」

源自阿拉伯語的英語

阿拉伯語	英語
al-jabr（代數學）	**algebra**（代數學）
sifr（零）	**zero**（零）
al-khuwarizmi（提出演算法的數學家名字）	**algorithm**（演算法）
al-kimiya（煉金術）	**alchemy**（煉金術）；**chemical**（化學的）
al-kuhl（銻的粉末）	**alcohol**（酒精）
suwwadah（植物的一種）	**soda**（鈉化合物、碳酸水）
al-manakh（曆）	**almana**（曆、年鑑）
al-tair 飛翔（鷲）	**altair**（牛郎星；天鷹座）
al-zahr（骰子）	**hazard**（危險）
makhazin（倉庫）	**magazine**（倉庫、彈藥倉、雜誌）
qutun（棉）	**cotton**（綿）

伊斯蘭古典期的著名思想家

伊本・西那（980-1037）	西方尊稱其為阿維森納，從各方面都對西洋哲學家有諸多影響。
安薩里（1058-1111）	法學家，為遜尼派的成立做出貢獻。發展出結合蘇菲主義的思想。
伊本・魯世德（1126-98）	撰寫亞里斯多德哲學的註解書，影響猶太哲學和基督教哲學。在西洋以阿威羅伊之名廣為人知。
蘇哈拉瓦迪（1154-91）	提倡一切萬物本源皆來自作為絕對之光的真主。
伊本・阿拉比（1165-1240）	蘇菲主義的思想家。將自然和精神現象視為神自我開示的象徵。

伊斯蘭復興、伊斯蘭主義、伊斯蘭激進派

現代的動向

一九七〇年代以後，世界各地在政治與文化社會方面的「**伊斯蘭復興**」運動愈來愈活躍。包括女性刻意戴頭巾強調穆斯林的自我認同等，伊斯蘭的自我意識逐漸升高。

在這樣的動向當中，以根據伊斯蘭理念建立國家為目標（尤其希望將伊斯蘭教法適用於國民生活整體）的思想和運動被稱作「**伊斯蘭主義**」。這中間採取恐怖行動等激進手段的人便是「**伊斯蘭激進派**」。

伊斯蘭的架構是將宗教與世俗所有事物相連結，不認為宗教只是個人內心的問題，因此造成結構上與西歐型的政治和社會體制的緊張關係。加上西歐的帝國主義也被認為偏離了表面上的民主主義和人權主義，希望能在政治上活化伊斯蘭的意識一直都存在。

歷史的演變

伊斯蘭主義興起前的歷史背景包括先知時代以復興共同體為目標的**瓦哈比運動**和**薩拉菲主義**思潮等。二十世紀於埃及創立的**穆斯林兄弟會**，其影響力逐漸擴展至國際。而對於今日全世界伊斯蘭復興潮流有著重大意義的則是一九七九年的**伊朗革命**。獲得美國支持的王制被推翻，在什葉派法學家霍梅尼的領導下，建立起政教合一的國家。

著名的急進思想家包括在五〇年代受到納賽爾政權打壓的穆斯林兄弟會思想家**賽義德・庫特布**。他斷言今日的穆斯林是伊斯蘭誕生前的蒙昧時代之輩，並將武裝鬥爭正當化。

雖然激進派很容易上新聞版面，但十數億信徒的絕大部分都過著和平的生活。也有人認為現在正是一個屬於伊斯蘭「宗教改革」與隨之而來的混亂的時代。

益發激化的伊斯蘭復興運動

瓦哈比運動
（18 世紀）

否定既有學者的權威，否定後世附加的信仰習俗。沙烏地阿拉伯（1932～）建國時與瓦哈比運動攜手。

薩拉菲主義

提倡回歸伊斯蘭初期原點的運動。對於 19 世紀以後的伊斯蘭復興有很大影響。

穆斯林兄弟會
（1928 年～）

在埃及由班納（1906-49）創建的伊斯蘭復興組織。50 年代起受到納賽爾政權的打壓。急進思想家賽義德．庫特布深深影響了後來的激進主義。

1960

1964 成立巴勒斯坦解放組織（PLO）

1967 第 3 次中東戰爭

1970

1973 第 4 次中東戰爭

1979 伊朗革命

1979 蘇聯進攻阿富汗（～ 89）

1980

1982 真主黨誕生

1990

1991 波斯灣戰爭（多國聯軍 vs 伊拉克）

（1991 蘇聯崩壞 冷戰結束 ）

1996 阿富汗的塔利班政權（～ 2001）

2000

2001 蓋達組織發動 911 恐怖攻擊

2003 伊拉克戰爭（～ 2010）

2010

2010 阿拉伯之春（～ 2012）

2014 IS 獨立宣言

2015 巴黎恐怖攻擊

巴勒斯坦的紛爭
（1948 ～）
錫安主義（➜ 132 頁）實現以色列建國，但之後與阿拉伯諸國持續處於戰爭狀態（中東戰爭）。

伊朗革命
（1979 年）
什葉派的法學家霍梅尼發動的伊斯蘭主義革命。與歐美和周邊諸國對立。

真主黨
（1982 ～）
黎巴嫩的什葉派活動組織。83 年發動自殺恐怖攻擊。之後自殺攻擊成為激進派的常用手段。

塔利班政權
（1996 ～ 2001）
阿富汗的伊斯蘭主義政權

蓋達組織
（90 年代～）
領袖賓拉登宣揚不受體制制約的吉哈德（聖戰）。

伊拉克戰爭
（2003 年）
美軍擊潰伊拉克的海珊政權，激化宗派對立與 IS 勢力抬頭。

IS
（ISIL、「伊斯蘭國」）
在敘利亞、伊拉克的國境地帶建立「國家」。以薩拉菲主義和重建哈里發制度為號召，進行所謂「文化淨化」和虐殺行動。

阿拉伯之春
（2010 ～ 12 年）
阿拉伯諸國連續發生反政府遊行。突尼西亞、利比亞、埃及等地的政權遭到推翻。

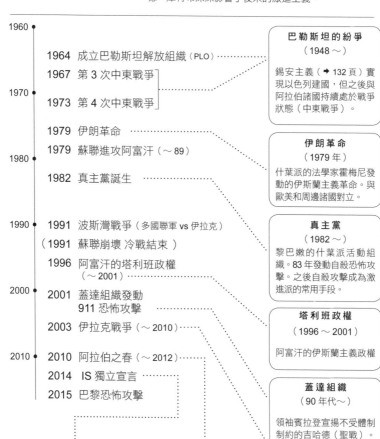

六信

世界上的宗教雖然各自擁有不同而複雜的教義，但有關信徒到底該實踐什麼卻是相當單純——相信神佛、始祖和經典，遵守基本的戒律，以及參加祭禮儀式。

伊斯蘭教則將信條整理成六大項，稱作**六信**，而需要實踐的項目則歸類成**五功**。

六信

所謂的六信是有義務相信的六種存在。

①**信真主（阿拉）**。相信創造天地、唯一絕對的神。阿拉在阿拉伯語中代表唯一神的意思，指的是與猶太教和基督教的神相同的存在。

②**信天使**。精神上的存在。天使加百列（吉卜利勒）被認為將神的話語傳達給先知穆罕默德。

③**信先知（使者）**。不僅是先知穆罕默德，也包括猶太教的先知（亞當、諾亞、摩西、大衛等）和基督教的始祖耶穌（爾撒）。獲授《古蘭經》的穆罕默德是最後的先知，為「**眾先知的封印**」。

④**信經典**。不僅是穆罕默德獲得的天啟《古蘭經》，也包括先行宗教的聖經（律法、詩篇、福音書）。順道一提，擁有神天啟經典的猶太教徒和基督教徒被稱作「有經者」。

⑤**信來世**。當現世迎來終結，神會進行「最後的審判」，決定受審者該前往樂園（天國）或是火獄（地獄）。當然，審判是根據生前的善行和惡行進行判斷。

⑥**信前定**。神的預定。人的命運從一開始就由神所前定。話雖如此，在法學上仍要求每個人要運用理智並對自己的行動負責。

伊斯蘭的制度

現世

《古蘭經》

阿拉的啟示＝究極的典範

六信
六種信仰對象
（➡下圖）

五行
五項義務性行為
（➡ 256 頁）

伊斯蘭教法
日常生活的規範
（➡ 262 頁）

末日的審判（神的判定）

↓

來世

（➡ 244 頁）

樂園　火獄

六信

神
（allāh）
相信唯一絕對的神

天使
（malāʾikah）
相信作為靈性存在的諸天使

先知
（rusul）
相信穆罕默德、摩西（穆薩）、耶穌（爾撒）等神的先知

經典
（kutub）
信奉《古蘭經》，以及猶太教和基督教聖經等神之天啟

來世
（allāh）
相信末日審判後樂園和火獄的存在

前定
（qadar）
相信神決定了人類的命運

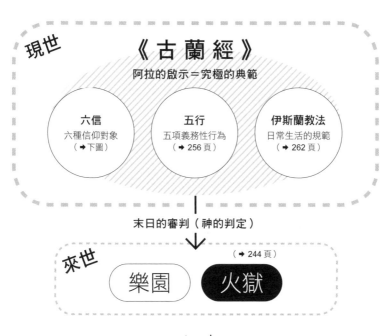

五功

皈依阿拉的人（穆斯林，即伊斯蘭教徒）身為皈依者，必須實踐下列五項具體的行為。這稱作**五功**或**五柱**。

①**信仰作證（清真言）**。必須念誦「La illaha ill Allah（萬物非主，唯有真主）、「Muhammadur Rasul Allah（穆罕默德，是主使者）」這兩句話，表明對神和先知的信仰態度。

②**每天祈禱五次（禮拜）**。黎明前、正午、日落前、日落後、晚上，共進行五次。朝著麥加的方向根據規定的儀節祈禱，最好和大家一起禮拜。（➡258頁）

③**施捨（天課）**。除了自發性的施捨之外，還有針對財產（農產物、家畜、金錢）作出一定比例的稅捐。施捨出來的東西會分給貧窮困苦的人。

④**齋戒月的禁食（齋戒）**。在伊斯蘭曆禁食月（Rama ān）的一個月內，成年男女都必須遵守有關飲食和性的禁欲規定。由於只有禁止白天，日落後便可以進食。生病的人可以不用禁食。

⑤**麥加朝聖（朝覲）**。在朝聖月（dū l-hijja）的上旬至中旬舉行。有固定的儀節規範。另外，朝聖僅限於具備財力和體力的人（➡260頁）。

五功各有許多與其他宗教相似的地方。不僅基督教也會進行信仰告白，佛教也會表明皈依三寶。禮拜相當於基督教的祈禱和聖餐禮（彌撒），但每日五次可說是頻率非常高；以佛教來說的話就相當於打禪、讀經、念佛、誦經等。無論如何，伊斯蘭教的原則相當簡潔有力，雖然有必須遵守的儀節，但也不可以過度刻苦。這種「不勉強」精神也被認為是伊斯蘭的特徵。

五功

信仰作證
（清真言）

「萬物非主，唯有真主」
「穆罕默德，是主使者」

改信伊斯蘭教的時候，透過這兩句話對神和先知做出信仰告白。

每天祈禱五次
（禮拜）

每天五次（黎明前、中午、日落前、日落後、晚上），朝著麥加的方向，以規定的儀節祈禱，最好進行團體禮拜。（➜ 258 頁）。

施捨
（天課）

針對財產（農產物、家畜、金錢）徵收一定比例的施捨。
施捨的東西會分給貧者或窮困者。

齋戒月的禁食
（齋戒）

在齋戒月的一個月內，從日出到日落
必須遵守有關飲食和性的禁欲規定。生病的人可以免除。

麥加朝聖
（朝覲）

在朝聖月的上旬至中旬舉行。
朝聖僅限於具備財力和體力的人。
（➜ 260 頁）。

伊斯蘭曆（希吉拉曆）

以先知穆罕默德的麥地那聖遷（西曆 622 年 7 月 16 日）為起點的純陰曆。
（一年有 354 天或 355 天。30 年裡有 11 次閏年）

1 月	穆哈蘭姆月	**7 月**	賴哲卜月
2 月	色法爾月	**8 月**	舍爾邦月
3 月	賴比爾・敖外魯月	**9 月**	賴買丹月（齋戒月）
4 月	賴比爾・阿色尼月	**10 月**	閃瓦魯月
5 月	主馬達・敖外魯月	**11 月**	都爾喀爾德月
6 月	主馬達・阿色尼月	**12 月**	都爾黑哲月（朝聖月）

禮拜

每天五次的**禮拜**（ṣalāh）作為五功之一成為信徒的義務。這五次都有大致上進行的時間點，甚至還有一年分的禮拜時刻表。

禮拜的時候首先要**淨身**。清洗雙手雙腳和臉並漱口，流程上都有既定的規則。淨身後，站著面朝麥加的方向（qibla，即朝聖方向）。伊斯蘭諸國的飯店，很多在天花板上都會標示著「qibla」。

①**晨禮**。清晨天未明的時候舉行。②**晌禮**。正午過後舉行。③**晡禮**。日落前舉行。④**昏禮**。日落後舉行。⑤**宵禮**。晚上舉行。每一次禮拜都有詳細的規定，根據不同地域禮拜的時間也不同，因此信徒會根據一整年的時刻表來進行。

禮拜的單位稱作「rak'ak（拜功）」。一拜功之間，或站、或敬禮、或坐、或趴下，進行各種動作，也會念誦相對應的語句，比方說「真主至大」、「願榮耀歸給至高之主」等。禮拜都各有規定拜功的次數，如兩次或四次等。

此外，每周五的中午會在清真寺舉行團體禮拜代替晌禮，由禮拜的導師伊瑪目講道。這被稱為**主麻禮拜**，所有成年男性都有義務參加。病人、小孩、旅行者可以不用參加（「伊瑪目」有許多不同的含意，遜尼派代表哈里發，而什葉派也會用這個字稱呼領導者阿里（➡246頁）的子孫）。

身體力行和共同體性

每一個宗教都有特定的禮拜模式，但伊斯蘭禮拜的特徵是連細節都有嚴格的規定。從重視身體禮拜動作的方面來看，或許某種程度上也具有類似東洋宗教修行的特徵。

禮拜的基本動作

表明禮拜的意志

朝著麥加的方向站立

大讚詞（Takbir)

（「Allahu akbar」（真主至大））

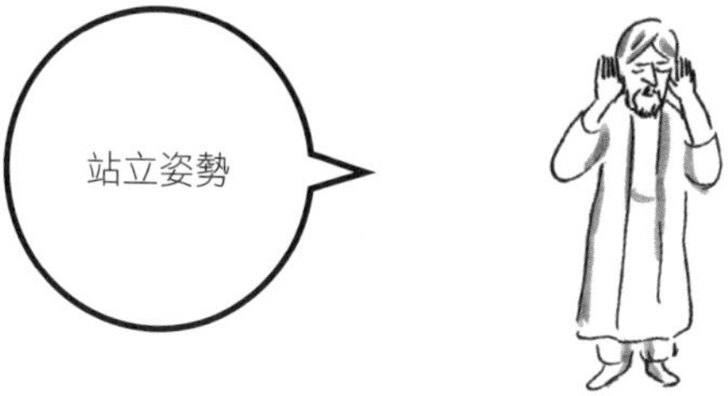

兩手舉到耳朵的位置、
雙手交疊在胸前、跪下等都有規定。
除了唸誦大讚詞之外，唱誦古蘭經開端章、
「願榮耀歸給偉大的主」等順序和次數也都有規定。

根據規定的次數反覆進行一連串的動作（拜功）

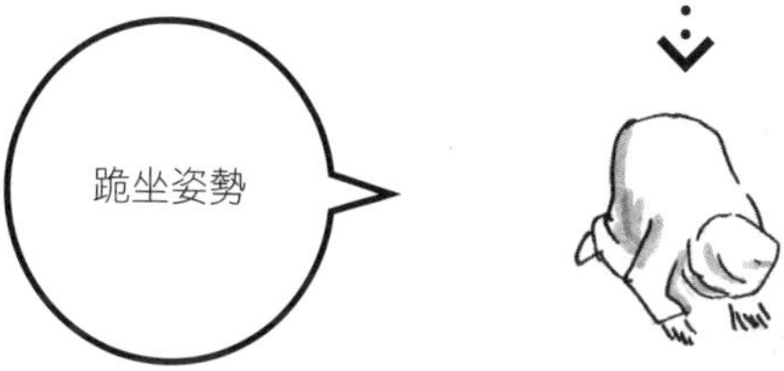

動作是磕頭、坐起、磕頭。
念誦大讚詞、「願榮耀歸給崇高的主」等，順序和次數都有規定。

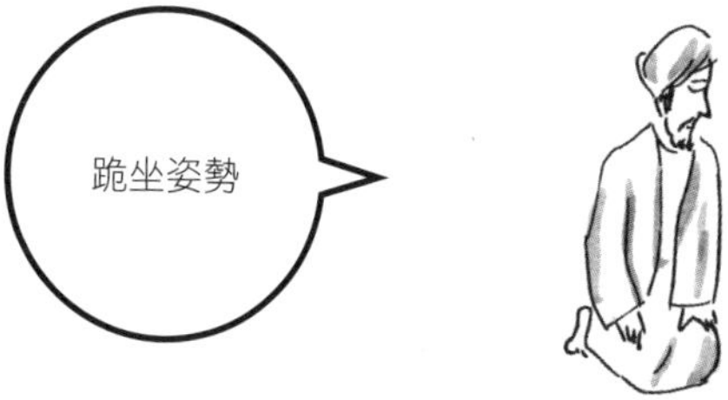

念誦大讚詞和信仰作證（➔ 256 頁）。
有固定的動作。轉向左右的信眾，唱誦「願你有平安和神的慈悲」。

朝覲

麥加朝聖當中的**朝覲**是五功之一，然而僅限擁有財力和體力者進行便可。朝覲在伊斯蘭曆的十二月八～十日舉行，完成朝覲的男性稱作哈吉，女性稱哈賈。

朝聖的禁忌

朝聖者必須淨身，男性穿著沒有縫線的白布衣（**戒衣**）並理髮。女性則可穿著白布衣或是各地的傳統服裝。這時不可以戴寶石，也不可以擦香水。嚴禁行房，也不可以發生爭執。人在麥加的時候必須要保持潔淨無垢。

在麥加

朝聖者的目標是位於麥加正中間、名為**克爾白（天房）**的立方體建築物。這個建築物是在先知穆罕默德受到神啟示的時代，阿拉伯各部族用來祭祀諸神的聖殿，後來藉由破壞當中神明的偶像，成為了伊斯蘭象徵的中心。根據傳承，克爾白是上古時代，亞伯拉罕（易卜拉欣）為了安置天使授予的黑石而建造。

克爾白現在被名為**禁寺**的大型迴廊式建築包圍。八日，朝聖者進入禁寺之後，會以逆時鐘方向繞著克爾白走七圈，這個儀式被稱為「塔瓦夫」（Tawaf）。信徒會親吻被鑲入克爾白角落的黑石，或是朝著黑石向神祈禱。

在禁寺也有其他必須進行的儀式，包括飲用**滲滲泉**（來自禁寺地下）的水。另外，也必須在禁寺內名為**薩法**和**麥爾臥**的兩個小山丘間，來回走七次。

九日，信徒會前往麥加郊外的阿拉法特悔改自己的罪，向神祈禱。十日，於米納向惡魔的石柱投擲石頭，舉行犧牲獻祭。

伊斯蘭曆
12月

朝覲（麥加朝聖）

8日 —— 塔瓦夫

逆時鐘方向繞著位於禁寺內的克爾白走七圈

克爾白是石造的立方體建築物。為黑布所覆蓋。

飲用滲滲泉的水
在薩法和麥爾臥的兩個小山丘間來回走七次

9日 —— 在阿拉法特向神祈禱

10日 —— 在米納向惡魔的石柱投擲石頭
舉行犧牲獻祭儀式

戒衣
穿著白布衣

禁寺和克爾白

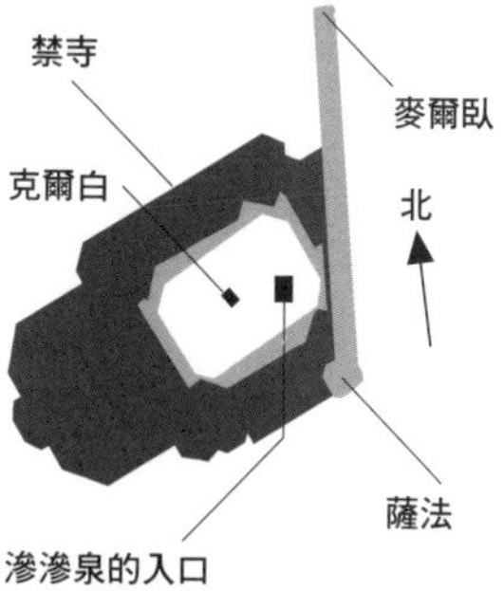

禁寺位於麥加的中心。
禁寺和其周邊目前正在進行擴大工程。

伊斯蘭教法

教法體制

被譯為**伊斯蘭教法**的「**沙里亞**」，原本是前往沙漠水源之路的意思。也就是說，在充滿疑問和衝突的人生沙漠之中，沙里亞是引領人們前往和平生活之地的指南。

先知穆罕默德藉由宣揚神的啟示引導了伊斯蘭共同體。即便在穆罕默德死後，信徒也能以彙整神的話語而成的《**古蘭經**》為依歸。話雖如此，《古蘭經》提及的內容有限，有時候對於禁止事項的解釋也不夠明確，因此作為信徒的行動指南，才制定了以《古蘭經》、**穆罕默德的言行（聖行）**、法學家的**公議（伊智瑪爾）**、法學家的**類推（格雅斯）**這四大法源為基礎的法理體制。

法學派

伊斯蘭多數派的遜尼派下共有**哈乃斐派**、**馬立克派**、**沙斐儀派**、**罕百里派**的四大學派。至於什葉派則比起法學家的公議或類推，更重視最高領袖伊瑪目的裁定。

另外，當發生法理問題的時候，法學家做出的判斷稱作**法特瓦**（伊斯蘭教令），而提出法特瓦的法學者稱作穆夫提。

教法規定

伊斯蘭教法當中將事物分為五個類別，分別是**天命**（wajib）、**嘉行**（mustahib）、**許可**（mubah）、**可憎**（makruh）與**嚴禁**（haram）。例如，禮拜等屬於天命，竊盜則是嚴禁。

順帶一提，關於在日常生活中具有重大意義的食品規定，為伊斯蘭教法所容許的食品（尤其是肉製品）稱作「**清真**」（ḥalāl）。除了豬肉等屬於嚴禁，沒有依照規定宰殺的肉也被歸在嚴禁一類。

伊斯蘭教法（沙里亞）的 5 個範疇

・**天命**（wajib）	必須做到	禮拜、禁食、履行契約、扶養配偶、吉哈德等
・**嘉行**（mustahib）	最好做到	自發性的捐贈財產、結婚等
・**許可**（mubah）	可以自由選擇做或不做	飲食、買賣等
・**可憎**（makruh）	最好不要做	離婚、墮胎等
・**嚴禁**（haram）	不可以做	殺人、竊盜、通姦、吃豬肉、偶像崇拜等

食品

「清真」和「嚴禁」

嚴禁（ḥarām） ⟷ **清真**（ḥalāl）

（禁止行為）

死肉、豬肉、奉獻給偶像的動物肉、血等

（得到容許）

符合伊斯蘭教法的食品

為了避免混淆，「halal」日語翻作**容許**，「haram」為**禁止**。

除了豬肉之外，也禁止食用未依照奉真主之名規定的方法處理之肉品。

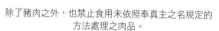

《使者的訊息》

由於禁止偶像崇拜，因此很難想像伊斯蘭世界裡會有關於宗教的影像作品，但事實上還真的有描繪先知穆罕默德生涯的電影。那就是由穆斯塔法．阿凱德執導的《使者的訊息》（一九七六年）。參與製作的國家除了沙烏地阿拉伯之外，也包括其他幾個伊斯蘭國家和美國，作品的水準可以媲美好萊塢的基督教電影。劇中也起用安東尼．昆等國際著名演員。

美國一直到六〇年代為止黑人都受到不平等的待遇，和越南戰爭一起損害了美國的威信，引發反主流文化的興盛和人權意識的高漲。在這樣的時代潮流之下，原本就提倡人類平等的伊斯蘭教對於西歐諸國來說可謂象徵著嶄新的「訊息」。導演也曾經表示，希望能透過這部作品搭起伊斯蘭和西方世界的橋樑。

電影當中也有出現一位重要的黑人男性角色，他因為伊斯蘭的訊息而從奴隸身分獲得解放，成為召集人們禮拜的穆斯林。

不過有關先知穆罕默德本身，自然是沒有做出直接的描繪，而是透過周圍人們的視角來帶出其存在。其中最讓人玩味的是對於異教時代克爾白的描寫，可見昏暗的內部擺滿了無數的異教偶像。

《使者的訊息》

第6章

其他宗教

瑣羅亞斯德教

二元論的世界觀

瑣羅亞斯德是西元前一〇〇〇年左右（有許多不同的說法）的伊朗宗教家。「瑣羅亞斯德」為「查拉斯修特拉」的英語化發音，德語的念法則是**查拉圖斯特拉**。不過以「上帝已死」而出名的尼采文學作品《查拉圖斯特拉如是說》，與瑣羅亞斯德教其實沒有任何關係。

瑣羅亞斯德是古代伊朗的宗教改革者，創立以**阿胡拉·馬茲達**為最高神明的宗教體系。從阿胡拉·馬茲達誕生了善靈**斯彭塔·曼紐**和惡靈**安哥拉·曼紐**，這般**善惡二元論**是這個宗教最大的重點。人類可以自己選擇善與光明或是惡與黑暗的一方，但當然還是要求應當從善。複數個善神的神格會幫助信徒與邪惡戰鬥，這場鬥爭具有強烈的末日論色彩。

猶太教等一神教也是以善與惡的戰爭、審判、末日為主題發展，被認為受到瑣羅亞斯德教的影響。伊斯蘭教的「有經者」當中，也包含了瑣羅亞斯德教徒。

後世的發展

瑣羅亞斯德教後來成為波斯薩珊王朝（西元後三～七世紀）的國教。只不過教義稍有變化，變成了善神**阿胡拉·馬茲達**和惡神**阿里曼**（安哥拉·曼紐）直接對戰，統合兩者的存在則是**祖爾宛**（時間）。

七世紀之後，伊朗人陸續改信伊斯蘭教。瑣羅亞斯德教徒成為少數族群，從事商業、貿易、金融等工作。現在的瑣羅亞斯德教徒大多集中在印度的孟買附近，他們被稱作**帕西人**。

此外，由於瑣羅亞斯德教的祭典包括護持聖火的儀式，因此又得名**拜火教**。

瑣羅亞斯德教

阿胡拉・馬茲達

最高神

也具有幫助最高神的神格

斯彭塔・曼紐

善靈（聖靈）

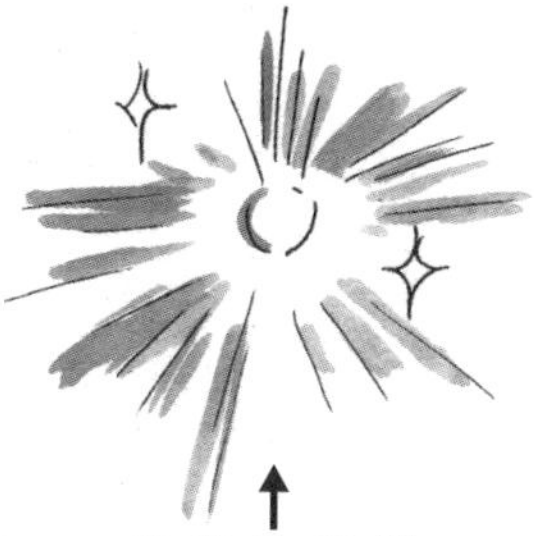

人類有選擇善的責任。死後或末日會受到審判，前往天國或地獄

善惡的戰鬥

安哥拉・曼紐

惡靈（破壞靈）

也稱作阿里曼

始祖瑣羅亞斯德

寺院裡象徵清淨的火永遠不滅

瑣羅亞斯德教的象徵守護靈佛拉瓦奇

耆那教

耆那教誕生於與釋迦同時代的印度，教義上也有相似之處。在印度雖然已不見佛教蹤跡，不過耆那教儘管屬於少數派，依舊延續至今。

始祖

始祖是西元前六～五世紀的**筏馱摩那**，受人尊稱為**摩訶毗羅**（mahavīra，意謂大雄）或**耆那**（jina，勝利者）。佛典上記載的名字是尼乾陀若提子（源自族名等的通稱）。

教義

耆那教與佛教相同，主張從**輪迴**中**解脫**。由於生物受到**業**的束縛，若想要跳脫業的影響，最理想的方式就是實踐禁欲苦行。認為動植物和地、水、火、風也都有靈魂；對於真理的認知採取相對主義的立場。

出家要遵守的**大誓戒**分別是不殺生、不妄語、不盜、不淫、無所有（與佛教不同，強調無所有）。為了不吸進空中的小蟲，出家人會用布遮住嘴巴，並隨身攜帶掃帚以免踩到路上的小生物；在家者的話則應遵守稍微寬鬆的**小誓戒**。此外，比起耆那教，屬於「中道」的佛教就顯得比較溫和。

二個派別

耆那教團分為**白衣派**和**空衣派**。空衣指的是裸體，出家者不穿衣，代表遵守無所有的理想。據說當初所有人都是空衣，直到西元一世紀起才出現穿衣的白衣派，並同時開始認同女性的出家。如今白衣派依舊屬於壓倒性多數，兩派的差異主要在於實踐修行的模式，在教義上幾乎沒有不同。

由於耆那教連蟲都不能殺，因此信徒比起農業以從事商業（零售業或金融業）居多。信徒的人數雖然不算多僅有約三百萬人，但仍具有一定影響力。

耆那教

始祖

本名 ● 筏馱摩那

稱號 ● **摩訶毗羅**（大雄）
或是耆那（勝利者）、
蒂爾丹嘉拉（救濟者）

基本教義

- **輪迴**
- 束縛靈魂的**業**
- 透過**禁欲、苦行**解脫
- 出家者和在家者的**戒律**

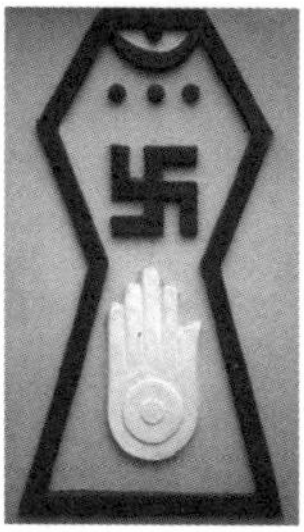

大誓戒

（出家者的五戒）

不殺生：為了遵守這個誓戒，
會盡量避免殺害地上
或空中的蟲。
無所有：為了遵守這個誓戒，
也有不穿衣的
修行者（空衣派）。
其他還有、**不妄語**、**不盜**、**不淫行**

小誓戒

（比出家者寬鬆的五戒）

與出家者的誓戒項目相同。
不淫代表禁止婚姻以外的性生活，
無所有是一定程度的不執著。

空衣派

（裸體派）

初期的出家者皆裸體修行
（為了遵守無所有的誓戒）。
今日雖為少數派，但依舊存在。

白衣派

於後 1 世紀出現。
穿著白衣。
承認女性的出家者。

錫克教

錫克教於十六世紀初誕生，相較之下屬於新興的宗教。當時，印度的印度教開始接收來自西方伊斯蘭教的影響，而作為印度教改革派之一誕生的便是錫克教。

始祖和教義

始祖是**古魯・那納克**（一四六九～一五三九）。古魯指的是「上師」之意，而錫克代表著「弟子」，也就是說信徒是古魯的弟子，且所有人類都是神的弟子。

錫克教和伊斯蘭教一樣，宣揚**神**是唯一，不過對於這個「神」的稱呼則會根據宗教和民族而有所不同。另一方面，與印度教相同，都認為宗教的目的是從**輪迴**中**解脫**後與神合而為一。錫克教除去印度教種種的儀節和學習，並且批判**種姓制度**。

歷史

那納克死後，由歷代的古魯繼承教義。第五代古魯・阿爾詹在阿姆利則打造了哈爾曼迪爾・薩希卜（俗稱金廟）。後來受到蒙兀兒帝國的打壓，錫克教團於是導入軍隊化制度，第十代的戈賓德・辛格（一六六六～一七〇八）為了護教便成立了名為「**卡爾沙**」的男子公社。他們持守五種清淨的象徵，簡稱５K，分別是蓄髮留鬍（keshdhai）、帶梳子（kangha）、穿短褲（kachk）、帶手鐲（Kara）、配短劍（khande），並將長髮用頭巾包起來。

戈賓德・辛格死後，彙集歷代古魯的教誨和詩歌等而成的經典《**格蘭特・薩希卜**》於是被定位為永恆的古魯。

錫克教徒多分布於印度的**旁遮普邦**。在與印度教徒的衝突當中激進派勢力逐漸抬頭，於一九八四年印度政府還突擊了錫克教的大本營。現在全世界共有兩千多萬名的錫克教徒，除了印度之外，多分布於英國和北美。

錫克教

據說年輕時遇見迦比爾（提倡整合印度教和伊斯蘭教的一神教宗教家），受到他的感化。

始祖

古魯・那納克
（1460～1538年）

出生於旁遮普邦
的印度教家庭。
出家後與伊斯蘭教徒的吟遊詩人
走遍諸國傳教。

基本教義

一方面派生自印度教，一方面繼承了伊斯蘭教的一神論特徵。

- **神的唯一性**
- **輪迴**、業、**解脫**的思想
- **否定**儀節、偶像崇拜、種姓制度

在寺院即使不是信徒，也能平等地用餐

古魯和經典

從初代到第10代為止，
都是由被稱為古魯（上師）的領袖領導。
第10代的戈賓德・辛格指定
《格蘭特・薩希卜》為永恆的古魯。

頭巾和鬍子

錫克教徒的男性最大的特徵是頭巾
和經過修整的鬍子。

儒教

正如日本人是**佛教**和**神道**雙強鼎立，中國人則是**儒教**、**道教**、**佛教**的三強鼎立。當然也有不少人只專注於其中一種宗教，但大多數人的信仰都是這三種思想的混合體，彼此之間的影響亦相當深遠。

孝的信仰

中國人在宗教上的世界觀基本上是**孝**。廣義的孝包括祭祀祖先、傳宗接代，蘊含了超越世代來祈求生命延續的概念；狹義的孝則是對於自己父母的孝行，整體來說是看重家族薪火相傳的信仰。針對這個孝的觀念有所發展的便是儒教，而孔子則是將孝的傳統加上倫理方面的反省。狹義上的儒教就是指學習孔子的思想，即所謂的儒學。

孔子與孟子

《**論語**》是**孔子**（西元前五五一～四七九）的言行錄。他闡述以**仁**（愛人）為核心的理想，且非常重視**禮**（儀節）的學習和實踐。

雖然儀節和禮儀常被認為只是形式上的東西，但這其實也能作為人際關係和溝通時的基礎，因此不能過於低估。以此為中心發展出的教義，展現了儒教作為一種宗教的獨特性。

重要的儒教思想家**孟子**提出的**五倫**，即「父子有親、君臣有義、夫婦有別、長幼有序、朋友有信（父子之間有親愛，上司和下屬之間有道義，夫婦之間有男女的區別，年長者和年少者之間有順序，朋友之間有信義）」相當知名，代表著儒教重要的德行。

相較於中國人和韓國人的宗教生活多以儒教為基本，但日本對於儒教的接納度卻有限。德川時期所形成的武家意識形態，讓人們反而更加強調「**忠**」的德行。

中國宗教三件套

人生中恰到好處的分工

道教

- 諸神信仰（現世利益）
- 目標長生不老
- 追求道和無為自然

儒教

- 孝的實踐（祭拜祖先、
- 對父母盡孝、傳宗接代）
- 仁和禮等德行

佛教

- 以解脫為目標的修行
- 禪＋淨土信仰的形式

具有在傳統上相互對立和影響的關係

- 老莊思想批判儒家的人為道德主義。
- 儒家批判棄家的佛教是不孝。
- 另一方面，佛教的教義和修行形式也深深地影響了儒教和道教。

儒教的德

仁

孔子以「每個人都應為人著想」為中心，闡述倫理。

五倫

（孟子）

父子有親

父子之間有親愛

君臣有義

上司和下屬之間有道義

夫婦有別

夫婦間男女的美德與分工

長幼有序

年長者和年少者之間有順序

朋友有信

朋友之間有信義

禮

孔子重視與祭祀祖先相關的祭禮。儀節上的秩序構成了社會關係的基礎。

道教

道教是綜合了中國各地民間的諸神信仰和各種巫術習俗的一種傳統。就這一層意義來說，道教也許可以說是自中國歷史之初就存在了。只不過在歷史上開始發展出明確的教義和組織形態，有先經過以下兩個階段。

哲學的道教

第一是**老莊思想（道家思想）**的誕生。雖然無法確定老子是什麼時代的人，但由於他批判孔子儒家思想的形象強烈，因此也許是晚於孔子的世代。老子的《**老子（道德經）**》闡述**道**，其中包含了有如宇宙形上學的原理，人們應該以「無為」來順應天道。**莊子**則闡述稱為齊物論的相對主義，同時亦提倡自然。

無為自然是老莊思想的重要概念，對於後世包含中國佛教在內的東亞思想都有很大的影響。

道教教團

第二則是西元後，自漢朝以來逐漸興起的民眾教團活動，以治病為中心融入了各種教義和習俗。後漢的**太平道**和**天師道**、北魏的**新天師道**、十二世紀的**全真教**等，都是知名的道教教團。

道教結合了各種教義，除了主張老莊的「道」之外，也包含儒教道德和類似佛教「空」的思想。另外還有調息（呼吸法）等各種健康法，以及房中術（行房的技巧）、煉丹術（製造長生不老之藥）等身體技術。教義主要在講求祈禱現世的幸福。諸神的種類相當多元，以元始大尊或玉皇大帝為最高神，還有被神格化成為太上老君的老子。其他還有灶神、門神、各種自然之神、驅魔的鍾馗、航海女神媽祖等等，同時也信仰來自佛教的閻羅王和觀音。

道教將相當於修行者和祭司的人稱作**道士**，等同於寺院的是**道觀**，各種經典的總集則稱作**道藏**。

道教

老莊思想

相傳由老子所著之《道德經》是闡述「道」的重要經典

莊子夢見化作蝴蝶，開始思考存在的相對性

老子

莊子

融入神仙思想等各種宗教思想……

融入逐漸增加的各種神明……

道教

漢朝以後出現各種道教教團。
太平道、天師道、新天師道、全真教等……

道觀

各種神明

道士

實現福（幸福）、祿（財富）、壽（長壽）

身體技術

神道

古代、中世紀

日本傳統信仰各地諸神的**神道**的淵源可以追溯到原始時代，只不過並不清楚當時信仰的實際情況。反而是大和時期朝廷輸入佛教之後，神道才開始自成系統。支持佛教的朝廷，為了強調自身皇室權威的由來，於是編纂了《**古事記**》、《**日本書紀**》等充滿神話性的史書，重新建構眾神的系譜。

神道的眾神本來多被視為富有靈威的自然和權威者力量的體現，貼近萬物有靈論的信仰形象。然而隨著受到佛教的影響，眾神也逐漸開始具備救贖者的性質。

古代日本也誕生了將眾神當作佛法的守護神，以及諸神是由佛菩薩化身而來的**本地垂迹說**。佛教和神道信仰就這樣相互影響、彼此融合（**神佛習合**）。日本自古以來的山岳信仰則發展成密教系統的**修驗道**；平息被流放至大宰府的菅原道真怨靈的**御靈信仰**也根深蒂固，以夏日祭典的形式成為例行活動延續至今。神道各派亦分別發展出獨自的教義。

近世紀、近代

隨後又出現七福神等不同起源的福神，在幕末時期的**新宗教**當中也陸續出現如一神教般救濟信徒的神明。此外，透過批判佛教和儒教來追求日本固有價值的意識升高，本居宣長等人的**國學**也蓬勃發展。

一直到江戶時代為止難分難捨的佛教和神道在進入明治之後遭到人為切割（**神佛分離**），明治政府採取以天皇為中心整合國民的政治模式，賦予神道特殊的地位（**國家神道**）。二戰時，神道界和佛教界也都傾向軍國主義。

如今，對諸神的信仰除了體現在各家的屋敷神（地基主）、村莊的鎮守神、企業祭祀的稻荷神社、巡遊能量景點等各個方面，同時也與天皇制度和民族主義有所連結。此外針對靖國神社祭祀戰歿者的問題，國家等級的宗教象徵究竟是否合宜也成了爭論的焦點。

神道的各種樣貌

御神體就是自然本身的眾神

三輪山本身就是御神體。
具有將自然形象視為神祭祀的
萬物有靈論風俗。

記紀神話

高天原的女神天照大御神
（天皇家屬於此系）、素盞嗚尊、出雲的大國主神等，
世間存在著八百萬神明。

從天之岩戶現身的太陽神天照大御神

鎮守之森

神社大多會在境內
保留森林的生態系。

御靈信仰

祇園祭起源自御靈信仰

七福神

除惠比壽之外還包括印度教
（大黑天、弁天等）、道教（福祿壽）
與佛教系統（布袋）的神

廣受歡迎的稻荷信仰

國學

中世紀開始出現
各種神道教義的學說，到了近世作為
「學問」的國學成立。重新探究鮮為
人知的《古事記》的人正是本居宣長。

除穢的流雛人偶

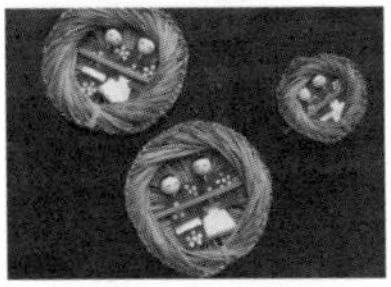

國家神道

從明治時期至二戰期間，神道受
到國家的特別待遇，擁有民族主
義的特質。

正月初詣

祈求保佑的繪馬

神社的祭典

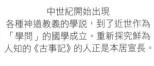

琉球的宗教、阿伊努人的宗教

琉球的宗教

日本西南諸島說的語言與本土方言大不相同，但在語言學上屬於同族，文法和語彙也很相近。這個地區的人擁有與本土民俗信仰相近但又自成一格的獨特信仰。

琉球的神話世界相當多元，既有祖先神明的登場，也提到了位於海洋遙遠彼方的樂土「**Nirai Kanai**」（也是死者靈魂前往的國度），同時還具備與王權神話相結合的太陽神信仰。於十七世紀編纂的《**思草紙**》（おもろさうし），正是集結**琉球王國**祭祀時使用的神話古歌謠（おもろ）而成的書籍。

在琉球王國，國王的姊妹（或是王妃）會被任命為稱作**聞得大君**的神女，以靈力保佑國家安泰。神女體制的尾端存在著名為「**Noro**」（祝女）的女祭司；另一方面，民間的靈媒稱作「**Yuta**」，擔任了治病等重要角色。

阿伊努人

北海道、樺太（今庫頁島）、千島群島長久以來都是**阿伊努人**的生活地，但在日本人殖民之下逐漸流失固有的語言文化，直至今日。而從語言學的角度來說，阿伊努語和日本語之間並沒有關聯。

阿伊努人的信仰屬於萬物有靈論，認為宇宙萬物都寄宿著靈魂。具有神格的靈性存在「kamuy（日文發音kamui，漢字為神威）」會從另一個世界以動物等各種姿態顯現。像是「**kim un kamuy**」（山神、熊）、「**kotan kor kamuy**」（守護山里的神，貓頭鷹）等，有靈威的動物都被稱作「kamuy」。

其中又名「熊靈祭」的儀式「**iomante**」，是將以熊的外型顯現於世間代表「幸福」的kamuy送回另一個世界的儀式，藉此來感謝自然界的恩惠。

琉球王國的政治和宗教體制

onari（姊妹）用靈威守護 ekeri（兄弟）。因此又稱為 onari 神信仰。

王朝等級的信仰

（男） **國王** ← 靈力守護 ← **聞得大君** （女）

主掌政治　　　　主掌宗教

村落等級的信仰

神女的階級體制

Yuta ←→ **Noro**

（民間的靈媒）

Utaki

（御嶽）

位於各地的神聖森林。內有祭祀神明的拜所（uganju）。

位於沖繩本島的齋場御嶽（琉球王國的聖地）

阿伊努人的信仰

Kim un kamuy ← **Kamuy** → **Kotan kor kamuy**

靈魂的存在

無論動植物或火等各種事物都寄宿著具有人格的神靈。

熊

島梟（貓頭鷹）

Wakka us kamuy

水

Ape huci kamuy（火）

Kamuy 具有如自然界既是恩惠也令人敬畏的二面性，有時也會被譯為「魔」。位於北海道旭川近郊石狩川的地名「神威古潭」意指魔（kamuy）的居所（kotan），表現出當地湍急河流的危險。

阿伊努人盛傳名為 Yukar 的敘事詩。
Kamuy yukar（神謠）是 kamuy 附身於話者所吟唱的歌謠。大正時期，阿伊努的少女知里幸惠所編纂的《阿伊努神謠集》至今依舊廣為流傳。

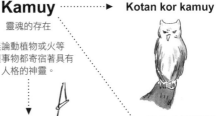

日本的新宗教

無論什麼時代都會出現新的宗教，而在近代化的潮流當中再次重新組織化的各種宗教又特別稱之為「新宗教」。

近代化之下

日本是**新宗教運動**特別盛行的地方。不僅幕末出現**天理教**、**金光教**等屬於神道體系的多個教團，進入明治之後也陸續有教團創立。其中尤以神道體系的**大本教**派生了許多教團（**生長之家**、**世界救世教**等），也有很多是從順著供養祖先和法華信仰脈絡形成的**靈友會**派生而來（**立正佼成會**等）。**創價學會**作為法華信仰的在家團體其影響力也不容小覷。

在幕末不安的時代和明治以來急速近代化的過程當中，這些新宗教的出現為已經無法透過舊有傳統的檀家佛教或氏子神道獲得「救贖」的庶民提供了安心和互助的依歸。有人認為新宗教主要解決了**貧困**、**疾病**與**紛爭**的問題；除此之外，也有許多信仰擁有崇拜**生命**靈性的價值體系。

但新宗教也曾遭受**迫害**。戰前，日本政府將可能會動搖國家政策和天皇權威的一元化體制的宗教思想視為威脅。傾向末日思想的大本教就分別在一九二一年和一九三五年，二度遭到強烈的打壓。

分類上的方便

新宗教原本就萌生自相互混合的日本民間信仰潮流，因此從這點來看或許稱不上「新」。然而由於組織面上具有可以動員眾多信徒的獨立性，再加上無法將其分類進佛教或神道的教團類型當中，因此為了方便起見，於是將這些教團納入名為「新宗教運動」的範疇裡。

即便不被稱為「新宗教」，世界各地還是一直都有興起這一類的信仰**覺醒運動**。

日本的新宗教

在幕末社會變動當中誕生的教團

天理教
始祖：中山美伎（1798～1887）

神道系

從神附在地主家主婦身上開始。她為人治病，並主張所有人皆是兄弟。

金光教
始祖：金光大神（赤澤文治）（1814～83）

神道系

所有人皆是神之子，與神進行「交接」。

etc.

↓

從戰前到昭和時期誕生的教團

大本教
始祖：出口直（1836～1918）與女婿出口王仁三郎（1871～1948）

神道系

宣揚末日論，以此重整世間。1921年、35年受到打壓。

→ 生長之家：谷口雅春

→ etc.

→ 世界救世教：岡田茂吉（1882～1955）

- → etc.
- → 世界真光文明教團：岡田光玉
  - → 崇教真光：岡田恵珠

靈友會
始祖：久保角太郎（1892～1944）與小谷喜美（1901～71）

佛教系

重視法華經，以供養祖先為中心發展的在家教團。

→ 妙智會：宮本 Mitsu

→ etc.

→ 立正佼成會：庭野日敬（1906～99）與長沼妙佼（1889～1957）

創價學會
始祖：牧口常三郎（1871～44）與戶田城聖（1900～58）
從第3代的池田大作開始擴大勢力。

佛教系

作為法華信仰的日蓮正宗在家團體起步。1964年組成公明黨，在國外以SGI（國際創價協會）之名為人所知。

於戰後擴張勢力!!

近代以後誕生的宗教（世界）

以下列舉了自近代以後誕生的宗教。

薩泰里阿教——自西班牙統治時代開始於古巴興起的宗教。奴隸表面上看似崇敬天主教的聖者，實際上崇拜非洲體系的各種精靈（Orisha）。

伏都教——盛行於海地農村地區的非洲系宗教。擁有各種教義和儀節，包括神靈附身、治病、死者的儀式等。喪屍的傳說就是源自伏都教。

摩門教——一八三〇年誕生於美國。正式名稱是耶穌基督後期聖徒教會（➡225頁）。

巴哈伊教——十九世紀誕生於伊朗。始祖巴哈．歐拉在伊斯蘭教什葉派運動「巴比教」受到鎮壓的時候作為運動繼承者開創巴哈伊教。提倡世界和平，否定歧視和聖戰。二十世紀起在歐美擴展勢力。

耶和華見證人——十九世紀誕生於美國的宗教（➡225頁）。

高台教——一九二〇年創立於越南。結合佛教、儒教以及其他諸宗教，包括莎士比亞在內，許多西洋名人都是高台教信奉的對象。

拉斯塔法里教——一九三〇年代興起自牙買加。相信衣索比亞皇帝海爾．塞拉西就是耶穌在現世的轉世。六〇年代透過雷鬼音樂而廣泛傳播至歐美。

統一教會——一九五四年於韓國出現。正式名稱是世界基督教統一神靈協會（➡225頁）。

國際奎師那意識協會——一九六五年於紐約興起的印度教系新宗教。喬治．哈里遜也是其支持者，在六〇年代的嬉皮文化中非常有名。唱念「哈瑞奎師那……」的真言。

法輪功——一九九〇年代初期由中國的李洪志宣揚的氣功推行運動。一九九九年，被中國共產黨認定為非法組織。「邪教」說和政府打壓思想說，雙方持續對立。

神靈（Orisha）

中南美雖然是天主教社會，但也存在原住民（印第安人）的宗教和非洲系住民的宗教。
非洲的信仰以各種形式與天主教的聖者崇敬融合。
下面介紹在巴西的非洲系宗教**坎東伯雷教**和同一體系的新宗教**烏班達教**當中，具代表性的**神靈**（Orisha）。

Iemanja

海的女神。掌管生產。是漁夫的守護神。

以聖人崇敬思想來説
相當於聖母瑪利亞

Oxala

最高神。太陽神。

相當於基督

Exu

擁有善惡兩面，是一個喜歡惡作劇的神。解決現世利益問題。

壞的 Exu 相當於基督教裡的惡魔

Omolu

傳染病的神。
治療疾病。

相當於聖拉撒路

西洋的異教文化

在基督教開始宣教之前的歐洲，人們信仰著包括希臘羅馬神話、日耳曼神話、凱爾特神話等在內的各種印度、歐洲語系神話。

希臘眾神當中，主神宙斯、美之女神阿芙蘿黛蒂、音樂之神阿波羅、諸神使者荷米斯、海神波塞頓等都非常出名。他們都是古代人認真崇拜的對象，但在今日則偏向屬於藝術性象徵。

北歐是最晚基督教化的土地，就算在中世紀末基督教化後，依舊以文字形式保留了古代關於眾神的詩和故事。也多虧於此**北歐神話**才能夠相對完整地流傳至今。

北歐神話中包含了被稱作**諸神的黃昏**（**Ragnarök**）的末日神話。主神奧丁、英雄神索爾、戰神提爾與亦正亦邪的洛基等眾神，與具有力量可與神相匹敵的原始巨人們廝殺，一同走向毀滅。英勇面對毀滅命運的眾神和以他們為模範的人類戰士們，這個灰暗的主題被認為多少受到基督教末日思想的影響。

凱爾特神話也有留下紀錄。這是關於來到愛爾蘭島上的各民族（當中也包括像神一般的民族）勢力交替的故事。另外，英格蘭本島中世紀傳說中的人物**亞瑟王**也有著如神話一般的傳說。深植於愛爾蘭和英國民間對於**妖精**的信仰，據說也可以追溯到凱爾特時代。

現代的異教信仰

近年有許多**異教信仰**（**Paganism**）逐漸復活，例如威卡教就是著名的巫術信仰。這些異教大致上可以列入稱作新紀元運動與現代「靈性」相關的體系之中。

希臘眾神

在古代社會對於其他民族的神，會用自己國家神明的名字來加以稱呼。
例如古希臘神話主神宙斯在古羅馬神話來說則是朱庇特。
下表列出希臘眾神和與其相對應的羅馬眾神。

希臘神	性質、權勢	相對應的羅馬神（英語念法）
宙斯	最崇高的神。雷神	朱庇特（Jupiter）
波塞頓	海神。宙斯的兄弟	涅普頓（Neptune）
黑帝斯	冥界的神。地下神	普路托（Pluto）
蓋亞	大地女神	忒盧斯（Tellus）
迪蜜特	穀物和豐饒之神	刻瑞斯（Ceres）
希拉	婚姻生活的女神。宙斯的妻子	朱諾（Juno）
雅典娜	技藝、音樂、戰爭的處女神	彌涅耳瓦（Minerva）
阿芙蘿黛蒂	美與豐饒的女神	維納斯（Venus）
阿波羅	音樂、醫術、預言、光明之神	阿波羅（Apollo）
阿瑞斯	軍神。凶暴的神。	瑪爾斯（Mars）
荷米斯	財富、幸運、商業、偷盜的神	墨丘利（Mercury）
戴歐尼修斯	豐饒神。密教和狂亂之神。戲劇之神。	利伯爾（Liber）
赫菲斯托斯	火神、鍛冶之神	武爾坎努斯（Vulcan）
赫拉克勒斯	超人般的英雄	海克力斯（Hercules）

北歐神話

奧丁	主神。知識、詩、戰爭之神。為了末日的準備，召集人類戰士。
弗麗嘉	奧丁的妻子。被稱為眾神之母。
索爾	雷神，接近主神的地位。人類的守護神。
提爾	軍神。據說在太古時代是主神。
弗雷	豐饒、財富、婚姻之神。系譜上繼承華納神族的血統。
巴德爾	奧丁之子。美神。在末日死後復活。
阿斯嘉特	奧丁等主要神明（阿薩神族）居住的地方。
米德加爾特	人類居住的世界。代表「中間之國」。
約頓海姆	太古巨人勢力居住的世界。
尤克特拉希爾	豎立在宇宙中央（支撐宇宙？）的巨大樹木。
諸神的黃昏	眾神與巨人族共同毀滅的終末之戰。之後世界復活。

《送行者》

二〇〇八年由瀧田洋二郎執導的《送行者》榮獲奧斯卡最佳外語片，備受國際好評。此作品是改編自青木新門的小說《納棺夫日記》（一九九三年）。

描繪了葬禮真實面貌的電影以伊丹十三的《葬禮》（一九八四年）甚為知名。相較於這部電影給人從超越宗教和宗派的角度重新審視葬禮的機會，《送行者》則更進一步刻畫這個主題。

電影中葬儀社社長提到無論是佛教、基督教、伊斯蘭教、印度教，全都來者不拒，不區分宗教。這一段台詞不禁讓人深思，維護故人遺體「尊嚴」的遺體保存儀式，應當是能夠超越宗教差異的基本中的基本。

或許是因為現代隨著在社區或寺院舉行的葬禮傳統逐漸崩壞，都改由葬儀社全權處理，所以才會出現這般以葬禮為主題的電影。電影也同時反映了比起教理更重視儀節的日本人——進一步來說是東亞人，對於宗教的態度。總歸一句，其中展現的還是比較貼近神道和儒教的世界。

第7章

宗教學

宗教與宗教學

宗教與宗教學不同，宗教學也不等於神學。這個部分由於有些複雜，下面就來進行解說。

宗教vs宗教學

簡化地來說，宗教是用來「**相信**」和「**實踐**」，而宗教學則是用來「**觀察**」和「**比較**」這些宗教。當然，由於這是人類的行為，因此不可能像動物學家一樣透過籠子裡的動物觀察。藉由得到共鳴或做出批判，以對話的方式進行觀察，比較各個宗教。

比較各個宗教的時候，便會發現各種宗教的共通點和相異處，也會看到優缺點，使得無法純粹地去「相信」某個單一宗教，但這樣的距離感對宗教學來說是必要的。

歷史

宗教學大約是十九～二〇世紀從歐美發展出來的學問。歐美社會基本上屬於基督教社會，而盡量與這個**基督教神學**保持距離，作為科學的宗教學於是誕生。所以宗教學也包含無限近似於無神論的立場。

許多學者會在保持批判觀點的同時亦針對某些部分產生共鳴，進而觀察並比較宗教。宗教學家在私底下其實是基督教或佛教信徒這種情形其實並不少見。

跨領域研究

宗教學橫跨各種學問，不論是**社會學**、**心理學**、**人類學**、**民俗學**、**哲學**……等，是一個跨領域的綜合體。十九～二〇世紀，對於宗教學做出貢獻的基本上都是社會學家（例如艾彌爾·涂爾幹）、心理學家（例如威廉·詹姆士）或是人類學家（例如克勞德·李維史陀）。

宗教和宗教學

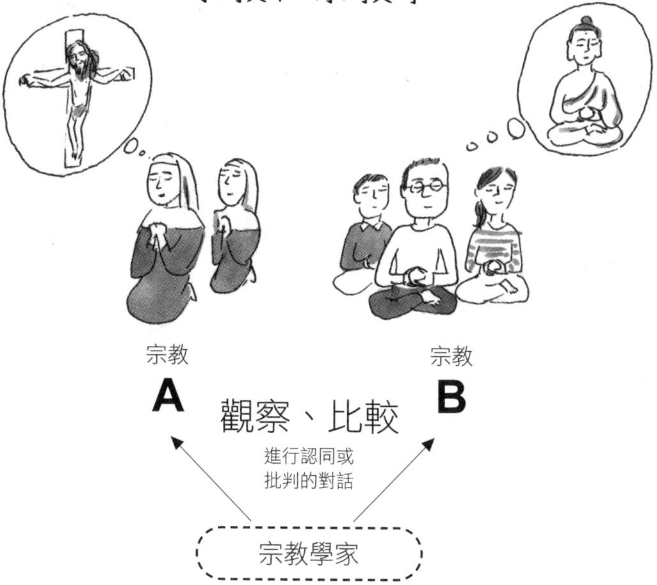

宗教學是各種學問的綜合體

語言學方面……
馬克思．繆勒
（研究印度的文獻等東洋宗教的典籍）等

人類學方面……
泰勒
（將萬物有靈論視為宗教的基礎，基於進化主義進行研究）等

歷史學方面……

社會學方面……
馬克思．韋伯
（研究新教宗教改革與近代資本主義的關係）等

民俗學方面……
柳田國男
（研究佛教和神道之外的民俗信仰）等

心理學方面……
威廉．詹姆士
（分別針對有無宗教皈信經驗的人進行研究）等

文獻學方面……

倫理學方面……

哲學方面……

宗教的定義

下面列舉兩個著名的宗教定義。

聖與俗

其一是以社會學家艾彌爾．涂爾幹為代表的論調。宗教是「**藉由禁忌劃分神聖與世俗的系統**」。的確，被歸類為宗教的都是神聖的場所、物、人類、行動及思想，與世俗（也因此價值較低）之物有所區分，並會藉由社會上的禁忌來維護神聖。

終極

另一個是受到保羅．田立克影響而發展出的想法，認為宗教是「**象徵終極關懷的系統**」。無論是科學、藝術、政治、生活智慧等，都無法完全解答人生中的問題，於是在進一步追求究極意義的時候，必定會不禁疑惑「人生究竟為何？」。這裡的「究竟」就是終極，並以「神」這個象徵性詞彙來加以闡釋。宗教就是這樣的系統。

定義上的方便

宗教的定義其實都只是以方便為主。如果定義過於狹隘，則不適用於所有宗教；定義過於廣泛的話，則幾乎所有人類做的事都會成為宗教。此外，就算以二分法劃分宗教和世俗，對於具體的事物或行為也很難一概而論什麼程度應該屬於宗教，什麼程度又該歸於世俗。

一般人文的概念都是根據歷史自然形成，有一些不見得符合定義。日語中的「宗教」也是明治時期根據「religion」一詞發明的**翻譯語**。也因此直到今日，日本人對於「宗教」一詞依舊有一種模糊不清的違和感。

宗教的定義（以方便起見）

例如……

「藉由禁忌劃分神聖與世俗的系統」

（社會學家涂爾幹等）

「象徵終極關懷的系統」

（神學家田立克等）

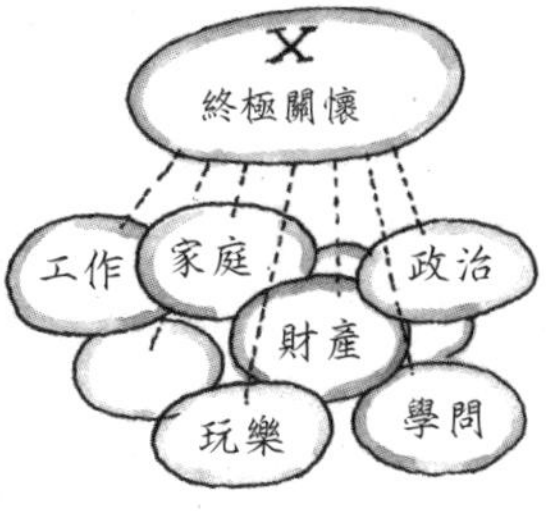

宗教無法一概而論

「宗教」的觀念其實就好比由各有差異的習慣和思想構成的寬鬆綜合體

宗教是對神的崇拜？

也有無神的宗教

宗教是為了覺醒的修行？

也有不修行的宗教

宗教是巫術？

也有禁止巫術的宗教

宗教是關於死後的教導？

也有不談論死亡的宗教

宗教意在提供救贖？

也有不救濟人的宗教

宗教是民族的傳統？

也有破壞傳統的宗教

宗教是團體行動？

也有崇尚個人主義的宗教

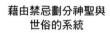

萬物有靈論

靈的信仰

說到宗教就會提到「**神**」，但世界上的各種信仰不見得都具備明確的「神」的形象。另一方面，**靈體的存在**——這雖然很抽象——但許多宗教都相信靈的存在。在像日本的多神教世界裡，所謂的「神」原本就近似於靈，就算是基督教等的一神教相信的造物主也並非物理上的存在，而是一種靈體。「靈」的確是在探討宗教時非常方便的詞彙。

靈的多義性

萬物有靈論（**Animism**）是從人類學誕生的概念，指的是相信**精靈**、**死者的靈**、**祖先的靈**等的文化體系。「**anima**」為拉丁語，代表「靈」、「魂」，同時也代表生命力。因此，有生命的動物被稱作「animal」，而彷彿有靈魂一般會動的圖像則稱作「animation」。

當然，「靈」和「魂」本身就是一種曖昧的概念。既類似「心」，也類似「生命」。既寄宿在人的內部，也會漂蕩在外在世界，或是作為「氣息」從嘴巴進出人體。「anima」和「**spirit**」原本就是「氣息」的意思。印度教中意味著個人自我的「**ātman**」，其語源亦是「氣息」。

宗教文化的基底

有人認為萬物有靈論是世界上所有文化的根源。就算是一神教的世界，也有天使、聖靈、精靈等靈的信仰。在印度以東的亞洲社會，對於眾神和諸佛菩薩的信仰本身也接近對靈的崇拜。日本人現在會巡遊能量景點或參拜神社，信仰的既不是具有人格的神，也不是具有生命力的靈，而是更無形的力量。

靈的存在

有各式各樣的型態

SPIRIT　靈
（氣息、生氣、精神？）

精靈、神靈

SOUL　魂
（心、人的本體、精神？）

基督教的聖靈

妖精和妖怪

天使與惡魔

祖靈

生靈、幽靈、死靈

「萬物有靈論」

人類學家 E.B. 泰勒的假說（1871 年）……為人類學和宗教學做出許多貢獻

在未開化社會……死亡、疾病、恍惚、夢等體驗

↓

「靈魂」的觀念
離開身體的人格

↓

最終……各種信仰體系
多神教、一神教

將宗教看作是一種進化的過程

薩滿教

薩滿教是以操縱靈魂的人「**薩滿**」為中心發展出的宗教性文化體系。這個字來自西伯利亞通古斯民族中代表「巫師」的詞彙。從語源上來說，有人認為或許與印度的沙門（sramana），也就是遊行者有關（沙門和薩滿發音類似）。

二種類型

所謂薩滿或巫師要操縱靈魂，指的是自己的靈魂離開身體在靈界遊走，或是反過來讓在外界遊走的靈魂依附在自己身上，進入恍神的狀態來傳達話語。前者稱作**脫魂**的薩滿，後者則是**憑靈**的薩滿。根據地區和文化多半會以其中一種為主流。

各地的傳統

日本的薩滿以憑靈類型居多。青森縣恐山的 **Itako** 和沖繩的 **Yuta** 等都非常出名，幕末之後出現許多新宗教的**女性教祖**也大多都是憑靈型的薩滿，例如天理教的中山美伎、大本教的出口直等都擁有這樣的特質。就算沒有開創教團，鄉下或都市都還是常常可以看到類似靈媒的占卜師為人們提供人生建議。

朝鮮半島同樣也有濃厚的薩滿色彩，有許多**巫堂**（女性靈媒）和**博數**（男性靈媒）相當活躍。

世界上的主流宗教也不是都和薩滿毫無關聯。猶太教的先知、進行信仰治療的耶穌以及獲得神傳授《古蘭經》的穆罕默德，先不論神學上的解釋，以行為來說其實也具備薩滿的性質。

薩滿

進入恍神狀態，與靈交流的專門家

脫魂型

造訪靈的世界

靈魂離開身體，
與另一個世界的靈交流

憑靈型

傳達其他靈魂的指示

招來其他靈魂，
附在自己身上

薩滿教

以薩滿為中心的宗教性文化體系

進行神諭、
預言、占卜。
治療疾病、
主持祭儀。

相傳日本早從卑彌呼的時代開始就具備薩滿的文化基礎。

- 東北地區—— Itako、Gomiso、Kamisan 等
- 琉球地區—— Yuta、Kankakarya 等
- 其他、新宗教的女性教祖、都市的各種靈媒師等。

多神教和一神教

多神教

信仰神的宗教分為**一神教**和**多神教**。多神教是認同許多神明存在的宗教，這些神有的宛若人類、有的具備崇高倫理，也有層次較低的精靈等，與**萬物有靈論**的界線較為模糊。

一神教

相對於多神教或萬物有靈論，一神教則是崇拜對全宇宙負責的單一統治者。歷史上的**猶太教**，以及從中派生的**基督教**和**伊斯蘭教**皆為典型的一神教。根據這三種宗教的傳承，統治天地的唯一神創造宇宙、創造人類，賦予人們倫理規範並加以引導，在人死後下達審判，為宇宙帶來末日。

傳統猶太教體系的一神教將多神教稱作「**偶像崇拜**」的「**異教**」加以否定。這是因為一神教大多是以批判與各種利益結合的多神教的形式登場；例如基督教誕生的背景是羅馬眾神與羅馬帝國權力體制的緊密結合，伊斯蘭教則是在阿拉伯各部族神明與部族社會的歧視架構結合下起步。當然，這些不過是一神教單方面的說法，實際上一神教社會在歷史上也長期與權力結合，助長了差別待遇。

模糊的區分

多神教也可能具備追求宇宙唯一根源的傳統，例如佛教以**法**、印度教以**梵**、道教則以**道**的形式來探求真理，而且在印度和東亞地區有比起神更重視人類修行的傾向。相反地，一神教也很多都有崇拜多位天使、精靈、聖人的傳統。可見若是只比較一神教和多神教的神明數量只會流於表面，更應該注意的其實是信仰的本質。

多神教和一神教

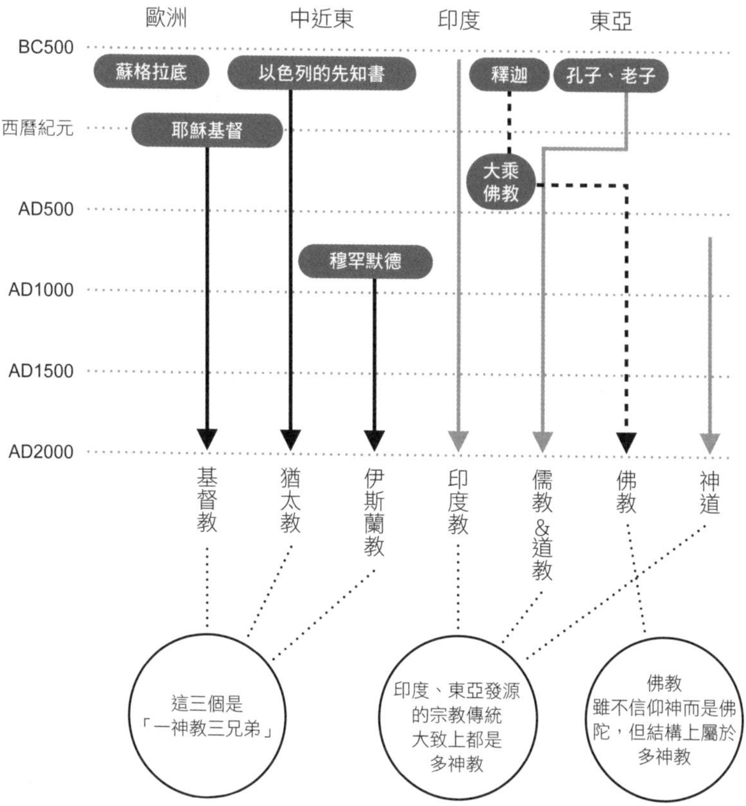

歐洲
中近東
印度
東亞
BC500
蘇格拉底
以色列的先知書
釋迦
孔子、老子
西曆紀元
耶穌基督
大乘佛教
AD500
穆罕默德
AD1000
AD1500
AD2000
基督教
猶太教
伊斯蘭教
印度教
儒教&道教
佛教
神道
這三個是「一神教三兄弟」
印度、東亞發源的宗教傳統大致上都是多神教
佛教雖不信仰神而是佛陀，但結構上屬於多神教

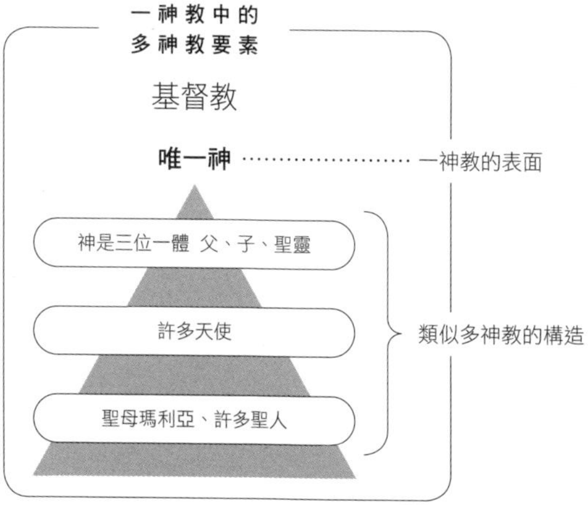

一神教中的多神教要素
基督教
唯一神
一神教的表面
神是三位一體 父、子、聖靈
許多天使
聖母瑪利亞、許多聖人
類似多神教的構造

多神教中的一神教要素
印度教
Brahman（梵）
宇宙的本質
佛教
達摩（法）
永遠的法則
道教
道
神秘的真理

救贖宗教

經營人生有**個人**和**社會**兩個次元，而宗教與這兩個次元都有關聯。既有為痛苦的個人提供救贖的宗教，也有祝福保佑共同體安寧的宗教。

救贖宗教的誕生

佛教和**基督教**是將焦點放在個人救贖方面的宗教。佛教的目標是讓個人從「煩惱」之中解放。基督教則是藉由信仰基督使得個人可以從「罪」當中獲得解脫。

這一類的宗教有時會稱之為**救贖宗教**。藉由信愛神明獲得救贖的**印度教**以及在禮拜阿拉的過程中得到救贖的**伊斯蘭教**也都屬於救贖宗教。

歷史的交互作用

雖然日本的宗教主流有佛教和**神道**兩派，但神道原本是從原始的共同體祭祀開始萌芽，相較之下佛教則是作為擁有複雜理論的救贖宗教輸入日本。即便這般差異至今依舊存在，但在歷史上兩者之間的確互有影響，使得神道逐漸發展出個人救贖的一面，而佛教也納入了以共同體祭祀的特質。

就這層意義來看，將宗教二分為救贖社會或是個人的宗教的區分方法也並非絕對正確。

儘管說到基督教多半就會聯想到是一個專注於個人救贖的宗教，但像俄羅斯正教等又有宛如俄羅斯國家神道般的地位，美國保守派的基督教會等也會將基督的救贖和國家威信或美國夢做連結。

也就是說，流通於現代社會的主要宗教在某種程度上都屬於救贖宗教，同時也在某種程度上屬於以共同體祭祀的宗教。

救贖宗教的誕生

共同體的宗教

・祈求部族、村落、國家的安寧
・基本肯定世界的現實

西元一千年時陸續登場
↓

救贖宗教

・將注意力放在個人的本質問題（煩惱和罪）上
・對於現實世界採取批判的態度，但給予人們救贖

中世紀之後的宗教傳統大部分都混合新舊的元素！例如基督教也會舉行地區或國家的祭祀。

（・佛教、基督教、伊斯蘭教等將焦點放在個人救贖的救贖宗教登場
・然而，中世紀之後大部分的宗教傳統都帶有救贖宗教的特質）

日本宗教的分工
（沒有絕對的區別）

神道
〈守護共同體〉的色彩強烈

←互相影響、補足→

佛教
〈個人救贖〉的色彩強烈

宗教皈信經驗

淡薄的宗教色彩

在日常生活中「靈」、「魂」、「神」、「開悟」、「救贖」、「祈禱」等用詞對人們來說已是習以為常，就算不明白什麼是「開悟」，但大家還是知道這就像當漫畫裡登場的仙人、劍士或老賢者等說了一些好像領悟到什麼的話，自然地就能理解箇中代表的意義。另外，許多人正月的時候會去神社佛閣參拜、葬禮時會焚香，也會去掃墓。

從這方面來看的話，人們可說是無論是否有信徒的自覺，都在宗教的圍繞之下生活。

濃厚的宗教色彩

然而，這些是非常「淡薄的宗教色彩」。相對地，如果說有自覺地努力修行，服從戒律是「濃厚的宗教色彩」，那麼從淡變濃的心態變化可以稱作「**皈信**」。

皈信是從不思考神佛的生活轉變成為思考神佛的生活，也就是心態一百八十度的轉變，不同於從道德上做反省的**悔改**（皈信有時會伴隨悔改）。英語稱作「conversion」，宗教的**改宗**和思想的**轉向**也是用同一個詞。簡單來說就是大幅改變一個人的世界觀或歸屬意識。

根據心理學家兼哲學家的威廉·詹姆士的觀察，人們可以分為打從心底的樂天派，或是以悲觀的態度看待人生，經過百般思考後皈信的人。前者稱作「**一度降生型**」，後者稱作「**二度降生型**」。

這種差異不論在哪一種文化或宗教都會發生。例如很多人只是在還是嬰兒的時候受洗成基督徒但其實完全沒有信仰之心；就算遵守伊斯蘭的禮拜規定，也不見得就代表對宗教投入。

即便是自認「無宗教」的日本人也有許多會在人生途中大幅改變世界觀，開始閱讀佛典或論語等。

皈信和悔改

皈信

心有了 180 度轉變，對神佛覺醒

悔改

在道德方面改正心志

「一度降生型」和「二度降生型」

心理學家兼哲學家的威廉 ‧ 詹姆士以哲學的方式考察宗教實踐，
認為人的類型包括「健全心理」型的人，
和「病態心理」型的人（1901 ～ 2 年）。
換一個觀點來説，也就是「一度降生型」和「二度降生型」。

「健全心理」型

打從心底的樂觀主義者，
不深入煩惱倫理或神的問題。
認為世界受到神的祝福。

「病態心理」型

打從心底的悲觀主義者，認為自己的
本質存在著惡，尋求超自然的治療。

「一度降生型」

不會在人生途中感到煩惱並皈信。

「二度降生型」

在幾經煩惱之後皈信，朝著新的信仰
生活「重生」。

修行

亞洲的身心控制

許多印度和東亞的宗教都強調**修行**，可以說與基督教等一神教對神的強調相匹敵。以亞洲的觀點來說，談論神當然可以，但首先要修練自己的心和身體。在得到某種程度的醒悟之後，才有資格論及神佛。

坐禪、**瀧行**（瀑布修行）、**瑜珈**等的共同之處都是正確地控制肉體，藉此來謀求精神的安定。東洋的宗教重視控制身心，這與東洋人講求各種**儀節**和日常禮節有關，注重宗教也要「從形式做起」。比方說如果坐禪的姿勢正確，就正好與佛陀如出一轍，致使佛陀顯現。

日本的精神修養

這樣的修行觀念也融入日本各種文藝和武藝之中。**茶道**、**花道**、**歌道**、**劍道**（劍術）、**柔道**（柔術）等皆有受到佛教影響，發展出修養身心的意義。日本人雖是「無宗教」，但宗教其實遍布在各種文武藝當中。

一神教的禮拜

一神教的世界裡其實也有修行的觀念。基督教有所謂的**修道士**和**修女**，猶太人也遵守**安息日**等各種**律法**規定當作一種自我修行，基督教的**聖餐禮**（彌撒）等儀節則就像是為了隨時將天父謹記在心所做的訓練。伊斯蘭教也透過每日進行五次**禮拜**，從中培養並篤信自己生活在阿拉庇護下的意識。如果將禮拜和祈禱都視為一種修行，便不難發現東西方宗教的共通之處。

修行

世俗的訓練

運動、學業、職業……

宗教的修行

坐禪、瀧行、瑜珈、
基督教的修道……

日本武術和其他文武藝、傳統藝能等都擁有近似宗教「修行」的特質

宗教的禮拜和祈禱也近似修行

伊斯蘭教的每日禮拜

基督教的祈禱

猶太教的安息日

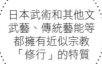

戒律

出家和一般社會的規則

許多宗教都擁有**戒律**，一般指的是根據神佛的權威所規定的生活規則。戒律通常可以分為兩種，一種是針對如出家人等特殊人士，另外一種則是針對社會整體。

本來在佛教出家人必須遵守各種戒律，規範自己的行動。就算到了今日，東南亞**上座部佛教**的僧侶依舊要遵守超過兩百條以上的戒律，過著嚴謹的生活（↓38頁）。戒律就像這樣根據抑制煩惱的修行目的而隨之成立。

正統派的**猶太教徒**也遵守律法的眾多規定，而這些同時也適用於社會整體。雖然關於食物有許多禁止事項（↓151頁），但很多似乎都不被認為具有特殊意義，推測應該是在古代社會為了避免猶太教和周邊其他多神教混為一談才訂下的。

宗教的戒律大部分都制定於古代或中世紀，常常已經不適用於今日社會或是執行起來有困難。例如**種姓制度**的身分秩序早已不符合現代的公平正義，實有需要加以廢止或調整。

關於戒律的困境

宗教的戒律經常讓人陷入進退兩難的情況。雖然遵守規則是「善」，但如果只是在形式上遵守規則而沒有懷抱著愛或慈善之心，一味想著去扯那些沒有遵守規則的人的後腿，那麼也不過是**偽善**罷了。基督教對於這樣的偽善有諸多批判（↓174頁）。

然而如果無限放寬規則，就會失去戒律生活原本的意義。日本佛教的僧侶就逐漸不太遵守戒律，讓人愈來愈搞不清楚究竟為何要成為僧侶。到底什麼是被允許的什麼又是不被允許的，對於任何時代的任何宗教來說都難以避免保守和革新在解釋上的對立。

戒律

特殊人士為了修行用來
規範自己的戒律

一般人遵守的戒律
（社會、倫理的規範）

從嚴格到簡單的
各種戒律規定

有關偷盜、殺人等類似於刑法的戒律

禮拜的方法等，關於宗教儀節的戒律

關於性生活和過度娛樂的戒律

關於食物的規定

抑制奢侈等

戒律的困境

完全沒有戒律則無法約束宗教生活

古代訂立的戒律很多都不符合現代社會情況

身分地位、女性立場等，許多戒律就現在的觀點來看充滿歧視

容易出現只在表面上遵守戒律但本性為惡的偽善者

針對戒律應該放寬到什麼程度，一定會產生意見對立

儀節

世俗和宗教的儀節

儀節是進行形式有所規定的動作。向第一次見面的人鞠躬或握手也是儀節的一種，國會在天皇臨席下開會或是軍艦入港時發射禮炮等，都稱得上是儀節。

這中間多少也包含了打招呼的意思，而實際上宗教的儀節多半都採取向神佛或靈問安的形式。朝向十字架祈禱、對著佛像雙手合十、在神社正面啪、啪地拍手等都是一例。

儀節如果加以講究就會演變成獨具意義的儀典。教會於每周日都會舉行被稱作聖餐禮（彌撒）的儀式，由神父將餅當作基督的神體分給信徒。透過這些儀節不僅培養信徒的虔誠心，一方面也是將教團的教誨銘記於心的修行訓練。儀節、戒律與修行之間其實有著相當密切的關聯。

祭祀慶典

對神的儀節稱作「祭祀」，但說到「**祭典**」，指的是神主在神社念誦祝詞等嚴肅的儀式之後，地方上所有人一起熱鬧慶祝的慶典，這在日本相當常見。全世界都可以看到這種嚴肅和歡慶時間的交錯；世俗的派對也是一樣，會在正經的致詞過後展開餘興節目。

例行節慶活動等

大多數的宗教每年都有固定舉行的節日慶典。基督教的復活節和聖誕節、日本宗教的正月參拜和盂蘭盆節，以及伊斯蘭曆齋戒月的禁食等，以儀節的方式為一年內建立循環的秩序。**朝聖**則是個人在特定的期間帶著敬虔的心情巡遊聖地，如同旅行一般的儀節。對於伊斯蘭教徒而言，麥加朝聖就是屬於這一類的大規模儀節。

世俗和宗教的儀節

握手

以動物為犧牲

彌撒

畢業典禮

伊斯蘭的禮拜

佛教的葬禮

神道的祭典

© 朝日新聞社／amanaimages

etc……

美國總統
就任儀式

儀節的含意十分多元

連接聖與俗的世界

演繹神話和始祖的故事

為人與人之間帶來連繫

學習教義（修行）

為人生訂下階段（生命禮俗）

描繪社會的規範和理想

etc……

組織

各種類型的宗教組織

宗教活動該由誰負責，會根據活動內容和宗教型態而有所不同。例如**神道**的祭禮原本是由全體村落舉行的活動。負責抬神轎的不會是神主，而是村裡的人。

若是像**佛教**這種以精神修養為目的的宗教，出家者的生活會受到戒律規範，且由長老來指導後輩。這種團體稱之為「僧伽」（sangha）。

基督教和伊斯蘭教等原本在理念上是信仰神之人的平等團體，然而**基督教**會其實從很早開始就建立起神職人員的階級組織。與一般信徒不同，祭司和主教擁有特別的權威，並透過這樣的教會組織來傳播基督救贖的事蹟。

天主教會是組織化最發達的團體，擁有明確的以教宗為頂點的金字塔型組織。中世紀修道院的規律生活就好像是近代公司企業、軍隊與國家紀律的先驅。

伊斯蘭教從形式上來說沒有神職人員。清真寺並不像教會或檀那寺（檀家所屬的寺院）屬於團結信徒的組織。熟悉伊斯蘭教各種知識的大師們被稱作烏里瑪（單數形稱作Ālim），作為學者備受尊崇。伊斯蘭世界可以說是由歐美或日本所謂的「草根」團體的組織網絡所構成。

日本許多宗教都以宗教法人的形式建立教團。**新宗教運動**的特徵便是組織式的教團營運，昭和期的新宗教教團多半都擁有組織性動員信徒的力量。雖然說起宗教教團很多人會聯想到新宗教型的教團組織，但這並非普遍的型態。

從個人層級到團體層級

在近現代，宗教趨向個人主義化

個人層級

極端來說，每一個人的信仰都不同。
傳統在宗教上也認為居於神佛面前的
皆為獨立單一的個體。

伊斯蘭的群體與其說是教團組織，更類似於草根團體

即所謂的新紀元運動、精神世界、靈性的流行

作為次文化

每一個體共享類似的信仰。
今日「精神世界」等各種信仰
也透過網路傳播。

在日本大多都具有公益法人「宗教法人」的形式。一般的神社佛閣也是如此

大眾傳媒報導的都是這個層級的「宗教」

作為教團

以教祖或傳道者為中心形成的信徒團體。
「某某教會」、「某某教團」、
「某某會」、「某某宗」、「某某寺」等

作為地域文化

於村落、部族或國民層級共有的宗教文化。
地域社會（某種程度上）促成了文化和宗教的整合。

最廣義的「宗教」分布

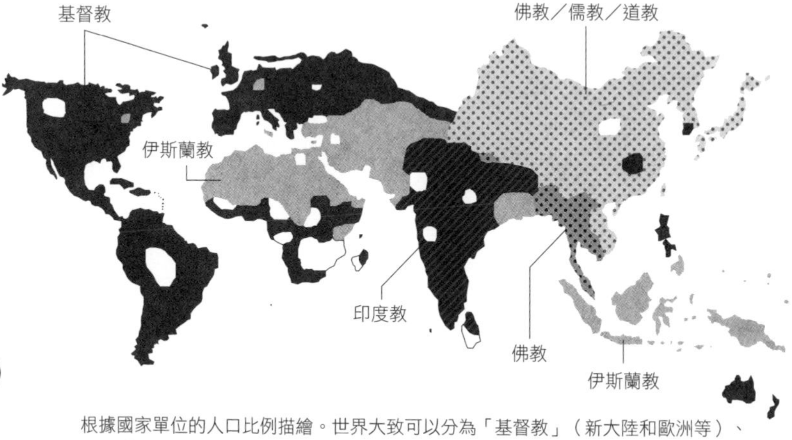

根據國家單位的人口比例描繪。世界大致可以分為「基督教」（新大陸和歐洲等）、
「伊斯蘭教」（北非、西亞、部分東南亞）、「印度教」（印度亞大陸）、
「佛教／儒教／道教文化圈」（東亞）的四大區塊。

神話

起源的故事

自古以來的傳承，像是敘述太古時代發生了某件事，世界迎來創始、人類誕生、逐漸形成今日人們遵守的習慣、規則以及制度等，這些故事稱作**神話**。英語稱作「myth」。雖然寫作「神話」，但不見得是有「神」登場的故事。

《古事記》記述天地、人類、神明自然形成，由男女一對的神明（伊邪那岐和伊邪那美）生成國土，而後天上的神明降臨世間，地上權威的象徵天皇家至此成立，屬於典型的神話。

《創世記》則描述神創造天地，又創造人類，由於人類犯錯而有了罪和死亡。透過與亞伯拉罕和摩西的契約，神與以色列民族建立特別的關係，授予其子民律法。這也算是典型的神話。

世界上各個民族都擁有自己的神話，包括希臘神話、北歐神話、埃及神話、印度神話、瑪雅、阿茲特克、印加的神話等等。故事的意境經過傳播再加上人類思路上的共通點，使得各地的神話經常會有部分繼承了相似的內容。例如《古事記》中海幸彥與山幸彥的故事，在東南亞也能找到類似的神話；伊邪那岐追著死去的伊邪那美前往黃泉國度的故事也與希臘神話中奧菲斯衝入冥界尋找死去的妻子歐利蒂絲類似。

廣義的神話

釋迦和耶穌等宗教的**始祖和聖人的傳記**等，也是一種描述教團教義和制度起源的神話，換句話說可能會有神明登場或發生奇蹟。

另外，源自英雄事蹟的**國家或組織起源故事**也通常會具有神話的色彩。

闡述事物起源的神話

例如……

海奴韋萊的神話
（印尼希蘭島）

少女海奴韋萊將寶物
作為排泄物排出

↓

村人殺了少女

↓

從埋葬於各地的肢體長出番薯

↓

食物的起源
生存造成必然殺害之起源

東南亞、新大陸也有類似的神話廣為流傳
也傳到太古的日本？

大宜都比賣的神話
（古事記）

大宜都比賣從身體各處排出食物
供奉建速須佐之男命

↓

建速須佐之男命一氣之下殺了大宜都比賣

↓

頭生桑蠶、雙眼生稻種、雙耳生粟、鼻生紅豆、下陰生麥種、尻生大豆等

↓

高天原農業和養蠶的開始

始祖和聖人的傳記

以神話的意境敘述教義的起源

出生王家的釋迦 → 瀕死的苦行 → 菩提樹下平靜地開悟

（**快樂**） （**苦行**） （**中道！**）

教訓

“佛教子弟應該透過非快樂亦非苦行的中道來獲得開悟”

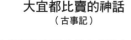

巫術和奇蹟

巫術和科學

巫術指的是法術、魔法，也就是操縱自然來達成某個目的的技法。由於使用方法充滿神祕的色彩，因此與**科學**和**科技**等有所區別。

其中最典型的就是**信仰治療**。使用與醫學不同的手法（手覆蓋在患部等）進行治療。其他還包括**詛咒**、**祈雨**、**祈求開運**、**下降頭**、**占卜**等，所謂超能力的領域全部都可以是巫術。在西方，東洋醫學一類也被視為跟巫術沒兩樣。而養生法和自我啟發等也其實包含詛咒的要素，與巫術僅有一線之隔。

這些從科學和醫學的角度來看都不合理，實際效果也令人質疑。雖然有很多人主張在接受信仰治療後病癒，但那些沒有好的人想必會失去興趣而離開教團，因此就統計上來說並不可靠。

然而，人類是容易受到心理影響的動物，的確也很難否認像是安慰劑（就算是無效的藥也有緩和疼痛的效果）所帶來的心理作用。也有研究指出例如針灸等藉由心理作用的確能在某種程度上發揮緩和疼痛的效果。

廣義的巫術

在理解巫術時最重要的是必須認識到就算是如今這般健全的社會，「非科學」的信念依舊通用。在商業和政治現場，充斥著**不合理的信念**、**直覺**與**迷信**。因此，在商場上曾經憑「直覺」賭上一切的人，也許可以理解某些被醫生放棄的病患轉而尋求信仰治療的心情。

重要的不是完全抹滅巫術，而是人們彼此提醒，不要讓巫術過了頭。夢想雖然重要，但如果一直反覆如夢一般的事業或決策，那麼公司或社會都會崩壞。有些病患也許只能賭賭看生命的奧秘，但如果將錢全部投注在信仰治療上就會喪盡財產。這的確令人為難。

科學、巫術與宗教

“**科學**和巫術都是為了達成目的的操作
科學可以檢證（合理）
巫術無法檢證（不合理）”

然而，科學是近代才發展出的學問。在這之前科學和巫術沒有區別。煉金術反而是化學的先驅。

“有人認為，
巫術是操作自然
宗教是交託神佛”

實際上差異仍然曖昧不明。

“**宗教**不見得都與**科學**對立”

「神既然自始至終存在，那麼神創造的自然界必定有一定的法則」。基督教的這般信念推動了近代科學。

“**科學**本身雖然符合邏輯，但**科學**的運用卻不見得如此”

科學家也會受到輿論的動向、國家間的競爭、政治判斷、預算等不合理條件的限制。

世間沉溺於巫術？

世人全部沉醉在魔術當中……

從強調戒除煩惱的佛教立場來說，商業和政治上對於未來的賭注嚴格來說和利用巫術來做賭注沒兩樣。

也有應該仰賴奇蹟的時候？

手術中
向神祈求奇蹟吧！

人類一直到最後都擁有懷抱希望的權利。只要不放棄希望，最終便會貼近奇蹟信仰。

團體活動和自我認同

作為團體的宗教

對於信徒而言，宗教的目的是拯救世人，而教團的活動不過是達成此目標的手段。然而，人類的生活的確受惠於團體或組織，因此很自然地教團的維持也逐漸成為宗教目的之一。

這有點類似於公司的目的究竟應該在於向世間提供好的商品，又或者是保障員工生活的爭議。

像**神道**這種重視村落、民族、國家等共同體安寧的宗教，可說是一開始就以維持教團（對於神道而言，日本國民就是教團成員）為目的。然而其實不論是什麼樣的宗教或教團也都是如此。

一路盛行至昭和時期的**新宗教教團**，某種程度上屬於一種互助組織。原本農村的日本人就是以祭祀祖先或參加村裡的祭典來參與宗教世界，當這樣的他們來到都市無依無靠的時候，新宗教正好提供了進化版的傳統農村社會秩序。

歸屬與自我認同

因此，宗教結合了表面上聲稱「拯救人類」的要素以及內心真正所想，這包括從團體活動得到的恩惠或是歸屬於團體當中的安心感與**自我認同意識**等要素。

現代社會中可見**伊斯蘭教**展現相當活力，但這也不能僅從「阿拉的救贖」的教義面向來加以探討。因為與民族主義一類相同，其中也包含了對於伊斯蘭的歸屬意識，以及名為伊斯蘭的自我認同使得人們團結等因素。

比方說女性以布巾包頭的行為，有人認為反而是進入現代後才開始流行。與其說這是遵循《古蘭經》的教誨，更像是一種自我認同的印記。

共同體的保護和互助

近　代　以　前　的　社　會

村落互助的秩序

包含宗教祭禮等

傳統寺院的教誨

人們作為檀家歸屬於某一宗派

國家的
行政、學校、
軍隊等秩序

都市化和
企業經濟
的發達

明治以後的
近代化

社會環境的
劇烈變化

新宗教教團等

將村落或傳統與新社會秩序連結
擔任人生諮詢、互助組織的角色

什麼是救贖？——追求幸福與跳脫罪惡

倫理的次元

在輪迴世界裡，從**迷惘**和**煩惱**中解脫是佛教和印度教的重要課題。基督教等一神教則是強調不為**罪**所困，或是從罪之中獲得解脫。「罪」指的是背離神的旨意，相反地，貼近神則是「義」。

虔誠的信徒為了跳脫煩惱和迷惘，於是遵守**戒律**、努力**修行**，或是為了不染上罪而**信仰**神、做彌撒、朝著麥加的方向**禮拜**。

以救贖為目標的宗教便是將這種倫理上的淨化視為主要目的。

現世利益的層次

然而，現實中的信徒不見得真的會遵循教義信仰。對於大多數信徒而言，重要的不是解決煩惱或罪的問題，而是追求每日生活的安寧。也就是說，大多數宗教的主要目的反而是透過**巫術**或**奇蹟信仰**等形式追求現世利益，或是獲得**團體內自我認同**的安心感。

救贖的雙面構造

如果將宗教的「**救贖**」加以分解，大致可以分成兩種不同層次，分別是去除人生苦痛，祈求幸福的**現世利益層次**（巫術與自我認同信仰），以及目標跳脫自身煩惱和罪的**修行層次**（教團表面強調的信仰）。

現世利益層次的救贖類似於世俗間科學與醫療技術，或是政治和經濟的救贖等。相較之下，以跳脫煩惱和罪為目標的修行則比較接近透過司法規律、教育或是啟蒙運動來修養身心。

可以「救贖」人類的到底是什麼？無論是世俗或是宗教，都為我們準備了各種可能的解答。

對於信徒而言重要的「救贖」要素

救贖

巫術　　**身為團體一員的安心**　　**正規的教誨**

- 現世利益
- 奇蹟信仰

- 人生諮詢
- 互助
- 自我認同

- 從煩惱和罪之中解脫
- 神的戒律

急救、醫療　　社會、政治活動　　倫理、法律秩序

◀ **世俗界的相對應之物**

多數人追求的是能直接救贖人生苦痛的希望！

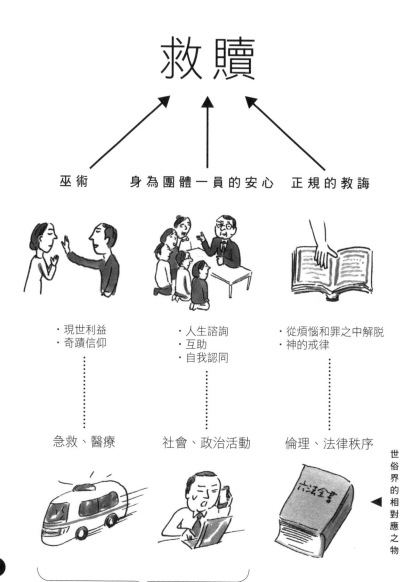

宗教和批判

宗教批判史

宗教的歷史是批判的歷史。歷史上不斷地有新的宗教和教派登場，但這些其實許多都是來自對既有宗教和宗派的抗議。

猶太教由於奉行造物主的律法，對周邊的多神教眾神有諸多批判。作為代替猶太教律法的新「信仰」於是誕生出**基督教**；之後又有自認超越猶太教和基督教，更純化的**伊斯蘭教**登場。

同時在基督教內部，十六世紀發生了批判天主教會墮落的**新教宗教改革（Protestant Reformation）**，如同字面上發起了「抗議」。

佛教的歷史同樣也具有批判的歷史。**佛教**作為超越婆羅門教人生觀的宗教而誕生，但因對教團封閉性的批判而出現**大乘佛教**。這個大乘佛教的教義在中國和日本經過進一步消化，發展出**禪**、**淨土信仰**、**法華信仰**等，而這種將教義單純化的發展，也可以看成是對於既有傳統沉重壓力的一種批判。

來自世俗的批判

到了近現代，世間也開始批判宗教各種不合理的信念。**科學**對神話的批判、**民主主義**對教團統治的批判，以及今日也有人從**女性主義**和**同志權利**的觀點進行批評。

說起來傳統宗教幾乎都是以男性為中心的世界。男性根據男性的見解決定神佛的正義，還連帶決定了女性的生活方式，這部分到了近代也成為備受人們討論的問題。

然而這些宗教批判本身，可以視為是在長久的歷史當中，宗教家們所提出異議的延伸。

此外即便到了今日，仍有許多宗教持續批判世間一味追求財富的風氣和社會上的**貧富差距**。

批判的歷史

古代中東的多神教

猶太教

批判古代多神教世界的不正義。開創一神教。

基督教

耶穌批判當時僵化的猶太教律法主義

伊斯蘭教

批判與複雜的儀節和神學結合的既有一神教是偶像崇拜。提倡簡明的教義。

從近代歐洲到全世界

新教批判教會的權威。
近代西歐將宗教相對化，從公共生活中排除。
發展出對宗教的懷疑精神。

來自科學的宗教批判

國家對宗教權威的抑制

來自社會主義運動的宗教批判

來自女性主義、同志權利運動等人權運動的批判

婆羅門的權威

原始佛教

釋迦脫離傳統的權威，目標實踐克服苦難。

印度的大乘佛教

打破佛教教團的狹隘限制，以各種在家修行的救贖為目標。

東亞的佛教

整理複雜化的教義，轉化成民眾容易理解的佛教。

近世、近代日本

江戶時代發展文獻學和國學，相對化佛教的權威。近代之後，彙整部分教義改組為庶民取向的「新宗教」。

宗教也批判資本主義社會下
一昧追求財富的風氣、社會貧富差距，
以及國家公權力的暴力等。

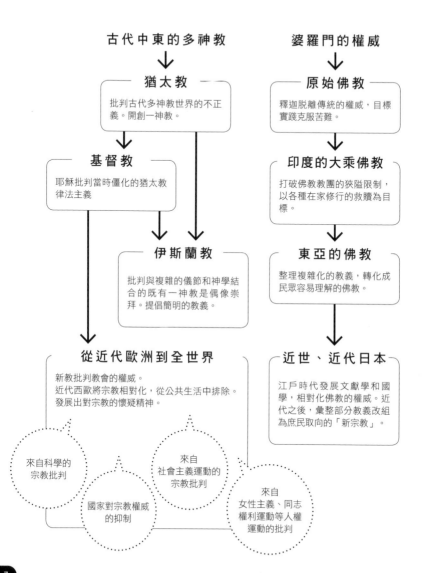

世俗化

宗教的後退

「**世俗化**」是用來代表進入近代之後宗教後退的詞彙。

現在是**科學**的時代。過去的煉金術成為化學、占星術成為天文學、天動說改為地動說、人類誕生神話被進化論取代，**醫療**也有了十足的進步。以宗教神學和經典中的神話闡釋世界的時代已經結束。

另外，相較於過去的**社會**整體的營運與教會或寺院的教理相連結，現代人生活在行政、學校、企業的架構之下，這使得佛教的戒律、猶太教的律法、印度教的法典、伊斯蘭教法等機能的發揮受到限制。社會體制已然從過去以宗教為中心，轉變成為以**國家等近代體制**為中心。

宗教的復興？

然而，就算在這個世俗化的時代，宗教也沒有消失。一九七〇年代以後，基督教的**福音派**開始活躍；一九七九年的伊朗革命以來，「**伊斯蘭復興**」也成了確實的潮流。**印度教民族主義**興起，在日本則是盛行針對有關靖國神社的宗教議論。此外**占卜**和**巡遊能量景點**等與靈性相關的**靈媒**活動也相當蓬勃。

針對權力的起源和死亡問題，人類並沒有真正的答案。在無法完全合理說明人生的一切之前，想必宗教上的信念也不會有斷絕的一天。

宗教本身的世俗化？

然而，宗教本身也可說面臨了「世俗化」。以前近代的人們懼怕神佛或戒律的**權威**，害怕**死後的審判**。但現在的人，包括擁有宗教信仰的人在內，這樣的恐懼感已經變得淡薄；神成為人道福祉的象徵，許多信徒就算相信天國，卻不相信地獄的存在。如今宗教復興的趨勢，實際上也與近代權利、自我實現以及福祉的正義有密切關聯。

近代化和世俗化

世俗化

宗教的後退

從宗教到科學

近代有關科學、科技、
醫療的成功

從宗教到近代社會

近代有關行政、司法、教育機關、
企業、經濟制度等方面的發展

BUT

20 世紀後半以後，在世界各地展開的

宗教復興

伊斯蘭復興
伊斯蘭主義

印度民族主義

基督教
福音派
基要主義派

靈性熱潮
占卜
能量景點

神道民族主義
靖國神社問題

然而，宗教本身也出現變化

- 過去的信徒害怕來世的審判。
- 現代的信徒追求現世的權利和自我實現，與非信徒的區別不大。

……宗教本身的「世俗化」？

個人主義和民族主義

今日，宗教面的激情在**個人主義**和**民族主義**之間劇烈搖擺。

自我實現的宗教

現代是被稱作**自我實現**的時代。在貧富差距的社會當中，雖然顯得有些不切實際，但人人都希望有一個可以將自己推往成功的神明，又或是在繁忙的社會當中尋求**療癒**。就算在科學的時代，超自然力量和療癒的信仰也不見衰退，會以**靈性熱潮**或是**自我啟發講座**的型態出現。

民族主義的激情

另一方面，社會層級的宗教性不會衰退也有其理由。以一般論來說，人無法獨自生存，因此一定會有人以帶有宗教色彩的情緒闡述對社會的**恩義**。另外，**企業**和**政府**提供了能夠達到自我實現的社會體系，其背後則存在著**國家**的政策和法律。由此出現了感謝國家恩惠、崇拜國家的人也是很自然的趨勢。

漫畫和動畫當中也常見偏好以個人做出**自我犧牲**拯救陷入危機的共同體的主題。御宅族式的個人主義很容易就能與民族主義有所連結。

社會的動力學

我們必須將個人和國家社會視作是動態的關係。對於個人而言，無論國家是多麼重要的存在，當失去批判既有制度的精神時，國家就會失去自淨的能力而走向崩壞，以文化上的衰退和軍國主義等形式展現。

民族主義的想像力容易被侷限在對現有制度的讚美當中，尤其像**日本**、**韓國**、**中國**等以**儒教式權威崇拜**為文化基礎的社會便是如此。在這方面與一神教世界**原教旨主義**所具有的病態特徵亦有可比較之處。

個人主義和民族主義

個人的自我實現神話

超自然信仰、療癒的信仰、
自我實現講座

相互補強

國家社會的宗教式讚美

對民族主義、企業的滅私奉公

政教分離的二種解釋

國家使用宗教象徵的例子
並不少見

手置於聖經宣誓就任的美國總統

政治和宗教的分離？

然而，掌握國民命運的政治多少還是帶有宗教色彩

政教分離

國家和教團的分離？

然而，作為文化傳統的宗教和特定教團組織
之間的區別也有模糊之處

國家觸及宗教時面臨的問題點

日本尚未
從戰前國家神道
和軍國主義造成的
災禍中痊癒

政教分離的原理該實踐到何種程度？

該如何應對**多種宗教**共存的現實？

該如何面對**過去宗教民族主義**暴衝的結果？

© 朝日新聞社／
amanaimages

似乎無異於世界上逐漸抬頭的**排外思想**？

原教旨主義

基督教

原教旨主義（Fundamentalism），基督教翻譯作**基要主義**（日語或稱原理主義）。在二十世紀的美國，反對近代基督教解釋的部分新教徒主張從基督教的「基本要道」來說，基督是超越人類的存在且《聖經》是無謬誤的。一九二五年甚至針對公立學校是否應該教導進化論提起訴訟，原教旨主義者（基要主義者）之名因此廣為人知。他們表示由於聖經寫到人類和動物都是由神創造，因此進化論絕非事實，成了當時全國嘲笑的對象。

在七〇年代自由主義神學占優勢的時代，對知識主流文化抱持質疑的人們作為**福音派**開始發揮影響力。這些人傾向遵照聖經字面上的意義來作解讀，被認為具有原教旨主義色彩（➡224頁）。

廣義的基要主義

在現代，無論在哪一個領域世界，宗教教義都配合時代發展出更自由的解釋，而反對這個趨勢的勢力一般就會被稱作原教旨主義（**基要主義**）。

媒體世界最常提及的便是伊斯蘭原教旨主義，一般是指伊斯蘭復興勢力當中特別激進的團體。然而，將《古蘭經》如同字面意義上視之為神的話語是伊斯蘭教的基本前提，就這一點來說其實很難區分穩健派的伊斯蘭教徒和激進主義者。為此，今日一般會將社會整體的**伊斯蘭復興**、作為政治目標的**伊斯蘭主義**以及恐怖攻擊等**伊斯蘭激進派**等，從概念上的不同來作出區分。

此外，印度教和神道當中與此同等的排他動向，大多稱為**民族主義**。

基督教的原教旨主義
（基要主義、原理主義）

1910 年
美國某個實業家出版手冊《基本要道》

- 聖經沒有謬誤
- 人類由神直接從無到有創造（反進化論）
- 耶穌死在十字架為人類贖罪，而後肉體復活
- 奇蹟是存在的

etc……

對反進化論者而言，比起生物學上的進化論，敵人更應該說是根據適者生存論發展的壟斷企業和賦予納粹正義的二流進化論。

1925 年
斯科普斯（猴子）審判

- 針對禁止在學校講授進化論教育的田納西州法所進行的審判
- 訴訟透過收音機傳遍全國，原教旨主義者被嘲笑是無知的鄉下人。

1970 年代之後
福音派和原教旨主義的興起

針對 60 ～ 70 年代美國嬉皮世代擾亂社會秩序的反主流文化、藥物濫用與女性主義抱有反感的保守派勢力抬頭，1981 年以此為背景，雷根總統登場。

大多將福音派當中更趨於保守的一派（尤其是提倡聖經無謬說）稱為原教旨主義者。

各種原教旨主義
（基要主義）

印度民族主義、日本的右翼化、歐美的移民排斥運動等……

伊斯蘭原教旨主義
（媒體用語，但現在很少用）

伊斯蘭復興
70 年代之後文化上的興盛

與世界各地興起的保守勢力連動。

伊斯蘭主義
追求伊斯蘭教法的國法化等

用質疑的眼光看待近代西洋的政治、經濟、文化體制的不平等。

伊斯蘭激進派
發動恐怖攻擊

伊斯蘭世界對於歐美的中東政策長久下來所累積的不滿，容易引發激烈反應。

等使用不同的詞彙來作區分

新紀元運動和靈性

反主流文化

一九六〇年代，美國因為師出無名的**越南戰爭**和**黑人歧視問題**而動盪。戰後的嬰兒潮世代（相當於日本的團塊世代）陸續進入青年期，反覆展開反戰、反歧視的運動。一部分的人也在文化領域上展開革新運動，孕育出與美國或西洋主流文化對抗的「**反主流文化（counterculture）**」。

宗教方面，比起基督教他們更讚揚印度或極東的「**東洋宗教**」、**美國原住民文化**與歐洲的**異教文化**等，此外也融入禪或瑜珈、使用藥物，以及源自吸食迷藥使感官產生多彩眩目幻覺的迷幻藝術、搖滾樂和民俗樂等青年音樂，或是男性留長髮等年輕世代的文化運動。除此之外亦涵蓋了占星術、輪迴信仰、與靈界的交流、UFO信仰、健康食品信仰、自我啟發等要素。

走向一般社會

這些文化根據占星術的概念被稱作「**水瓶座時代**」，之後又發展出**新紀元**（new age）的稱呼。初期是指部分年輕人被稱為嬉皮的文化，到了八〇年代之後逐漸擴大範圍。新紀元也與女性主義、環保運動、反核運動、同志權利問題、移民問題等各種人權運動連結，同時卻也逐漸出現商業主義化傾向。

日本於七〇年代將這股風氣當作年輕人文化引進，相關書籍被歸類在書店的「**精神世界**」專區，使得這種稱呼逐漸定型。然九五年奧姆真理教地下鐵沙林毒氣事件讓這波宗教熱潮瞬間冷卻。

宗教當中與個人內在相關的部分英語稱作「spiritual」，討厭組織化宗教的人經常會說：「我不講求religious（宗教性），而是spiritual（靈性）」。**靈性**（spirituality）這個詞有時也會被當作新紀元的同義字使用。

新紀元

60 年代以前的動向

· 斯威登堡的靈界體驗（18 世紀）
· 超驗主義（19 世紀的愛默生等）
· 神智學（19 世紀的布拉瓦茨基夫人等）
· 鈴木大拙的禪的宣揚（20 世紀）
etc……

美國
針對越南戰爭（1960 ～ 75 年）發起的反戰運動、廢除黑人歧視等公民運動是開始的契機。

60 年代
反主流文化和嬉皮

讚揚印度和極東的「東洋宗教」、美國原住民文化等，融合禪、瑜珈、氣的信仰，也與占星術、迷藥、搖滾樂等年輕音樂、蓄長髮一類的年輕人文化連動。

新紀元
20 世紀後半「水瓶座時代」來臨？（占星術）

80 年代之後
新紀元的稱呼普及

隨著嬉皮世代的中高年化，反主流文化融入中產階級的主流文化當中，逐漸商業化。

也開始結合女性主義、環保運動等新動向

新紀元和其相關範疇

神祕主義　外星人文明

占星術　水瓶座時代　宇宙意識　輪迴轉生　通靈

神智學　人智學　瑜珈　禪　東洋醫學

歐洲異教文化　超越冥想　古魯（上師）　氣功

妖精、魔女　美國原住民文化　榮格心理學　自我啟發

卡洛斯・卡斯塔尼達（人類學家）　超個人心理學

環保運動　性革命　女性主義

生死學

對於死和死後的關心

在宗教的教誨已非絕對的現代，仍有很多人針對死亡思考著來世和輪迴。即便是自認「無宗教」的日本人也唯有對**葬禮**非常重視，很多人雖然不信神佛，但是相信**靈**的存在。亦有人指出日本在葬禮上花費的費用異常得高。

某種意義上來說，在如今並非人人具有明確信仰的時代，「**生死觀**」或許就是一種宗教。所謂的生死觀就是從死亡的角度來看待人生。

這裡說的死亡有可能是自己的死亡、身邊他人（家人或朋友）的死亡，或是從旁照看走向死亡的過程。

生死觀有的是傳統宗教教誨的延伸，也有些是個人獨特的見解，可說和傳統宗教間有著微妙的關係。

就算是個人獨特的見解，很多也與民俗信仰（這部分就要交給民俗學）或時代流行有關，例如受到新紀元運動的影響等。

死亡的制度與文化研究

由於醫療制度的發達，現代人幾乎都是在醫院迎接死亡。為此，如何關懷在醫療現場迎接死亡的人開始成為受到注目的議題。以此為中心進行各種有關死亡研究的學問稱作**生死學**，英語稱作「Thanatology」或「Death Studies」。

這中間針對面臨親人瀕死（或已經死亡）的家屬進行協助的領域則稱為**哀傷輔導工作**（grief work）。

生死學的相關研究主題包括對瀕死經驗的留意、葬禮文化的比較研究、針對腦死和器官捐贈的生命倫理問題，以及國家對於撫慰戰歿者靈魂的參與程度等等。

日本人對死亡的意象

明明也不是基督徒，但媒體總愛用「在天國等你……」這樣的語句。

古事記神話等的
黃泉？
前往地下的冥界？

受共同體祭拜的
祀靈
例如戰死者……

基督教式的
天國？
地獄的形象較淡薄

村落後山的
祖先的世界？
柳田國男民俗學

物理上的
無？
唯物論上的死亡

佛教（淨土信仰）的
極樂往生？
阿彌陀佛的救贖

臨死體驗的
花田和光的世界？
可以見到死去的家人

新紀元式的
輪迴？
輕鬆的靈界之旅

佛教的
六道輪迴？
永續的修行之旅

誰也不知道的死後世界……

生死觀和生死學

生死觀

透過死亡來概觀人生

- 自己的「死」
- 身邊他人的「死」
- 照料步向「死」的他人

生死學

- 協助輔導在醫療現場迎接死亡的人或其家人、遺族等
- 腦死等生命倫理的問題
- 葬禮的文化研究、瀕死經驗的比較研究
- 針對戰歿者慰靈的政治與宗教學研究

宗教學用語

下面整理出宗教學上具代表性的用語。例如「魅力（charisma）」等，很多都是從宗教學擴展普及成為大眾的通俗概念。

聖與俗……區分聖與俗被認為是宗教的特徵（➡290頁）。

晴與褻……日常是「褻」，正式且值得祝賀的是「晴」。日本獨特的二分法。

禁忌（taboo）……禁止的觀念，是聖的特徵。源自玻里尼西亞人的信仰。

超凡魅力（charisma）……職能上展現的超自然性質和能力。現在一般指擁有卓越領導魅力的人。

萬物有靈論（animism）……認為動植物和無生物也有靈魂的文化體系（➡292頁）。

薩滿……附身在靈身上，或是讓自己的魂魄在外界浮游的靈媒（➡294頁）。

巫術……多半缺乏合理性，操作自然的技法（➡312頁）。

戒律……宗教的規範。有分成針對修行者跟一般信徒的戒律（➡304頁）。

神話……描述世界、人類、社會制度等起源的古老傳承（➡310頁）。

儀節……有固定形式的動作儀式。可以傳達出世界觀或提升與之相關的意識（➡306頁）。

生命禮俗……於個人成長各階段舉行的儀節。例如七五三節、婚禮、還曆、葬禮等。

入會（initiation）……宗教團體或民族信仰團體的入會儀式。如受洗等。

皈信……對宗教覺醒，生活改以神佛為中心（➡300頁）。

邪教（culte）……原本是「崇拜」的意思。經過媒體渲染，成了代表反社會宗教團體的意思。

末日論……世界終將毀滅，神會下達審判，隨後迎來新世界的信仰。

融合主義（syncretism）……與其他宗教要素的融合。比方說將異教的冬至祭禮當作基督的誕生紀念日等。

意思產生變化的宗教學用語

Charisma

類似美拉尼西亞的「瑪那 mana」、沖繩的「seji」，以及今日次文化所說的「power」

（來自基督教）
擁有神賦予的特殊能力
（預言或奇蹟等）

↓

（宗教學）
領袖發揮的咒力、英雄之力或善辯的能力

↓

（一般通俗）
發揮卓越能力的人
「某某業界的魅力領袖」等

Culte

（英語）
有組織的崇拜或禮拜的儀式

↓

在傳統約束力弱化的現代社會，出現各種不同型態的宗教

（宗教學）
以個人體驗為中心集結的不同信仰模式

↓

（媒體用語）
反社會（宗教）團體
（尤其自 80 年代之後）

1978 人民寺院集體自殺事件
1993 韋科慘案
1995 奧姆真理教地鐵沙林毒氣事件
2001 911 恐怖攻擊

無神論和無宗教

宗教信徒幾乎都對證明神的存在不感興趣。

無神論（atheism）

否定神存在的立場。屬於哲學方面的學問，但今日在歐美提倡宗教有害的人經常自稱「無神論者」。這是因為以一神教來說宗教的問題基本上就是神的問題，才有了這樣的說法。

無宗教（non belief）

日本人大多自稱無宗教者，而非無神論者。只要不屬於某個特定教團或沒有主動進行宗教活動的意識，日本人時常會自稱是「無宗教」（但實際上還是會去正月參拜、舉行法事、相信靈或占卜）。

不能照字面意義去理解日本人所謂的「無宗教」。

《毛髮》

若想知道六〇～七〇年代的歐美社會，尤其是作為對抗美國既有文化的新紀元運動究竟是什麼，那麼捷徑之一就是觀看音樂劇電影《毛髮》（一九七九年）。這是將電影上映十年前於百老滙一炮而紅的音樂劇改編後拍成電影的作品。

電影一開始就響起有名的曲子〈水瓶座〉。充滿占星術氣息的歌詞娓娓道出什麼是水瓶座的時代。反對戰爭、拒絕徵兵的年輕人蓄留長髮作為反抗既有文化的指標，佔據位於紐約正中心的中央公園過著吸食大麻、沉浸在搖滾樂中與享受自由性愛的日子。

在中央公園裡，國際奎師那意識協會的人念誦真言，主角看見的幻覺當中出現了宛如與聖母瑪利亞意象相結合的印度教女神，此外劇中還有像太極拳一般的舞蹈。這些印度和東亞宗教的元素相當值得注目。就算到了今日，輪迴信仰等東洋宗教的元素依舊存在於新紀元運動當中。

電影最後一幕響起大合唱〈讓陽光進來〉，展現尋求光明的濃厚宗教氣息，十分令人感動。

●《毛髮》
藍光 DVD 發售中
20th Century Fox Home Entertainment Japan

參考文獻

※本書參考、或是可作為讀者今後參考的書籍。並不包含引用的宗教經典等。

- 中村圭志《作為文化教養的宗教入門》（中央公論新社）
- 中村圭志《作為文化教養閱讀的世界宗教經典》（三省堂）
- 菲利浦・威爾金森著，島田裕巳監譯，秋山淑子、高崎惠、富永和子譯《從視覺理解宗教》（東京書籍）
- Doring Kindersley社編，島薗進、中村圭志監修，豐島實和譯《宗教學大圖鑑》（三省堂）
- 鹽尻和子、津城寛文、吉永千鶴子監修《一本就懂 看插畫就懂 圖解宗教史》（成美堂出版）
- 山折哲雄監修《世界宗教大事典》（平凡社）
- 《宗教的世界史》（山川出版社，全12卷）
- 米爾恰・伊里亞德編著《世界宗教史》（筑摩學藝文庫，全8卷）
- 尼尼安・斯馬特編，山折哲雄監修，武井摩利譯《視覺版 世界宗教地圖》（東洋書林）
- 岡田典夫、小澤浩、櫻井義秀、島薗進、中村圭志《第一次學習宗教》（有斐閣）
- 石井研士《入門 宗教學》（弘文堂）
- 井上順孝、月本昭男、星野英紀編《學習宗教學》（有斐閣選書）
- 島薗進、葛西賢太、福嶋信吉、藤原聖子編《宗教關鍵字》（有斐閣雙書）
- 小口偉一、堀一郎監修《宗教學辭典》（東京大學出版會）
- 中村元、福永光司、田村芳朗、今野達、末木文美士編《岩波 佛教辭典》（岩波書店）
- 橋本泰元、宮本久義、山下博司《印度教的事典》（東京堂出版）
- 吉見崇《猶太教小辭典》（LITHON）
- 大貫隆、名取四郎、宮本久雄、百瀨文晃編《岩波 基督教辭典》（岩波書店）
- 大塚和夫、小杉泰、小松久男、東長靖、羽田正、山內昌之編《岩波 伊斯蘭辭典》（岩波書店）
- 小野泰博、下出積與、椙山林繼、鈴木範久、薗田稔、奈良康明、尾藤正英、藤井正雄、宮家準、宮田登編《日本宗教事典》（弘文堂）
- 國學院大學日本文化研究所編《神道事典》（弘文堂）
- 井上順孝、孝本貢、對馬路人、中牧弘允、西山茂編《新宗教事典》（弘文堂）
- 井上順孝編《現代宗教事典》（弘文堂）

十四劃

十五劃

十二劃

十三劃

十劃

十一劃

九劃

五劃

六劃

索引

（按筆劃順）

照片出處

bridgemanimages/amanaimages
Photoshot/amanaimages
UIG/amanaimages
ZUMAPRESS/amanaimages
SIPA/amanaimages
UPI/amanaimages
British Museum Images/amanaimages
Polaris/amanaimages
imageBROKER/amanaimages
superstock/amanaimages
imaginechina/amanaimages
朝日新聞社 / アマナイメージズ

國家圖書館出版品預行編目 (CIP) 資料

圖解世界 5 大宗教全史 / 中村圭志作 ; 陳心慧譯 .
-- 初版 . -- 新北市 : 遠足文化 , 2017.07-- (通識課 ;
13)
譯自 : 図解世界 5 大宗教全史
ISBN 978-986-95006-7-8(平裝)
1. 宗教史

209 106011895

通識課 13

圖解世界 5 大宗教全史

図解世界 5 大宗教全史

作者——— 中村圭志
繪者——— 村上 TETSUYA
譯者——— 陳心慧
總編輯—— 郭昕詠
責任編輯— 徐昉驊
編輯——— 王凱林、賴虹伶、陳柔君
通路行銷— 何冠龍
封面設計— 汪熙陵
排版——— 簡單瑛設

社長——— 郭重興
發行人—— 曾大福
出版者—— 遠足文化事業股份有限公司
地址——— 231 新北市新店區民權路 108-2 號 9 樓
電話——— (02)2218-1417
傳真——— (02)2218-1142
電郵——— service@bookrep.com.tw
郵撥帳號— 19504465
客服專線— 0800-221-029
部落格—— http://777walkers.blogspot.com/
網址——— http://www.bookrep.com.tw
法律顧問— 華洋法律事務所 蘇文生律師
印製——— 呈靖彩藝有限公司

初版一刷 西元 2017 年 07 月
初版十刷 西元 2023 年 02 月
Printed in Taiwan